AF142563

ANNA GOLDSWORTHY

Piano Lessons

ANNA GOLDSWORTHY

Piano
Lessons

MEIN WEG IN DIE MUSIK

Aus dem Englischen von Dieter Fuchs

URACHHAUS

Die australische Originalausgabe erschien 2009 unter dem Titel
Piano Lessons im Verlag Black Inc., Collingwood / Australien.

Der Übersetzer dankt dem Freundeskreis Literaturübersetzer e.V.
für ein Arbeitsstipendium, das vom Ministerium für Wissenschaft,
Forschung und Kunst Baden-Württemberg ermöglicht wurde.
Dank auch an Magdalena Müllerperth für klaviertechnische Hinweise.

Für die Zitate aus Peter Goldsworthy, *Maestro:*
© Deuticke, Wien 2007

ISBN 978-3-8251-5395-3

2. Auflage 2025
Erschienen im Verlag Urachhaus
Landhausstraße 82, 70190 Stuttgart
www.urachhaus.de

© 2018 Verlag Freies Geistesleben & Urachhaus GmbH, Stuttgart
Bei Fragen zur Produktsicherheit wenden Sie sich bitte an
info@urachhaus.com
© 2009 Anna Goldsworthy
Umschlagentwurf: Rothfos & Gabler, Hamburg
Umschlagabbildung: © gettyimages / Imgorthand
Gesamtherstellung: GGP Media GmbH, Pößneck

TEIL I

KAPITEL 1

Bach

Es war mein Großvater, der sie entdeckt hat. Er sprach ihren Namen mit einem extravagant französischen Akzent aus, was sie ebenso geheimnisvoll wie glamourös erscheinen ließ. Mrs. Si-*van*.

Sie war erst vor Kurzem mit ihrem Mann und einem Sohn im Teenageralter nach Adelaide gekommen und gab Klavierunterricht an einer Highschool in einem westlichen Vorort der Stadt. Mein Großvater war der regionale Oberschulamtsleiter und hatte sie bei einer Routine-Inspektion kennengelernt.

»Er war richtige Gentleman, natürlich, sehr charmant«, erzählte sie mir später, »aber mit echte Autorität.« Sie zog die Augenbrauen zusammen und zeigte mit dem Finger auf mich: »*Sie werden meine Enkelin unterrichten.*«

Ich war neun Jahre alt und hatte Klavierunterricht bei einem Jazzpianisten aus unserer Gegend. Nach der Stunde kam er gern zu meinen Eltern in die Küche, drehte merkwürdig riechende Zigaretten und redete über Stevie Wonder. Mein Vater hatte der echten Autorität meines Großvaters jahrelang getrotzt und sah keinerlei Grund, etwas an diesem Arrangement zu ändern, bis eines Nachmittags der Jazzpianist eine Zigarette drehte und meinte, es sei an der Zeit für mich, einen Schritt weiter zu gehen.

»Sie hat das erste Klavierjahr mit 'nem A bestanden, Mann! Wo soll sie denn von da aus noch hin?«

Es war nicht länger nur die Idee meines Großvaters: Mein Vater konnte sie beruhigt aufnehmen.

»Mrs. Sivan stammt aus Russland«, erzählte er mir an diesem Abend beim Essen. »Sie ist auf der Liszt-Liste.«

»Was ist denn die List-Liste?«

»Die *Liszt*-Liste. Liszt unterrichtete den Lehrer der Lehrerin ihrer Lehrerin.«

»Und wer ist dieser Liszt?«

Er warf mir einen seiner typischen Blicke zu. »Ein *sehr* berühmter Komponist.«

Das hörte sich gut an. Wenn ich bei Mrs. Sivan Unterricht hätte, dann wäre auch ich auf der Liszt-Liste. Das passte gut zu dem großen Roman, als den ich mir mein Leben vorstellte.

Eine Woche später fuhr mein Großvater mit mir zu Mrs. Sivans Haus, wo ich vorspielen sollte. Meine Mutter saß neben ihm, im lavendelfarbenen Hosenanzug und nach Chanel duftend. Während wir die North East Road entlangfuhren, empfahl er mir, genau auf den Weg zu achten.

»Wir erreichen jetzt die Ascot Avenue, auch Portrush Road genannt. Hier biegen wir rechts ab.«

Diese Strecke sollte sich in den folgenden Jahren in meinen Körper einschreiben, denn ich fuhr sie anfangs einmal wöchentlich, dann zweimal wöchentlich, und in der Folge hin und wieder auch täglich. Jetzt war es aber so, dass mein Großvater mich genauso gut auf eine intergalaktische Reise hätte mitnehmen können, fort aus meiner Kindheit in einem Vorort von Adelaide und irgendwohin ganz weit weg.

»Womit wir das Ziel unserer Reise erreicht hätten«, verkündete er, als wir vor einem cremefarbenen Backstein-Bungalow anhielten. »Das Heim der berühmten Mrs. Eleonora Si-*van*, vormals tätig am Leningrader Konservatorium.«

An der Haustür gab es freundliches Nicken und Händeschütteln allerseits, wobei mein Großvater und meine Mutter viel zu laut sprachen.

»Und wie gefällt Ihnen Ihr neues Haus, Mrs. Sivan?«, fragte mein Großvater.

»Ja, uns gefällt enorm. *Sehr* viel gemütlicher als Pennington-Migrantenheim.«

Alle lachten, deshalb nahm ich all meinen Mut zusammen und schaute zu ihr auf. Wie soll ich sie beschreiben? Für mich ist sie weniger eine Person als vielmehr eine Naturgewalt. Die Musik ist in ihr mit einem Druck aufgestaut, der eine Artikulation erfordert, und von dem Moment an, in dem sie die Tür öffnete, redete sie ununterbrochen. Sie muss etwa um die vierzig gewesen sein, war aber nicht viel größer als ich selbst mit meinen neun Jahren und hatte die pfirsichartige, elastische Haut eines Kleinkinds. Ich begegnete ihrem energischen Blick, wurde rot und sah schnell wieder zu Boden.

»Wir unterrichten nicht Klavierspiel«, sagte sie. Ihr Englisch war noch ziemlich ungeübt, und ich war mir nicht sicher, ob ich richtig verstanden hatte. »Wir unterrichten Philosophie und Leben und Musik *verdaut*. Musik gehört dir. Instrument *bist du*. Kommen Sie herein, bitte. Kommen Sie.«

Sie ging mit uns ins Wohnzimmer und führte mich zu einem alten Klavier mit vergilbten Tasten.

»Musik ist logisch erzeugte Phantasie«, fuhr sie fort. »Wenn ich gebe Information, dann kommt diese zum Schüler zu

Verdauung. Wenn Verdauung beginnt, Nahrungsaufnahme ist seine eigene – ist nicht meine.«

Ich ließ den Blick durch das Zimmer schweifen, um etwas aus der mir bekannten Welt zu entdecken und mich daran festhalten zu können. Das Klavier stand direkt an einer Wand, die in einem knallig-metallischen Pink gestrichen war. In der Mitte dieser Wand hing ein Kalender, und an den heftete ich jetzt meine Hoffnungen.

»Was ist Ergebnis von kluge, sehr kluge Herz plus eine freundliche und großzügige Gehirn?«

Ich schaute zu meiner Mutter in der Hoffnung, sie würde mir die Antwort abnehmen, aber sie wich meinem Blick aus.

»Ist kluge Hände!«, verkündete Mrs. Sivan.

»Das stimmt in der Tat«, sagte mein Großvater. »Und jetzt würden Sie sicher gern hören, wie Anna ihre Mozart-Sonate spielt.«

»Natürlich. Bitte, mach dir bequem. Denkst du immer zuerst an Musik, und nicht uns zu beeindrucken. Und nie du fängst an, bevor du nicht bist fertig. Das ist erste Künste in jeder Musik: Lernst du zu hören die Stille, atmosphärische Stille. Nur dann wir können verstehen Zukunft und Perspektive.«

»Womit soll ich anfangen?« Meine Stimme war nicht mehr als ein Piepsen.

»Wie bitte?«

Mein Vater hatte gemeint, ich solle unbedingt mit dem langsamen Satz beginnen, weil ich ihn »sehr musikalisch« spielte. »Soll ich mit dem zweiten Satz anfangen?«

Sie schien schockiert. »Immer beste, Geschichte von vorne zu erzählen, ja? Natürlich muss sein erste Satz.«

Damals empfand ich ein Klavierstück als ein Hindernisrennen

für die Finger, bei dem es darum ging, möglichst unversehrt bis ans Ende zu gelangen. Der erste Satz der Mozart-Sonate war unsicheres Gelände, aber es gelang mir, ein paar Kollisionen im Durchführungsteil zu umschiffen, und schaffte es bis zum Doppelstrich.

Im Raum herrschte Stille. Ich sah zu meiner Mutter, die zu meinem Großvater sah, der wiederum zu Mrs. Sivan sah.

»Danke«, sagte sie dann. »Du magst Schokolade, ja? Komm mit und ich gebe dir *herrliche* Schokolade.«

Meine Mutter nickte mir aufmunternd zu, und ich folgte Mrs. Sivan hinaus in die Küche, wo sie mir eine in Silberpapier gewickelte *Baci*-Praline gab, dann noch eine, und daraufhin gleich noch einmal zwei. »Du bist brave Mädchen und musst jetzt Leben genießen.« Sie rief ihren etwa 15-jährigen Sohn Dimitri, damit er mir Gesellschaft leistete, und ging zurück ins Wohnzimmer, um mit meiner Mutter und meinem Großvater zu sprechen.

Ich schaute mich um, während mir das Herz bis zum Hals schlug. An den Wänden hingen gerahmte Fotos von Hunden, die Brillen und Hüte trugen.

»Wer hat diese Bilder gemacht?«, fragte ich Dimitri. Er hatte schwarze Haare und freundliche Augen.

»Mein Onkel.« Er zählte mir nacheinander auf, was für Hunde das waren.

»Kommst du aus Russland?«

»Ja.«

Zu mehr Smalltalk war ich nicht in der Lage, also aß ich schweigend meine Schokopralinen.

Schließlich kam Mrs. Sivan wieder in die Küche. »Ich dir gebe Kuss«, sagte sie. »Neunjährige Mädchen, die gibt so viel Mühe. Natürlich du musst dürfen lernen. Aber denkst du immer daran,

Klänge sind emotionale Antwort und Nachdenken über Inhalte von Herz und Verstand. Musik ist nicht nur Spielen von richtige Noten in richtige Zeit, aber *Verdauung* ganz wichtig. Ist enorme Arbeit, aber so bereichernd, und so macht Leben lebenswert!«

Auf dem Heimweg herrschte im Auto eine geradezu festliche Atmosphäre.

»Das war großartig!«, sagte meine Mutter. »Mein kluges Mädchen.«

»Meine Liebe, man kann dir nur gratulieren, dass du einen derart guten Eindruck hinterlassen hast«, verkündete mein Großvater.

Später erklärte mir Mrs. Sivan, sie hätte Mitleid gehabt. Ein Kind, das sich derart schlecht gerüstet durch eine Mozart-Sonate kämpfte, hatte einfach verdient, dass man es unterrichtete.

»Ihr Einverständnis ist an gewisse Bedingungen geknüpft«, fuhr mein Großvater fort. »Mrs. Sivan erwartet von dir, dass du mehr übst. Zwei Stunden täglich. Aber nicht am Stück. Vierzig Minuten vor der Schule, vierzig Minuten am Nachmittag und vierzig Minuten am Abend.«

Zwei Stunden pro Tag. Das klang bedrohlich, aber auch aufregend.

Der Jazzpianist hatte mir aufgegeben, jeden Tag fünf Minuten zu spielen.

Fünf Minuten an jedem Tag der Woche? Für den Rest meines Lebens, bis ich tot war? Ich wusste nicht recht, ob ich mich auf so etwas einlassen wollte.

»Du nimmst dir täglich Zeit zum Zähneputzen«, sagte er, aber schon das war ja eine kaum erträgliche Verpflichtung. So wenig er die Einhaltung dieses Übungsplans tatsächlich einforderte, so sehr folgte er auch im Unterricht einem *Laissez-fair*-Ansatz, summte leise mit, was ich spielte, und kritzelte nur ab und zu etwas in meine Noten: *Dynamik*. Einmal sagte er, ich solle zum Erreichen hoher Noten nicht meinen Arsch von der Klavierbank heben. *Arsch*. Ich musste kichern.

Nur einmal verlor er die Fassung, nämlich als mein Vater ihm erzählte, ich würde Stevie Wonders »Lately« hassen. »Was hast du denn gegen ›Lately‹?«, fragte er. Seine Hippie-Augen wurden ganz groß, und sein Kopf bewegte sich ungläubig im Zeitlupenrhythmus hin und her. »Wow. Das ist so ein toller Song.«

Ich konnte nicht erklären, warum ich ›Lately‹ hasste, genauso wenig wie ich erklären konnte, warum ich Milch hasste, oder Züge, oder den Werkraum. Irgendetwas an der Chromatik des Songs störte mich, auch war mir die Art zuwider, mit der mein Vater ihn spätabends am Klavier schmetterte: *Lately I've been havin' the strangest feelings with no vivid reason here to find.*

»Ich hasse ihn einfach. Er ist *Iiiih*«, sagte ich.

Mit sechs war mein erstes Lieblingsstück eine anonyme Gigue aus dem Vorbereitungsheft der Australischen Musikprüfungskommission gewesen. Am Höhepunkt erfolgte ein Abstecher in die Zwischendominante, wie ich dann später lernen sollte. Das hatte etwas Pikantes, denn das B dehnte sich hinauf in das H und behauptete sich erst danach wieder. Es war die beste Stelle dieses Musikstücks, eine Art rudimentärer Version dessen, was George Sand als die *Note bleue* Chopins bezeichnete. Ich spielte die beiden Takte ohne Unterlass – ich wollte sie mir geradezu in die Haut einreiben. Nach allzu vielen Wiederholungen verloren sie aber ihren Zauber, und ich musste an den Anfang des Stückes zurück, um sie wieder neu aufzuladen.

Als wir eines Sonntags bei meinen Großeltern zum Mittagessen waren, zogen sich die Männer ins Musikzimmer zurück, um ihren wöchentlichen Chopin-Wettbewerb durchzuführen. Mein Großvater begann mit einem spritzigen Walzer, dann spielte mein Vater die Polonaise, die immer mein Einschlaflied war, und schließlich übertrumpfte mein Onkel sie beide mit dem *Fantaisie-Impromptu.*

»Bravo!«, applaudierte mein Großvater.

»Mein *oberschlaues Brüderchen!*«, rief mein Vater und sprang von seinem Sitz auf. »Das jetzt gleich mal den Teppich küsst!«

Während sie miteinander rangen, schob ich mich auf den Klavierhocker und spielte in der Hoffnung, sie zu besänftigen, meine Gigue.

»Ganz reizend, Herzchen«, sagte meine Großmutter, die gerade mit dem Tee hereinkam.

»Wir müssen dringend einen besseren Lehrer für sie suchen«, erklärte mein Großvater, ohne zu merken, was da eigentlich geschah.

* * *

Als wir von meinem Vorspiel nach Hause kamen, rief ich meinen Vater in der Gemeinschaftspraxis meiner Eltern an, um ihm von meinem Erfolg zu berichten.

»Gut gemacht, Honey Pie! Was hast du gespielt?«

Ich gestand ihm, dass ich nur den ersten Satz gespielt hatte, was zu einem Schweigen am anderen Ende der Leitung führte. »Denk nur, welchen Eindruck du mit dem langsamen Satz gemacht hättest!«, brummte er schließlich.

Meine erste Unterrichtsstunde bei Mrs. Sivan war für die

darauf folgende Woche angesetzt, und meinem Vater zuliebe nahm ich den zweiten Satz mit. Nun, da ich das Vorspiel bestanden hatte, fühlte ich mich viel sicherer: Das Gröbste lag ja schon hinter mir. Ich stellte die Noten aufs Klavier und platzierte meine Hände über einem G-Dur-Akkord.

»Das nicht!«, rief sie. »Halt!«

»Ich habe doch noch gar nicht angefangen.«

»Natürlich Musik *hat* schon angefangen!« Sie beugte sich zu mir und nahm meine Hand. »Die Finger sind die Orchestermusiker. Der Ellbogen muss hier sein, damit kann dirigieren. Müssen wir hören Klang *vorher*, und *sofort* wir entspannen uns.«

Sie spielte für mich eine chromatische Tonleiter, und dabei hatte ihre Hand die Anmut eines kleinen Tieres.

»Aber ich bin entspannt«, gab ich zurück und machte es ihr nach, wobei mein kleiner Finger steil nach oben stand, wie eine verräterische, aufmüpfige Erektion.

»Das nicht. Du spielst. Aber du *hörst* nicht.«

Das war etwas, das sie noch jahrelang wiederholte, bevor ich es irgendwann verstand. Nur wenn man einen Klang zuerst in der Vorstellung hört, entspannt man sich. Und nur die Entspannung ermöglicht, dass man den Klang auch richtig hört, ihn bewusst wahrnimmt und als einen Klang in zeitlichem Zusammenhang versteht, im Kontext einer Vergangenheit und einer Zukunft.

»Das nicht. Nicht so. Das ist *Spaghetti-Finger*.«

Beim Spielen glitt ich über die Oberfläche der Tastatur, aber dann nahm sie meine Finger und machte sie mit dem Grund der Tasten bekannt, sodass ich die Sicherheit der Schwerkraft spürte, den Kontakt mit der Erde.

»Hier, da spürst du den Grund.«

Nach und nach lernte ich, dort zu leben und diesen sicheren

Boden von einem Ton auf den nächsten zu übertragen, ohne etwas davon zu verlieren.

»Du musst starke Finger haben!« Sie grub ihre Fingerspitzen in meinen Oberarm, dass ich fast vom Stuhl fiel. »Mein Herzchen, tut mir leid! Vergesse ich, wie stark ich bin.« Sie lachte. »Denkst du immer, müssen sprechen deine Hände. Deine Hand und Instrument sind eine, nicht zwei, und deine Musik ist in dir drin.«

Irgendwie gelang es ihr in den folgenden Jahren, ein körperliches Wissen von ihren Händen auf meine zu übertragen. Man formt seine Hände nicht bewusst zu Klängen, ebenso wenig, wie man seinen Mund formt, um ein Wort zu bilden. Man berührt das Instrument und spricht.

»Jede Note ist wichtig«, sagte sie. »Jeder Ton sagt etwas.«

Unsicher betrachtete ich die Noten und überlegte, was wohl dieses Fis sagte oder was jene Verzierung bedeuten könnte.

»Jedes Stück erzählt Geschichte«, schloss sie. »Nächste Woche ich will, dass du erzählst mir Geschichte von diese zweite Satz.«

Daheim legte ich die Mozart-Noten auf den Küchentisch, starrte verzweifelt den zweiten Satz an und wartete darauf, dass er endlich anfing, mit mir zu reden.

»Was für eine Geschichte?«, fragte meine Mutter, während sie eine Gemüsepfanne vorbereitete.

»Du bist doch gut mit Geschichten. Warum erfindest du nicht einfach eine?«

»Aber was für eine?«, fragte ich.

Sie hörte auf, ihr Gemüse zu schneiden, und kam zu mir, um einen Blick in die Noten zu werfen. »Keine Ahnung. Ein kleines Mädchen geht in den Zoo, etwas in der Art.«

Also erfand ich eine Geschichte und ordnete sie dem zweiten

Satz der Sonate zu. Hier kauft ein kleines Mädchen Zuckerwatte, hier setzt es sich in die Rotunde, bei der Reprise begegnet es einem Nashorn.

Welche Vorstellung hatte ich damals von der Musik, als ich noch nichts von ihr wusste – als sie noch eine Sprache war, die ich nicht beherrschte? Eigentlich träumte ich davon, Sängerin zu werden, und verbrachte meine Freizeit damit, im Arbeitszimmer »You Light up my Life« zu singen und zwischen den Strophen dramatisch herumzuwirbeln, während mein Vater mich am Klavier begleitete. An meiner Grundschule gab es ein Mädchen, Erica, mit einer sehr schönen Stimme. Wie herrlich, wenn man so gut singen konnte! Das war noch besser, als übernatürliche Kräfte zu haben! In meiner Phantasie sah ich Erica und mich gemeinsam mit Tiny Tina und Little Joey aus der Fernsehshow *Young Talent Time*, wie wir weiß gekleidet auf einer rotierenden Bühne unter einer Discokugel sangen. Wir sahen aus wie Engel, und manchmal waren wir sogar welche.

Beim Liederabend in der Schule sang Erica »The little Drummer Boy«. »Denkst du, ich werde auch einmal so singen können?«, fragte ich meine Mutter auf dem Heimweg mit gespielter Bescheidenheit.

Sie dachte nach. »Nein, mein Schatz, das glaube ich nicht.«

Den Rest der Fahrt schwieg ich völlig schockiert. Das hatte ich nicht von ihr hören wollen.

Ein paar Wochen später probierte ich es noch einmal. »Glaubt ihr, dass ich auch einmal bei *Young Talent Time* auftreten kann?«, fragte ich meine Eltern, die gerade die Abendnachrichten anschauten. Wenn ich sie überraschte, würde ich vielleicht die von mir gewünschte Antwort erhalten.

Sie sahen sich nachdenklich an.

»Vielleicht wenn du richtig viel Klavier übst«, sagte mein Vater schließlich.

Mein Bruder und ich hatten eine Babysitterin, die behauptete, die *Mondschein-Sonate* spielen zu können. In ihrer Version transponierte sie den ersten Satz nach e-moll, ließ die linke Hand und die Sopranstimme weg und verzichtete außerdem auf jede harmonische Fortschreitung, bis nichts mehr übrig war außer einem gebrochenen e-moll-Akkord in der zweiten Umkehrung, der endlos wiederholt wurde.

»Willst du die *Mondschein-Sonate* hören?«, fragte ich unsere Besucher in Vorbereitung auf *Young Talent Time*. Ich spielte diesen gebrochenen Akkord immer wieder, immer schneller, bis meine Hand sich vor lauter Anstrengung verkrampfte. H–E–G, H–E–G, H-E-G, HEG, HEGHEGHEGHEG.

»Die *Mondschein-Sonate* ist pipi-einfach«, sagte ich treuherzig. »Sie besteht nur aus H, E, G.«

Das war mein Basiswissen. Damit ging ich zu meinen ersten Stunden bei Mrs. Sivan. Am Leningrader Konservatorium hatte sie ihre Schüler auf internationale Wettbewerbe vorbereitet, und bevor sie nach Adelaide kam, hatte sie noch nie Kinder unterrichtet. Bei unserer zweiten Stunde erzählte ich ihr meine Geschichte vom Zoo.

»Hier sieht das kleine Mädchen einen Schimpansen«, sagte ich und zeigte auf eine chromatische Verzierung. Meine Stimme versagte. Nicht einmal ich glaubte das.

Sie nahm meine Hand: »Mein Herzchen, wir müssen hinsetzen und arbeiten.«

* * *

Nach den ersten paar Stunden tauschten meine Eltern ihre Schichten in der gemeinsamen Arztpraxis, damit mein Vater mich zu Mrs. Sivan bringen konnte. In den nächsten acht Jahren begleitete er mich jeden einzelnen Dienstagnachmittag zum Klavierunterricht, hörte zu, träumte vor sich hin, machte sich Notizen. Mrs. Sivan war die geborene Darstellerin und genoss seine Anwesenheit. Jetzt, wo ich selbst unterrichte, spüre ich das auch: diese zusätzliche Spannung, die ein Publikum im Raum erzeugt.

»Lass uns über die Finger reden«, sagte Mrs. Sivan. »Dieser hier, der Zeigefinger, ist gute Schüler. Dieser, der Mittelfinger, ist sehr – wie sagt man? – zuverlässig. Aber der hier … oi!« Sie schüttelte den Kopf. »Ringfinger ist *sehr* faul!«

Ihre Worte waren zwar bildhaft, für mich aber dennoch vollkommen abstrakt. Im Lauf der Jahre übernahm es dann mein Körper, sie zu verstehen.

»Es ist der Daumen, der einen Pianisten macht«, sagte sie und zeigte mir, was der Daumen kann, indem ihre Hände über die Tastatur wirbelten, sie durchkneteten und Klänge von beeindruckender Intensität erzeugten.

Mit der Zeit lernte ich, dass der Daumen der Schlüssel zur Entspannung der Hand ist, ihr Kontrollpunkt, Steuermann und Dirigent. Ein menschlicher Instinkt ist, mit dem Daumen zu greifen, wodurch er aber zur Bremse wird. Pianistische Flüssigkeit entsteht erst, wenn man es schafft, loszulassen, der Hand zu vertrauen.

Dann nahm sie meinen kleinen Finger in die Hand: »Es ist der kleine Finger, der einen Künstler macht.« Sie winkte mir mit ihrem kleinen Finger zu und zeigte mir so seine Unabhängigkeit. »Wie wenn man winkt eine Freund: *Auf Wiedersehen*.«

Ich machte die Bewegung nach und winkte zurück, aber am Klavier setzte ich meinen kleinen Finger nach wie vor als ungefähre Grenze der Hand ein. Ich brauchte zehn Jahre, um seine Möglichkeiten zu begreifen: die kleinen Leuchtkörper, die er an die Spitze einer Melodie setzt, seine Schlittenglöckchen, seine *Koloratur*, seine Fundamente und Aufforderungen in der linken Hand.

Als Erstes beschäftigten wir uns mit Bachs kleinen Präludien.

»Bach ist Grunde genommen Vater von ganze Musik«, erklärte sie mir. »Er hat gewaltigen Einfluss auf jedermann. Er war Erzieher von Chopin, von Beethoven, von Schumann. Und sogar ganze moderne Jazz bereits hier. Versuchst du, was du möchtest, und Bach hat bereits gemacht. Natürlich hat Bach nie gekannt Klavier.«

»Warum nicht?«

»Klavier noch nicht erfunden.«

Ich schaute ungläubig zu meinem Vater, der jedoch zustimmend nickte.

»Aber Klavier absolute Instrument von Vorstellung, und hier wir können alles erzeugen. Diese zum Beispiel ganz klar Orgel.« Sie spielte eines der Präludien an. »Denkst du immer, dass Bach repräsentiert Gott in diese Welt, mit seiner Weisheit, seiner Akzeptanz, seiner Vergebung. Wie wenn immer dich segnet.«

»Dieses Präludium kann ich schon«, erklärte ich ihr, denn nach meiner damaligen Vorstellung war es möglich, ein Stück zu vollenden. »Ich habe es mit meinem alten Lehrer abgeschlossen.«

»Bach ist niemals abgeschlossen. Leben in diese Musik ist *endlos*.« Sie nahm meinen Finger und tauchte damit in die

Taste. Er sank zu Boden mit dem exakten Gewicht eines Kugellagers. »Und hier *sehr* wie Cembalo-Klang. Was gibt Bach? Friede, natürlich, und Glocken.«

Die Ebenmäßigkeit, die sie verlangte, lag weit jenseits der körperlichen Fähigkeiten eines faulen Ringfingers oder aufmerksamkeitsheischenden Daumens. Es war eine Ebenmäßigkeit des Denkens, eine spirituelle Disziplin. »Wir spielen mit unseren Ohren«, erinnerte sie mich. »Sehende Ohren, hörende Augen. Kluges Herz, warmes Gehirn.«

Meine Hände, gebräunt von der australischen Sonne, trippelten neben den ihrigen über die Tastatur, rosa und rund wie Seesterne.

»Das nicht«, sagte sie, als ich einen Klang erraten wollte, nahm meine Hand und führte meine Finger zum richtigen Anschlag. Oft registrierte ich nicht einmal, wie unterschiedlich sie die Töne jeweils anschnitt. Ich war so unsensibel für die verschiedenen Nuancen wie ein Mensch, der eine fremde Sprache spricht. Für mich waren die Tasten des Klaviers immer noch Ein/Aus-Schalter, die entweder laut, leise oder irgendetwas dazwischen gespielt werden konnten.

* * *

Zu Hause übte ich längst keine zwei Stunden täglich, auch wenn ich das oft behauptete. Als wir einmal mit unseren Nachbarn einen Campingausflug machten, berichtete ich am Lagerfeuer ausführlich über mein Leben als junge Konzertpianistin. Auf der Heimfahrt am nächsten Tag waren mein Bruder und mein kleines Schwesterchen dann neben mir eingenickt. Ich schloss die Augen und tat, als würde ich ebenfalls schlafen, um hören zu können, was meine Eltern vorne *sotto voce* redeten.

»Lizzie findet, wir überfordern Anna«, sagte meine Mutter. »Dass ihr die Kindheit genommen wird.«

»Das ist doch Unsinn«, erwiderte mein Vater. »Hast du ihr gesagt, wie viel Spaß ihr das Klavierspielen macht?«

»Ich habe ihr von den kleinen Geschichten erzählt, die sie zu ihren Stücken erfindet. Aber Lizzie meint, das würde nur unterstreichen, was sie vermutet. Dass sie damit die Kindheit erzeugt, die sie verpasst. Sie sagt, etwas derartig Tragisches sei ihr noch nie untergekommen.«

Ich lag auf dem Rücksitz und versuchte, mir das zu merken. *Tragisch. Ich. Verpasste Kindheit.* Das Melodramatische an all dem gefiel mir. Eine Träne exquisiten Selbstmitleids formte sich in meinem Auge und lief dann meine Wange hinunter. Ich ließ sie auf der Haut trocknen. Würde ich sie abwischen, dann wäre das ein Zeichen, dass ich gelauscht hatte.

In Wahrheit zwangen sie mich so gut wie nie zum Klavierspielen. »Übung macht den Meister«, sagte meine Mutter nur gelegentlich. Ich wusste nicht, ob ich ihr wirklich glauben sollte, aber ich nahm es vorerst einmal an, wie so vieles in der Kindheit. Manchmal saß mein Vater neben mir, wenn ich übte, manchmal hinter mir an seinem Schreibtisch und verfasste Gedichte.

Meist machte mir das Klavierspielen Spaß. Ich war ein motorisch unkoordiniertes Kind, und das Erlernen eines Instruments ermöglichte mir den Erwerb von mehr körperlicher Beherrschung: Es war ein kleiner Bereich, in dem Meisterschaft möglich war. Abend für Abend nahmen meine Eltern mich mit in den Garten, um durch Ballspiele an der Koordination zu arbeiten.

»Die Hände nach oben«, kommandierte meine Mutter, und mein Vater warf vorsichtig einen Fußball in meine Richtung. Das Ding näherte sich mit der Präzision einer Wärmesuch-rakete, während die schwarzen und weißen Sechsecke auf mein Gesicht zuwirbelten.

»Und jetzt fangen!«, riefen sie unisono.

Im entscheidenden Moment verlor ich jedes Mal die Nerven.

»Du wirst ihn nie fangen, wenn du ihn nicht *ansiehst*«, sagte meine Mutter noch, bevor sie ins Haus rannte, um ein Handtuch zu holen. Ich wartete, bis das Nasenbluten vorbei war, dann setzte ich mich wieder ans Klavier.

Es kam aber durchaus auch vor, dass ich keine Lust hatte, dann erinnerte ich mich an Lizzies Worte. Eines Samstagvormittags trommelte ich die Kinder aus der Nachbarschaft für ein neues Geschäftsmodell zusammen. Wir durchsuchten die nachbar-liche Einfahrt nach Steinchen von besonderer Schönheit und Form, bemalten sie mit Wasserfarben – als Saphire, Amethyste, Rubine oder Smaragde – und boten sie den Leuten, die zufällig vorbeigingen, als »wertvolle Edelsteine« zum Kauf an. Noch vor dem Mittagessen hatten wir vier Säckchen verkauft, eins da-von sogar an einen Fremden, und insgesamt zwölf Cent Gewinn gemacht, da musste ich hinein und Bach üben. Mein Vater saß hinter mir im Arbeitszimmer und tippte eine Kurzgeschichte, hinter ihm wiederum umrahmten drei Fenster einen samstägli-chen Himmel. Einen Himmel, der blau vor lauter Möglichkeiten war – einen Himmel, der meine verpasste Kindheit enthielt.

Ich knallte den Klavierdeckel zu: »Ich hasse Bach.« Die Wor-te fühlten sich blasphemisch an im Mund. Ich wusste sofort, dass dies eine viel größere Sünde war, als Stevie Wonder ab-zulehnen.

In der Stunde am folgenden Dienstag sah mein Vater mich sorgenvoll an und wandte sich dann Mrs. Sivan zu.

»Anna hat gesagt, sie hasst Bach.«

»Das habe ich nicht!«

Mrs. Sivan blieb ganz ruhig. »Natürlich du hast nicht. Ist unmöglich. Bach entscheidet selbst, wen er mag und wen nicht.«

* * *

Später im Jahr sollte es ein Konzert in der Elder Hall der Universität von Adelaide geben.

»Der Abend hat exzellente Titel«, sagte Mrs. Sivan. Sie sammelte neue Ausdrücke wie kleine Münzen, und ihr Vorrat übertraf mittlerweile sogar meinen. »*Ein Spektrum der Klaviermusik.*«

»Das ist in der Tat ein exzellenter Titel«, sagte mein Vater.

»Ihnen gefällt, ja?« Sie errötete leicht und drehte sich zu mir. »Bühne muss sein wie zusätzliche Zimmer in deinem Haus. Wenn du gehst hinaus, du lächelst für deine Freunde, du verbeugst, du freust zu teilen deine Musik. Du fühlst wie Fisch.«

»Ein Fisch im Wasser?«

»Natürlich.«

Mit neun Jahren hielt ich mich für einen alten Hasen in der Unterhaltungsbranche, schließlich hatte ich im Singspiel der dritten Klasse die Hauptrolle der Feenkönigin übernommen. Meine Mutter hatte mir meine erste Diven-Robe genäht, mit seidenem, paillettenbesetztem Oberteil und einem Tüllröckchen. Ausgerüstet mit einem glitzernden Pappzauberstab, hatte ich die Bühne betreten und mich sofort wie zu Hause gefühlt. Am Abend der Aufführung, als ich Mrs. Vaughan am Klavier einen Blumenstrauß überreichte, hatte ein Lächeln von meinem

Gesicht Besitz ergriffen und gedroht, sich auf den gesamten Kopf auszudehnen.

Ein Spektrum der Klaviermusik versprach ähnlichen Erfolg. Das Konzert sollte am 18. September stattfinden, und alle anderen Tage des Kalenders existierten ab jetzt nurmehr in Beziehung zu diesem. Im Unterricht bewegten wir uns durch die kleinen Präludien über das *Notenbüchlein für Anna Magdalena Bach* bis hin zu den Inventionen und Sinfonien. Mrs. Sivan führte mich wiederholt durch jeden der Teile, besprach mit mir die Intention jeder einzelnen Note, die Anziehung, die sie mit ihren Nachbarn verband. Es war nicht genug, dass ich jeden Teil spielte, ihn in meinen Händen spürte: Ich musste ihn im Kopf singen, seinen Konturen folgen, seine Geschichte erzählen. Wenn ich die Teile dann zusammenfügte, konnte ich wie durch ein Wunder alles auf einmal hören. Es war, als hätte ich drei Köpfe oder drei Paar Ohren, die parallel arbeiteten.

Als das zum ersten Mal passierte, drehte ich mich verblüfft zu ihr. Mein Bewusstsein hatte sich erweitert. Ich spürte, wie Luft in die unbenutzten Winkel meines Gehirns eindrang.

»Ganz genau!«, sagte sie. »Ansonsten würde sein *furchtbar!*«

Je näher das Konzert rückte, desto länger wurde der Unterricht. Nach einer Stunde in den Ferien ging ich zum Haus meiner Freundin Sophia, bei der eine Übernachtung geplant war.

»Wo bleibst du denn so lange?«, fragte sie. »Wir wollten doch *Thriller* sehen!«

»Meine erste Doppelstunde«, erklärte ich wichtigtuerisch.

In den Stunden saß Mrs. Sivan immer neben mir, nahm meine Hand und korrigierte sie, indem sie meine Finger in die richtige Haltung brachte. Oder sie spielte zwei Oktaven höher mit mir mit, wobei die Intensität ihrer Töne meine Ohren klingeln ließ:

»Weißt du, wie klein ist Unterschied? Aber gewaltig, *gewaltig*. Das wir nennen Wissenschaft in Künste. Je mehr du verstehst jede kleine Ding, je mehr du verstehst Gesamte.«

Während ich spielte, redete sie oder sang zur Musik. Manchmal sagte sie, ich solle zur Seite rutschen, und spielte dann für mich, aber das war die Ausnahme. »Ich will nicht, dass du *kopierst*, wie Affe.«

Sie erklärte mir den Quintenzirkel, setzte eine Quinte auf die andere, immer heller werdend, bis wir wieder in der Tonart angekommen waren, mit der wir begonnen hatten. Ich saß da und konnte es nicht fassen: Das war genauso unmöglich wie eine Grafik von Escher. Aus diesem Labyrinth rettete sie uns durch Quarten, und wir bewegten uns rückwärts über Ges-Dur und Ces-Dur mit ihren endlosen B-Vorzeichen bis hin zum Tageslicht von C-Dur. Diese mathematische Logik begeisterte mich.

»Hast du verstanden?«, fragte sie.

»Ja«, antwortete ich.

Strahlend wandte sie sich zu meinem Vater. »Noch nie habe getroffen so intelligente neunjährige Kind, das kann verstehen bei erste Erklärung Quintenzirkel.«

In solchen Momenten verließ ich den Unterricht groß wie ein Riese, völlig unangreifbar. An anderen Tagen fühlte ich mich kleiner. Wenn ich müde wurde, unterbrach sie mich und redete streng mit mir.

»Was wir brauchen, ist unsere Geist zu nähren, ständig. Und zu nähren uns mit Essen von andere Leute, ist keine gute Ernährung für unsere Seele. Muss verdauen. Siehst du manchmal, wie Leute älter werden und entsteht Weisheit innen. Ist Anfang von was ich nenne verdaute Weisheit.«

In der ersten Zeit verwirrten mich diese Erklärungen, weshalb ich mit gesenktem Blick dasaß und versuchte, mich so unsichtbar wie möglich zu machen. Wenn die Gewalt ihrer Rede dann bei einem Fragezeichen zum Halten kam, wagte ich ein vorsichtiges Ja oder Nein, nachdem ich zuvor versucht hatte, in ihrer Miene die richtige Antwort zu lesen.

»Du bist viel zu intelligente Mädchen, um zu raten«, ermahnte sie mich einmal. »Was kommt nach Übersetzung? *Interpretation*. Zuerst du musst übersetzen Wünsche von Komponist ganz genau, aber dann du bist frei zu machen Interpretation, sonst du bist *automatisch* eingeschränkt.«

Als sie das sagte, sah ich kurz auf die Uhr. Bald würde ich wieder mit meinem Vater im Auto sitzen und die dunklen Straßen entlang nach Hause fahren, wo meine Mutter schon das Abendessen vorbereitete. Dann konnte ich es mir vor dem Fernseher bei Vorabend-Sitcoms gemütlich machen, und erst sieben Tage später hätte ich dann meine nächste Stunde.

* * *

Die Generalprobe für *Ein Spektrum der Klaviermusik* fand an einem sonnigen Frühlingsnachmittag statt, doch es war ziemlich düster in dem imposanten Konzertsaal mit seinen Sitzen aus dunklem Holz und rotem Plüsch. Mrs. Sivans Schüler von der Highschool waren im ganzen Auditorium verteilt und strahlten eine halbwüchsige Coolness aus. Ich kam an der Hand meiner Mutter herein und bereute auf der Stelle meine knallrosa Latzhose.

Als ich an der Reihe war, stieg ich auf die Bühne, grinste in Richtung meiner frenetisch applaudierenden Mutter und begann mit einer Bach-Sinfonia. Ich hatte den Anfang mit Mrs. Sivan geübt, bis mir die Glöckchen ihres *moto perpetuo* schließlich in Fleisch und Blut übergegangen waren und mein Gehör sich so geweitet hatte, dass Platz genug für die drei Stimmen war. Aber als ich mich der zweiten Zeile näherte, machte sich eine Sorge breit: *Was tut die linke Hand als Nächstes? Stell dir vor, du hast einen Aussetzer vor all diesen Jugendlichen aus der Highschool!* Die einzelnen Teile verloren ihre erkennbare Form, und die drei Dimensionen zogen sich wieder zu einer einzigen zusammen.

»Du musst hören!«, verkündete Mrs. Sivan aus dem Zuschauerraum.

Ich brach ab und fing noch einmal von vorne an.

»Das nicht!« Sie rief mir etwas zu, das ich aber nicht verstehen konnte, deshalb spielte ich weiter.

»Niemals nur spielen, sondern hören *innen!*«, rief sie gellend, aber da meine Großeltern beim sonntäglichen Mittagessen gesagt hatten, ich hätte die Sinfonia hervorragend gespielt, fuhr ich einfach fort.

»Wir werden arbeiten!«, rief sie und kam vom Zuschauerraum auf die Bühne.

Als sie anfing, mit mir wieder über den Grund zu sprechen oder über das Nicht-Sitzenbleiben oder über Atempausen oder über alles andere, was ich falsch machte, fühlte ich mich vollkommen überfordert und fing an zu weinen.

»Mein Herzchen, was ist das?« Sie legte den Arm um meine Schultern. »Immer kann sein besser, immer gibt Wachsen. Musst du nicht weinen, außer sind gute Tränen, wenn du bist so gerührt von Musik.«

Gegen meinen Willen flossen meine schlechten Tränen weiter. Ich schämte mich so, vor all diesen Jugendlichen weinen zu müssen, dass ich anfing, wie ein Schlosshund zu heulen. Meine Mutter kam auf die Bühne.

»Ich denke, ich gehe mit ihr ein wenig an die frische Luft.«

»Natürlich«, sagte Mrs. Sivan. »Genießen Sie herrliche Tag, und dann wir machen weiter.«

Meine Mutter nahm mich an der Hand und ging mit mir durch den Zuschauerraum, vorbei an den glotzenden Jugendlichen und hinaus in den Frühlingstag.

»Ich verstehe das nicht«, jammerte ich, nachdem mein peinliches Geheimnis jetzt öffentlich war.

Sie drückte mich an sich und wiegte mich hin und her. »Sei doch kein Hasenhase«, sagte sie, während die Nachmittagssonne auf uns herunterbrannte, meine rosa Latzhose mich im Schritt beengte und die Welt der ahnungslosen Erwachsenen sich unverändert weiterdrehte, als wäre gar nichts passiert.

Als wir wieder in den Saal kamen, legte Mrs. Sivan den Arm um mich, führte mich zurück auf die Bühne und holte sich einen Stuhl, damit wir arbeiten konnten.

»Mein Herzchen, Leben in Musik immer lernen, immer wachsen. Was ist Unterschied zwischen gute und großartige Musiker?«

Mittlerweile wusste ich die Antwort, auch wenn ich sie noch nicht verstand.

»Kleinigkeiten«, sagte ich.

»Ganz genau!«, erwiderte sie freudig. »Kleine bisschen mehr hören, kleine bisschen mehr Freiheit.«

Sie musste mir alles erklären. Sie musste dieses alternative Universum für mich einrichten, Wort für Wort, Klang für

Klang. Es reicht nie, einem Schüler etwas einmal zu erklären: Unterrichten ist ständiges Wiederholen, ständiges Korrigieren. Sie wiederholte ihre Lektionen und Anekdoten so, wie ein Musiker sein Repertoire wiederholt: jedes Mal neu interpretiert und auf diese Art neu gemacht.

Auf der Bühne der Elder Hall führte sie mich erneut durch die Atempausen und führenden Linien dieser Sinfonia. Ich spielte mit schwerfälliger Interpunktion und markierte jeden musikalischen Satz am Ende mit einem fetten Punkt. »Bleib nicht sitzen«, ermahnte sie mich. »Bach hält nie an.« Bei Bach bedeutet jedes Ende gleichzeitig einen neuen Anfang – erst mit der Zeit verstand ich die Ruhe, von der dieses *moto perpetuo* im Grunde erfüllt ist.

In den ersten Jahren behielt sie manches für sich, auch wenn sie mir so viel zumutete, wie ich vertrug – und noch ein bisschen mehr. Nach und nach lernte ich ihre Überzeugungen auswendig. Als ich sie irgendwann richtig verstand, waren sie Teil meines Körpers geworden, und ich konnte nicht mehr sagen, wo ihre Überzeugungen anfingen und meine aufhörten.

»Das ist gut«, sagte sie später zu mir. »Es bedeutet, dass dieses Wissen ist zu dir gekommen. Es ist *Intuition*.« Sie lächelte angesichts dieses nagelneuen Begriffs. »Intuition ist Eingabe. Ein-gabe. Also Gabe, die ist gekommen *hinein*.«

Beim Konzert am Freitagabend standen im Warmspielraum drei Stühle nebeneinander. Eine von Mrs. Sivans erwachsenen Schülerinnen, Debra Andreacchio, betreute die Aufführenden hinter der Bühne und ließ uns von einem Stuhl zum nächsten rücken, immer näher in Richtung der Bühne. Als ich auf dem dritten Stuhl saß, überlegte ich, wie es sein würde, auf dem ersten zu sitzen, dann saß ich auf einmal darauf, und plötzlich war ich auf der Bühne und zwang mich, für meine Freunde zu lächeln, mich zu verbeugen und mich über das Teilen meiner Musik zu freuen – und dann war auch schon alles vorbei. Es war leichter als die Probe gewesen, und niemand hatte mich unterbrochen. Durch das transformative Ritual eines Auftritts war die Elder Hall zu einem warmen, einem Ort des Siegs geworden.

In der Pause zog Mrs. Sivan mich in eine wohlriechende Umarmung, dann setzte ich mich zu meinen Eltern und Großeltern, um die zweite Hälfte anzuhören. Als der letzte Vorspiel-Kandidat von der Bühne ging, beugte sich mein Großvater nach vorne.

»Es kommt mir fast so vor, als hätte niemand eine Rede vorbereitet«, konstatierte er und ging mit energischen Schritten Richtung Bühne.

»Guten Abend, meine Damen und Herren. Bei einer Inspektion des Musikschwerpunkts an der Woodville Highschool hatte ich das große Glück, Zeuge von Mrs. Sivans erstaunlichen Unterrichtsmethoden zu werden, und kam schlagartig zu der Überzeugung, dass sie eine außerordentliche Klavierlehrerin sein musste. Nach den herrlichen Vorführungen des heutigen Abends habe ich das Gefühl, dass mein damaliger erster Eindruck wahrhaftig nicht unberechtigt war.«

Mein Vater zwinkerte meiner Mutter zu. Mein eigener Triumph brannte in meinem Inneren still vor sich hin. Der Rhythmus meines Erwachsenenlebens hatte eingesetzt.

KAPITEL 2

Mozart

Im nächsten Monat absolvierte ich das Abschlussvorspiel für Klasse drei im Haus von Mrs. Sivan. Die Prüferin, Miss Stokes, unterrichtete eigentlich am Konservatorium. »Sehr gute Prüfer, wirklich«, erklärte mir Mrs. Sivan. »Gewissenhaft, respektvoll und anständig.«

Miss Stokes war groß und ernst und vornehm, und sie saß mit der kerzengeraden Haltung einer Ballerina hinter einem Bridge-Tischchen.

Während ich mein Prüfungsprogramm spielte, war ich mir meiner weiteren, unsichtbaren Zuhörerschaft hinter der Küchentür bewusst: Mrs. Sivan, die schweigend vom Küchentisch aus dirigierte. Debra, die mich in Musiktheorie und Gehörbildung unterrichtet hatte. Und dann noch mein Vater, der nervös an seinem Hals herumzupfte.

»Das sind ja recht viele Zusatzstücke hier auf deiner Liste«, stellte Miss Stokes fest, nachdem ich das Pflichtprogramm absolviert hatte. »Kannst du die wirklich alle spielen?«

»Wenn Sie das möchten?« Ich begann eine Mozart-Sonate, das erste meiner neun Zusatzstücke.

»Danke, mein Kind«, sagte sie, als ich den Schluss des ersten Satzes erreicht hatte. »Das genügt.«

Ein paar Tage später, kurz vor dem Abendessen, nahm mein

Vater das Telefon in der Küche ab. Er jauchzte auf und richtete den Daumen nach oben: »A-plus.«

Ich war wie vom Blitz getroffen. Meine Eltern hatten mich gewarnt, dass noch nie jemand ein A-plus bekommen hatte, dass ein A-plus der Stoff von Legenden sei, und hier war ich und hatte eines bekommen. Er gab mir den Telefonhörer.

»Diese Prüferin sehr begeistert«, sagte Mrs. Sivan am anderen Ende der Leitung. »Wirklich, sie niemals gibt A-plus! *Prächtige technische Entwicklung.* Was ist diese Wort, *prächtig?*«

»Es bedeutet sehr gut.«

Ich gab meinem Vater den Hörer zurück und ließ den Blick durch die Küche schweifen, um mich wieder in der Normalität einzufinden. Das Nudelwasser sprudelte auf dem Herd, wo wir es zurückgelassen hatten. Die schwarzen und weißen Kacheln erstreckten sich nach rechts und nach links – bis in die Unendlichkeit, wie es schien. Mrs. Sivans glückliche, aufgeregte Stimme klang durchs Telefon so klein wie ein Insekt, aber dennoch enthielt sie all ihre Präsenz, all ihr Gewicht, und dann kam Mutter mit dem Auto in die Einfahrt gefahren, und ich rannte zur Tür, um ihr die Neuigkeiten zu berichten und auf die Art mein A-plus noch einmal erleben zu können.

»Sehr gute Neuigkeiten, wirklich«, sagte Mrs. Sivan in der nächsten Stunde. »Miss Stokes so war glücklich und begeistert von deine Spiel. Hat gesagt, dass nie hat gehört Sonatenform so gut, so kraftvoll, so logisch verbunden. Sie möchte, dass du gehst zu Konservatorium und spielst Programm für alle anderen Prüfer.«

Das Konservatorium! Allein das Wort schien die ganze Masse dieses imposanten Gebäudes zu enthalten.

Mein Vater setzte sich auf. »Phantastisch!«

»Natürlich! Du freust dich an Musik, und sofort du willst teilen! Echte Musik immer kommt *von* und geht *zu*, und treibende Kraft von Musik immer Liebe. Und ist gut für diese Leute, zu kennen deine Name. Genau wie bei – wie sagt man?« Sie sah im Zimmer herum und entdeckte schließlich eine Schachtel mit Kleenex-Tüchern. »Wie Kleenex.«

Mein Vater lachte. »Wie ein Markenname.«

»Genau.«

»Und ganze Erlebnis gut für *üben Konzert*. Psychologie von Bühne sehr präzise und sehr wichtig. Bei deine ganze kritische Verstand, bei ganze *gnadenlose Forderung* an dich selbst in jede Detail, musst du sein selbstbewusst auf Bühne. Glücklich! Nicht wie Mensch, der geht herum mit Nase in die Luft, weiß alles zwischen zwei Konzerte. *Snob*.« Sie sprach das Wort mit besonderer Verachtung aus, wobei sie einen Finger an die Nase legte und dann nach oben richtete. »Aber später auf Bühne Gegenteil. Wie *Baby*. Hilflos. Immer machst du mehr, als du sagst. Das ist wahre Stärke.«

Sie nahm ein weißes Heftchen vom Klavier und zeigte es meinem Vater. Ich verdrehte den Hals, um ebenfalls lesen zu können, was darauf stand: *Die Adelaide Eisteddfod Gesellschaft – Gesamtprogramm mit Anmeldeformular und Regelwerk*. Mein Herz schlug schneller. Ich war aus meinem Ehrgeiz bezüglich der *Young Talents Time* herausgewachsen, aber eine Art Urform trug ich offenbar immer noch in mir.

»Ist das Eisteddfod-Festival nicht ein paar Nummern zu groß für Anna?«, fragte mein Vater.

»Nicht wenn macht mit richtige Intention. Wir gehen nicht zu Wettbewerb, um zu gewinnen: Musik ist nicht Sport. Ziel ist genaue *Gegenteil*. Ist Möglichkeit, zu teilen deine Musik. Zu geben deine Vision, zu bringen deine Begeisterung von ihr. Wir machen Wettbewerbe nur *nebenher*. Wirklich, ich hasse Wettbewerbe generell betrachtet, aber wenn du kannst nutzen sie für dich selbst, dann okay. Kann sein nützliche Training für Konzerte.«

Mein Vater blätterte mit wachsendem Interesse die Broschüre des Festivals durch. »Hier könnte sie doch teilnehmen: *Zehn Jahre und jünger, Stück eigener Wahl –*, und da ist noch etwas: *Australische Komposition.* Und nach dem, was Sie über die Sonate gesagt haben, könnte sie doch sicher auch diesen Mozart-Preis anpeilen?«

»Natürlich. Aber wir müssen tiefer gehen und spielen viel reifer, denn Erwartung kommt bereits. Bitte, nimmst du Mozart und wir werden arbeiten.«

Ich holte die Mozart-Sonate aus meiner Tasche, obwohl ich nicht recht verstand, warum wir noch weiter daran arbeiten sollten, schließlich hatte ich ja schon ein A-plus dafür bekommen.

»Wer ist Mozart?«, fragte sie.

»Ein sehr guter Komponist«, bot ich an.

»Absolut geniale Komponist, natürlich. Aber noch mehr: Er war selbst Musik. Und wir haben nur eine einzige Mozart. So wie ich sehe, war Antlitz Gottes. Natürlich, das macht Leuten schwer zu akzeptieren. Wenn du entdeckst Mensch, der hart arbeitet, ist gut, kannst du sofort erklären, macht es leicht. Aber diese war *jenseits*. Was Menschen nicht haben verstanden: war nicht leicht – war *vollkommen*. Ganze Arbeit hat gemacht vorher, dann nur noch Ergebnis.«

Womöglich befand ich mich jetzt in der gleichen Position: Nach der Arbeit des letzten Jahres konnte ich mich zurücklehnen und das Erreichte genießen. Aber bereits beim ersten Takt unterbrach sie mich.

»Das nicht. Pedal komplett falsch. Was hat Mozart erfunden? Diese *ölige Legato*. Sein Anschlag ist selbst Pedal. Kannst du Pedal trotzdem verwenden – ja – aber nicht wie Verbindung, nur wie leitende Unterstützung. Und denkst du immer, gesangliches Hören.«

Sie spielte den Anfang des Satzes in den höchsten Lagen des Klaviers. Selbst in diesem klimpernden Register war der Klang der eines Koloratursoprans, eines unmöglichen, übermenschlichen Stimmumfangs.

»Diese Musik so positiv! So großzügig! Denkst du immer, Mozart war geboren glücklich mit allem. Zuerst, war glückliche Kind, weil seine Musik ihm gibt alles. Und sein Vater war bei ihm mit ganz viel Liebe und Unterstützung und Geben. Leute sagen, sein Vater war furchtbare Despot, aber ist wirklich enorme Glück, zu haben so unterstützende Vater.«

Mein eigener Vater kritzelte das eifrig in sein Notizbuch.

»Bisschen kann verstehen – auch für mich Klavier war alles –, nur warum Mozart wurde beraubt, ich verstehe nicht. Mozart war kleine bisschen verdorben, ja. Aber war verdorben von Gott. Was für ihn sieht ganz natürlich aus, dafür andere Leute müssen arbeiten, und eine einzige Leben nicht genug. Zu gleiche Zeit Mozart immer ist geblieben Kind. Weise Kind.«

Wir machten uns wieder an die Sonate, und je mehr sie ein Hören, einen gesanglicheren Anschlag, mehr Schlichtheit verlangte, desto unbekannter wurde die Sonate, und die Perfektion entzog sich meinem Griff.

»Ist endlose Aufgabe, *endlose*«, fasste sie zusammen, als mein Vater und ich gingen. »Mit zweitklassige Komponist wir können manchmal erreichen, aber bei Mozart wir gehen tiefer und immer tiefer und nie sind am Ende. Ist Aufgabe für ganze Leben, unbegrenzt, aber *unglaublich* lohnend.«

* * *

Ein paar Monate später erreichte ich an einem kalten Sonntag-nachmittag das Gemeindehaus der Maylands-Kirche, das ein Austragungsort des *Adelaide-Eisteddfod*-Wettbewerbs war. In meinem besten roten Rock und einem dazu passenden Pullover tat ich so, als sei ich eher *nebenher* da, aber in Wahrheit war ich natürlich gekommen, um meine Zukunft einzufordern. Meine Mutter brachte mich nach hinten, wo ein ernst dreinblickender Helfer mir eine Nummer zuteilte.

»Nummer 14, kannst du dir das merken?«, fragte meine Mutter.

»Natürlich.«

»Viel Glück, mein Schatz!« Sie gab mir einen Kuss auf die Wange und ging, um sich zu meinem Vater und den Großeltern im Zuschauerraum zu setzen. Ich übergab dem Helfer meine Noten, das letzte meiner irdischen Güter, und begab mich hin-ter die Bühne. Der Raum war düster und kalt, ausgelegt mit einem feuchten, moosgrünen Teppich. Ich setzte mich neben einen kleinen Heizkörper und versuchte, meine Hände zu wär-men, die sich so brüchig anfühlten, als seien sie aus Glas.

Ein kleines, blondes Mädchen kam zu mir.

»In welcher Klassenstufe trittst du an?«, fragte sie, ohne sich groß vorzustellen.

»Klasse vier«, erwiderte ich mit ruhiger Bescheidenheit. Einen Monat vorher hatte ich im Konservatorium vor den versammelten Prüfern gespielt, gemeinsam mit zwei älteren

Mädchen. Sie hatten auch vor Kurzem die Prüfung für Klasse drei absolviert, allerdings mit der Note B beziehungsweise C abgeschnitten. *Sehr beachtlich*, hatte ich zu ihnen gesagt und das Gefühl der Überlegenheit genossen.

»Und was machst du?«

»Klasse fünf.«

Ich betrachtete sie skeptisch. »Was hast du in Klasse vier gehabt?«

»A-plus«, sagte sie, während ein chinesisches Mädchen mit rosafarbenem Fellmantel ins Zimmer stolzierte.

»Das ist Evelyn Chua«, flüsterte das blonde Mädchen. »Sie macht die Prüfung für Klasse acht.«

»Du spinnst!« Dass Kinder zu so etwas in der Lage sein sollten, war mir völlig neu.

»Sie ist ein Wunderkind.«

Evelyn sah mir kurz in die Augen, drehte sich dann weg und sagte lachend etwas zu ihrer Mutter. Als die Klingel des Preisrichters ertönte, legte sie ihren Mantel ab, unter dem eine niedliche weiße Schürze zum Vorschein kam, und eilte in Richtung Bühne.

»Nummer 14!«, rief einer der Helfer. »Komm bitte auch gleich mit raus.«

Ich verabschiedete mich von meiner neuen Freundin und folgte dem Helfer bis an die Kulissen, von wo aus ich Evelyn zusehen konnte. Sie spielte Aaron Coplands *The Cat and the Mouse*, was eigentlich ein humorvolles Stück ist, fast wie die Musik zu einem Zeichentrickfilm, mir aber dennoch wie eine Form von Gewalteinwirkung vorkam, weil es mich von meinem unschuldigen Glauben an mich selbst weit weg katapultierte. Evelyn spielte so, als würde sie am Klavier tanzen, mit extravaganten Armbewegungen, welche die technischen Anforderungen der Komposition untermalten. Auch wenn sie vielleicht den Esprit des Stücks nicht ganz erfasst hatte, jagte sie doch dem zehnjährigen Mädchen, das hinter ihr in den Kulissen stand, einen gewaltigen Schrecken ein.

»Gut gemacht«, sagte ich atemlos, als sie unter tosendem Beifall die Bühne verließ.

»Machst du *Witze*? Das war furchtbar. Das war so *schlimm wie noch nie*.«

Völlig schockiert schlich ich hinaus auf die Bühne und lieferte eine kleinlaute Bach-Sinfonia ab. Während des gesamten Stücks hatte ich Coplands *Cat and Mouse* als wenig schmeichelhaften Kontrapunkt im Ohr. Als ich fertig war, vergaß ich, mich zu verbeugen, und lief schnell von der Bühne, um mich zu meinen Eltern zu setzen.

»Gut gemacht, Pie«, sagte mein Vater unglücklich.

»Das Stück von Evelyn Chua hat mir überhaupt nicht gefallen«, sagte meine Mutter.

Als Nächstes kam Kandidat 18: Sebastian Lee. Obwohl es Sonntag war, trug er eine Privatschuluniform, das gestreifte Hemd nachlässig über der Hose. Nach einer raschen wiewohl eleganten Verbeugung setzte er sich ans Klavier und betrachtete kurz die Tasten, dann stellte er den Sitz ein paar Drehungen höher, dann noch ein paar. Er sah hinauf zur Decke, holte ein Taschentuch aus der Tasche und wischte sich über die Stirn. Dann krümmte er die Finger und begann ansatzlos mit Debussys *Golliwogg's Cake-walk* aus *Children's Corner*.

»Du liebes bisschen, das war ja vielleicht mal was!«, schwärmte meine Großmutter und fiel dabei fast vom Stuhl.

Vielleicht waren das die Kinder, um die Lizzie sich Sorgen

machen müsste: Kinder, die ihre Kindheit opferten und übten. Aber wenn man sie spielen hörte, schien eine Kindheit längst nicht mehr so wichtig, wie alle behaupteten. *Warum diese Kinder beraubt wurden, verstand ich nicht.*

Im Anschluss trat der Preisrichter vor und rückte sich die Krawatte zurecht.

»Ich möchte allen Kindern gratulieren, die heute Nachmittag vorgespielt haben.«

Meine Mutter trommelte mit den Fingern auf ihrem Knie, und mein eigener Puls wummerte mir in den Ohren. Ich wusste, dass ich weit unterhalb des hier herrschenden Niveaus lag, trotzdem hoffte ich, er hätte in meinem Spiel etwas gehört, dessen ich mir selbst nicht bewusst war.

»Wir sollten uns vor Augen halten, dass alle Kinder, die hier gespielt haben, in gewisser Weise Gewinner sind.«

Das Publikum lehnte sich ihm mit seinem erdrückenden Bedürfnis entgegen.

»Platz eins geht an Kandidat Nummer 9«, verkündete er, und Evelyn sprang auf, um ihren Preis abzuholen.

»Warum zieht ihre Mutter sie an wie ein Baby?«, fragte *meine* Mutter ein wenig zu laut.

»Platz zwei für einen sehr schönen Beitrag von Kandidat Nummer 18«, fuhr er fort.

Sebastian zuckte mit den Achseln und ging nach vorne, um sein Bewertungsblatt entgegenzunehmen.

»Außerdem möchte ich noch eine lobende Erwähnung aussprechen für ein bescheidenes, aber doch äußerst charmantes Vorspiel, und zwar von Kandidat Nummer 14.«

»Ja sapperlotto«, entfuhr es meiner Mutter. »Das bist du, Pie!«

Ich ging nach vorne und schüttelte dem Preisrichter die Hand.

»Herzlichen Glückwunsch«, sagte er und sah über mich hinweg.

Dann stellte ich mich hinter Sebastian, um mein Bewertungsblatt in Empfang zu nehmen. »Mit vier bin ich hier Zweiter geworden«, erzählte er mir mit einem reizenden Lächeln. Ich wurde rot, so geschmeichelt war ich, dass jemand wie er, also eine Berühmtheit in meinem Klavier-Universum, mit mir redete. Dann schnappte ich mir das Bewertungsblatt und rannte hinaus zum Auto.

Ein angenehm kontrollierter Vortrag, mit guten letzten Akkorden.

Ich brütete über diesen Worten, suchte ihre Winkel und Ritzen nach Beweisen ab und gab dann das Bewertungsblatt meinen vorne sitzenden Eltern, damit sie dasselbe tun konnten.

»Natürlich ich könnte machen Wunderkind aus dir«, sagte Mrs. Sivan in der nächsten Stunde.

Mein Herz schlug schneller. *Ach bitte, machen Sie das doch!*

»Aber bin ich nicht interessiert an schnelle Ergebnis. Viel wichtiger ist deine Zukunft. Dass Musik kommt von innen. Nie verlässt du dich auf Wettbewerb. Nie baust du darauf dein Leben auf. Wettbewerbe du benützt *für* dich. Insgesamt ich nie spüre Neid. Gegenteil! Wenn andere Person kann machen, ich bin glücklich! Ist großartig für Musik! Und immer denkst du: Wenn andere Person kann machen, *dann ich kann machen auch.*«

Wenn Evelyn Chua ein Wunderkind sein konnte, dann konnte ich auch eines sein, und wenn Mrs. Sivan mich nicht zu einem machen wollte, dann würde ich es eben selbst tun. Als wir uns wieder dem ersten Satz der Mozart-Sonate zuwandten, machte ich dieselben wogenden Armbewegungen, die ich bei Evelyn gesehen hatte.

»Was ist das?« Sie sah mich ganz erstaunt an. »Schmetterlinge-Technik? Natürlich, ich niemals sage *nie*. Wir können gehen von Adelaide hier in Süden nach Melbourne in Südosten über *Perth* in Südwesten. Ist möglich. Aber wozu? Leben ist viel zu kurz! Immer besser, zu nehmen direkte Weg, zu sein ökonomisch, zu *sparen seine Energie*. Genau wie bei Gehen. Ich denke, ist besser, zu setzen eine Fuß vor die andere, ja? Nicht so.« Sie stand auf, um es mir zu zeigen, und watschelte im Zickzack durchs Zimmer. »Kompliment ist nicht, es klingt schwierig. Bei wahre Künstler alles sieht aus einfach! Alles sieht aus natürlich! Wenn ich sehe Baryshnikow, Nurejew, mir kommt vor, ich kann ebenfalls tanzen.«

Sie setzte sich wieder neben mich. »Zu spielen Klavier ist Choreografie. Möglichkeiten *endlos*. Wir klatschen, wir umarmen, wir tanzen, wir versprühen – was ist das? – Glasur mit Zucker! Aber das sind begründete Bewegungen, die kommen aus Notwendigkeit, aus Intention. Fliegen wir mit unsere Töne, nicht mit unsere Arme«, sagte sie und flatterte mit den Armen, um mir die Karikatur dessen zu zeigen, was ich vorhin versucht hatte.

Wenn ich schon die Techniken dieser Kinder nicht nachmachen durfte, dann konnte ich aber zumindest ein wenig von ihrer Politur auftragen. Alle besaßen einen gewissen Oberflächenglanz: Sie spielten laut oder leise an genau den richtigen Stellen und boten ihr Vorspiel fein säuberlich verpackt an. Ich hatte hinter der Bühne ihre Noten gesehen, in denen mit Buntstift geschriebene Anmerkungen ihrer Lehrer standen: rot für laut, grün für leise. Aber Mrs. Sivan interessierte sich nicht für eine Dynamik um ihrer selbst willen. »Du musst finden emotionale Entsprechung für deine Dynamik. *Pianissimo* kann sein Schlaflied, oder kann sein enorme Tragödie, dass du hast verloren deine Stimme.« Sie musste kichern. »Und natürlich, *pianissimo* für Elefant ist immer noch *fortissimo* für Kaninchen.«

Ich ignorierte ihre Worte und konzentrierte mich darauf, meine Musik zu verzieren, eine Phrase in Verzückung geraten zu lassen.

»Das nicht! Nie demonstrierst du«, ermahnte sie mich. »Nie verschönerst du Mozart. Ist bereits schön genug. Braucht er dein *Make-up* nicht. Welche Komponist hat perfekte Geschmack?«

»Mozart?«, schlug ich vor.

»Natürlich. Mozart und Chopin. Nicht eine Note kann verändert werden. Nicht *eine!* Manchmal Chopin macht Änderung. Aber das ist anders. Ist Unsicherheit. Erste Idee bei ihm immer richtig. Aber Mozart!«

Ihr Ärger war wie weggeblasen, und ihr Gesicht begann zu strahlen wie das eines Kindes.

»Mozarts Schlichtheit ist genaue Gegenteil von Primitivität. Hat Vollkommenheit erreicht, nach Komplexität.« Sie zeichnete einen Kreis in mein Hausaufgabenheft, mit Primitivität auf der einen Seite, die sich über die Komplexität zur Schlichtheit bewegte. »Und Mozart immer ist Oper! Immer gesangliches Hören. So theatralisch und so spielerisch. Mozart genau wie Midas: Jeder Ton, den er berührt, wird zu Gesang.«

Sie nahm meine Hand und massierte die weiche Haut direkt unterhalb der Fingerkuppe. »Hier, mit Weiche von Finger. Gesangliche Anschlag. Trotzdem diese Gleichmäßigkeit, natürlich – kommt her von Cembalo.« Sie spielte eine Tonleiter im Stil von Bach, eine kristallklare Abfolge von Glöckchen. »Aber infiziert mit Stimme, zusammengefügt in perlende Legato«, und sie durchzog dieselbe Tonleiter mit Gesang.

Es dauerte eine Weile, bis ich ihr perlendes Legato verstand. Aber eines Tages, als sie mir Mozart vorspielte, konnte ich plötzlich die Gesichter all ihrer Töne erkennen und ihre unterschiedlichen Botschaften an den Zuhörer wahrnehmen, und ich fing an zu weinen.

»Was ist los?«, fragte sie.

»Auf jedem Ihrer Töne ist ein Lächeln.«

Sie strahlte und nahm mich in die Arme. »Mein Herzchen, genau daran erkenne ich, dass du gehörst mir.«

In der Woche darauf brachte ich meine Mozart-Sonate zum Adelaide-Eisteddfod, mit ihrer zerbrechlichen Fracht aus perlendem Legato und Gesang. Sebastian spielte als Erster, und während ich ihm von den Kulissen aus zuhörte, kam Evelyn die Treppe herauf und wedelte neben mir mit den Armen.

»Was tust du da?«, fragte ich.

Sie sah mich mit einem diabolischen Grinsen an. »Ich will ihn ablenken.«

Ich war aufrichtig empört. »Musik ist Liebe«, hatte Mrs. Sivan mir erklärt. »Liebe ist die treibende Kraft der Musik.« Als ich Evelyn bei ihrer Fuchtelei zusah, erkannte ich den Abgrund zwischen Mrs. Sivans Lehren und der unvollkommenen Welt, in der ich versuchen musste, sie umzusetzen. Diese Kinder betrachteten die Musik ganz schamlos als Sport. Ich wollte sie verachten, war gleichzeitig aber auch ein bisschen neidisch. Als Sebastian fertig war, jagte er Evelyn lachend die Treppe hinunter, und ich war enttäuscht, dass sie sich nicht die Mühe machte, auch mich abzulenken.

44

Ich betrat die Bühne und ging zum Klavier, aber als ich mich hinsetzte, merkte ich, dass ich das mittlere C verloren hatte. Das Zentrum der Welt war nicht mehr da. Ich ließ meine Hände über die Tastatur schweben und hielt sie über ein C nach dem anderen, wobei ich hoffte, mein Körper würde sich statt meiner an das richtige erinnern.

Es war Sonntag, meine halbe Familie war da. Von der Bühne aus hörte ich Stöhnen, unterdrückte Laute der Verzweiflung.

»Sie hat es vergessen!«, rief meine Urgroßmutter triumphierend.

Ich starrte auf die Tastatur, sie starrte zurück. Pattsituation. Ich sah keinen anderen Ausweg, also spielte ich die Eröffnungsphrase – nur eine Oktave zu hoch, wie sich herausstellte, in einer Art Mickymaus-Version. Ich fiel vor Schreck fast vom Stuhl, machte dann aber eine Oktave tiefer weiter und spielte das Stück auf der richtigen Tonhöhe, aber voller Scham, zu Ende.

Auch diesmal bekam Evelyn den ersten Preis, ich hingegen gar nichts, nicht einmal eine lobende Erwähnung. *Ist großartig für die Musik*, sagte ich mir.

Ich nahm das Bewertungsblatt mit zu Mrs. Sivan, als könne sie daraus etwas lernen. Sie überflog die Abfolge von Standardbemerkungen.

Nach einem etwas unglücklichen Start hast du dich richtig angestrengt. Eine bewundernswerte Klarheit in diesem Vortrag, nur mit allzu viel Pedal.

»Wie ist möglich zu haben bewundernswerte Klarheit und gleichzeitig zu viel Pedal?«, fragte sie. »Komplette Gegensatz! Nehmen sie diese Kommentare aus – wie sagt man – kleine Buch?«

»Buch der Redewendungen«, sagte mein Vater.

»Ja genau, Buch der Redewendungen. Der große Fehler ist zu verwandeln Kunst in Sport. Natürlich du musst respektieren Meinung, weil sonst du wirst zynisch und verlierst Töne automatisch. Aber *niemals* vertraust du darauf. Wenn willst du gefallen alle, du bist automatisch Roboter, oder verirrt in Dschungel.«

KAPITEL 3

Schostakowitsch

Kurz nach ihrer Ankunft in Adelaide war Mrs. Sivan von Clemens Leske, dem Leiter des Elder Konservatoriums, eingeladen worden, einen Konzertabend und einen Meisterkurs zu geben. Jetzt wurde sie in den Lehrkörper aufgenommen und machte mir sofort den Vorschlag, ich solle mich doch für den Spezialistenkurs bewerben. Es war erst sechs Monate her, dass ich im Konservatorium vor den versammelten Prüfern gespielt hatte, aber jetzt, da ich mit meiner Mutter die langen Korridore entlangging, hatte sich etwas verändert: Die Luft fühlte sich schwerer an.

Wir erreichten den Klavierraum und ich warf einen Blick durch die kleine Luke der doppelten Tür. An einem Tisch unterhielten sich drei Prüfer ernsthaft, aber leise wie Pantomimen, während ein glänzender Steinway weit geöffnet vor ihnen stand. Ich erkannte Miss Stokes, aber keinen der Männer. Ich konnte sehen, wie ein weißhaariger Mann ernst nickte und etwas auf ein Blatt Papier schrieb.

»Setz dich doch, mein Schatz«, sagte meine Mutter. »Entspann dich.«

Ich setzte mich auf einen der Plastikstühle im Gang und holte meine Noten heraus. Im Unterricht hatten wir an Schostakowitschs *Tänze der Puppen* gearbeitet, kurzen Stücken, die

Mrs. Sivan noch als Kind dem Komponisten hatte vorspielen dürfen.

»Schostakowitsch war Inbegriff von Würde, von Kultur, von Moral«, hatte sie gesagt. »Einfach unglaubliche Qualität, diese Mann. War *unmöglich* zu bleiben sitzen, wenn kam herein in Zimmer. War jenseits von uns, jenseits von jede andere Mensch – glaubst du mir, ich habe gesehen. Und natürlich höchste Niveau von pianistische Kultur. Denkst du immer, Choreographie von Klavier ist jenseits von menschliche Imagination. Nicht eine einzige Balletttänzer kann verwenden so viele Varianten von Choreographie. Hier wir sind in *fallende Position*. Aber hier klatschende!« Sie hatte gelacht beim Spielen, und ihre Hände waren wie zwei kleine Puppen zum Leben erwacht.

Jetzt trommelte meine Mutter mit den Fingern auf die Lehne meines Stuhls, während ich versuchte, mir diesen Tanz in Erinnerung zu rufen.

»Kannst du das bitte lassen?«, murmelte ich.

»Was meinst du?« Sie verschränkte die Arme fest vor ihrem Oberkörper und hielt sich mit den Händen seitlich an ihrer Bluse fest.

Die Doppeltür quietschte, und Miss Stokes kam zum Vorschein. Sie schenkte mir ein mildes Lächeln. »Wir wären dann bereit für dich.«

Ich warf einen Blick auf meine Mutter. Ihre Bluse war links und rechts total zerknittert. »Viel Glück, Pie«, sagte sie noch, dann schloss Miss Stokes erst die eine, dann die andere Tür vor ihrer Nase.

Innen zeigte ich der Prüfungskommission meine Noten. »Was möchtest du uns denn als Erstes vorspielen?«, fragte ein grauhaariger Mann und blinzelte dabei über den Rand seiner Brille.

»Schostakowitsch, bitte«, antwortete ich und setzte mich an den riesigen Flügel. Ich versuchte, das Hämmern in meiner Brust zu ignorieren. *Nie fängst du an, bevor du nicht bist fertig. Lerne, die Stille zu hören, atmosphärische Stille.* Ich betrachtete das Licht, das durchs Fenster hereinfiel, und die Vögel, die draußen in den Bäumen umherschwirrten. Studenten mit umgehängten Rucksäcken gingen vorbei und hatten keine Ahnung von dem Drama, das sich hier drinnen abspielte.

Der weißhaarige Mann räusperte sich. »Wenn du dann so weit bist?«

Ich begann mit dem *Lyrischen Walzer,* und sofort war Mrs. Sivan an meiner Seite. *Erste vier Takte sind klare Aufforderung zum Tanz. Dieses C in linke Hand will gehen zu F, ja? Um zu besuchen seine Freund. Und jetzt kommt herrliche Melodie, wie Königin wirklich, und hier diese Gis muss sein total wachsam!*

Im Unterricht hatte sie die Augen aufgerissen, um mir die Wachsamkeit zu demonstrieren, und jetzt, beim Spielen, konnte ich in meinem Gis ihre Aufmerksamkeit sehen. *Tanzen wird mehr und immer mehr, mit immer größere Begeisterung, bis Puppen werden lebendig und alle tanzen!*

Die Schwere des Raumes löste sich auf, bis schließlich ich selbst diese Puppe war und durch die Luft tanzte. *Was für Musik ist das! Musik selbst Begeisterung über Leben in deine Hände, wie dass lebst und atmest du!* Ich erreichte die letzte Zeile, und eine perfekte Kadenz versetzte mich wieder zurück ins Konservatorium, wo nichts als Stille herrschte, vom Kratzen der Stifte einmal abgesehen.

»Danke«, sagte Miss Stokes mit dünner Stimme.

Was geschah jetzt? Durfte ich gehen? Ich sah zur Luke in

der Tür und erblickte die besorgt schimmernde Brille meiner Mutter.

»Was würden Sie denn gern als Nächstes hören, Mr. Dosser?«, fragte Miss Stokes.

»Vielleicht ein wenig Mozart?«, schlug der weißhaarige Mann vor und strahlte mich an. Gewärmt durch dieses Lächeln, fiel mir das Spielen leichter.

»Danke, mein Kind«, sagte Miss Stokes, als ich das Ende des ersten Satzes erreichte. »Das genügt.«

Bis ich das Ergebnis bekam, verging eine Weile. Mit jedem Tag, der verstrich, wurde das Warten immer unerträglicher, und überall suchte ich nach Hinweisen. Wenn das nächste Auto, das hier in der Straße vorbeifährt, blau ist, dann lassen sie mich aufs Konservatorium. Wenn es aber rot ist, bin ich durchgefallen, und meine kleine Schwester bekommt außerdem Tollwut.

Wie ich feststellte, gab es Omen noch und nöcher, so man denn wusste, wo man sie finden konnte. Ich wagte nicht, jemandem davon zu erzählen: Wenn meine Eltern dahinterkämen, würden sie mich mit Sicherheit in die Klapsmühle stecken. Und so zählte ich aufmerksam die Anzahl der Käsecracker in jedem Päckchen, das ich am Schulkiosk gekauft hatte, und überlegte genau, ob ein zerbrochener Cracker zur Eins auf- oder zur Null abgerundet werden sollte und ob eine Primzahl an Crackern ein gutes Omen sei und eine durch drei teilbare Anzahl womöglich das genaue Gegenteil.

»Zu sein Pianist ist große Detektivtätigkeit«, erklärte mir Mrs. Sivan, während ich gerade dabei war, diese detektivische Tätigkeit auf mein gesamtes Leben auszudehnen, und überall nach Hinweisen suchte. »Du musst haben Augen, die hören, und Ohren, die sehen. Du darfst nicht eine Detail übersehen! *Nicht eine!* Bei Schostakowitsch jede Hinweis ist wichtig.«

In meinem Notenheft umkringelte sie die von mir übersehenen Details mit ihrem ehrfurchtgebietenden 2B-Bleistift: Artikulation, dynamische Markierungen, Einsatz des Pedals. Sie schrieb auch die Interpunktion hinein, mit kräftigen, senkrechten Strichen.

Wie den meisten Kindern widerstrebte es auch mir, beim Spielen zu atmen, ein Komma zuzulassen, eine *Luftpause*, ganz als würde ein solcher Moment die Zuhörer dazu bewegen, sich auf dem Absatz umzudrehen und zu verschwinden. Nach und nach gelang es ihr, bei mir ein Verständnis der musikalischen Grammatik zu wecken. Aber Grammatik allein genügte ihr nicht.

»Das nicht!«, sagte sie und griff nach meiner Hand. »Du informierst. Mich interessiert nicht, zu erhalten *Information über Musik*. Du musst hören.«

»Das nicht!«, sagte sie, wenn ich mich selbst korrigierte. »Du demonstrierst. Du zeigst uns, was für brave Mädchen du bist. Du bist … wie sagt man?« Sie zog ein neues Wort aus ihrem Hut: »*Pedantisch!*«

Mein Vater nickte und schrieb das in sein Notizbuch: *Nicht pedantisch sein.*

»Das Subjektive ist gebaut auf objektive Visionen«, fuhr sie fort. »Zu sein große Künstler, natürlich du musst sein zuerst große Wissenschaftler, du musst verstehen jedes kleine Ding! Ohne Organisation ist Chaos. Anarchie. Aber ohne Freiheit ist … tot. Ist *Leichenbeschau*.«

Mein Vater lachte, und ich sah ihn argwöhnisch an.

»Ich wiederhole: Musik ist logisch organisierte Phantasie.

Du musst entwickeln deine emotionale Logik. Und deinen Geschmack. Leute sagen, über Geschmack man kann nicht streiten. Natürlich.« Sie grinste über beide Backen. »Über Geschmack man kann nicht streiten, außer man hat ihn.«

Daheim beim Üben versuchte ich, meinen Geschmack zu entwickeln, aber das erwies sich als schwierig. Ich durfte meine Musik weder »verschönern« wie die Kinder bei den Eisteddfods, noch durfte ich durch sie »informieren«. Mir blieb also wenig Spielraum.

»Natürlich gibt viele Möglichkeiten für machen falsch«, erklärte mir Mrs. Sivan. »Aber zu erreichen richtige Ort, wir haben nicht so viel Auswahl.« Im Zuge meiner Sorge um das Prüfungsergebnis rückte dieser richtige Ort noch weiter weg. Ich arbeitete an einer Akkordfolge in Schostakowitschs *Polka* und stellte mir dabei vor, ich sei durchgefallen, und da sich auf diese Weise der Gedanke an die Harmonien heftete, spürte ich immer, wenn ich die Stelle erreichte, eine erneute Enttäuschung. In der Gavotte gab es eine Passage, die ich sieben Mal hintereinander fehlerfrei spielen musste, und zwar mit geschlossenen Augen. Ansonsten würde ich durch die Prüfung fallen, meine Eltern würden sich scheiden lassen, und meine Schwester würde sich als ein zu spät diagnostizierter Zwerg entpuppen.

Schließlich kam der Brief mit dem Zeichen des Elder Konservatoriums auf dem Umschlag. Ich war aufgenommen. Meine Schwester würde weiter wachsen und die Dämonen zogen sich wieder in die Käsecrackerpackung zurück.

Ich rief Mrs. Sivan an, um es ihr zu sagen.

»Wirklich, ich bin nicht überrascht. Mit deine Niveau und Reife es wäre unmöglich, dich nicht anzunehmen.«

Sie sagte selten etwas Positives über mein Spiel, deshalb wertete ich diese Antwort als höchstes Lob.

Beim sonntäglichen Mittagessen brachte mein Großvater einen Toast aus.

»Ich möchte Anna gratulieren, deren Entschlossenheit und harte Arbeit bereits schöne Früchte trägt. Wie sie sehr wohl weiß, sind sowohl ihre Großmutter als auch ich selbst ambitionierte Pianisten. Dabei spielt ihre Großmutter vor allem exzellent vom Blatt.«

»Also, *exzellent* würde ich das nicht nennen«, sagte meine Großmutter und fing an, den Tisch abzuräumen.

»Mein liebes Eheweib hat so gut wie keine Fehler, aber einer davon ist eine übertriebene Bescheidenheit. Ich bleibe bei meiner Hochschätzung ihrer Fähigkeiten. Ich würde sogar so weit gehen, zu behaupten, dass diese Seite der Familie Musik im Blut hat.«

»Und die andere Seite ebenfalls«, warf meine Mutter ein. »Meine beiden Großmütter haben Klavier gespielt, und meine Schwester wurde sogar am Konservatorium angenommen.«

»Tatsächlich? Welch vorzügliche Leistung! In diesem Fall muss ich meine Aussage zurücknehmen, beziehungsweise dahingehend ändern, dass beide Seiten dieser Familie Musik im Blut haben.« Er gab ein Glucksen von sich. »Das gibt uns Gelegenheit, kurz über die Geschichte des Konservatoriums von South Australia nachzudenken. Natürlich war John Bishop eine bedeutende Figur bei der Entwicklung der …«

Die Feierlichkeiten waren bald beendet, und der Triumph ging in die Substanz meines Lebens über. Meine Aufnahme zog keine gravierenden Änderungen nach sich, außer dass ich gelegentlich bei einem der Mittagskonzerte am Konservatorium spielte und die Einrichtung jetzt, da ich dazugehörte, als »Kon« bezeichnete.

Mrs. Sivan unterrichtete mich weiterhin bei sich zu Hause, und mein Vater fuhr nach wie vor jeden Dienstag mit mir hin. Obwohl der Unterricht offiziell auf fünfundvierzig Minuten angesetzt war, dehnte sie ihn regelmäßig auf mindestens zwei Stunden aus, und nie war absehbar, wann er zu Ende sein würde.

* * *

Nach und nach wurde meine Technik freier, und es fiel mir zunehmend leichter, genau die Klänge zu erzeugen, die ich wollte. Das Schwierige daran war, dass man sich diese Klänge zuerst vorzustellen hatte – dass man die innere Bedeutung des jeweiligen Stücks hören musste, anstatt es als eine Abfolge von Noten herunterzuspielen.

»Sie sagen, dass Schostakowitsch nicht kann schreiben Melodie?«, fragte sie meinen Vater.

»Nein«, erwiderte der ganz überrascht. »Er konnte definitiv Melodien komponieren. Denken Sie nur an die Filmmusiken.« Er stimmte das Thema von *Die Stechfliege* an.

»Natürlich, Schostakowitsch *größte* Melodiker, und ganze Beweis hier. Nur einzige Frage: Wessen Herz kann singen, wenn Stiefel auf seine Brust für ganzes Leben? Aber *Tänze der Puppen* sind Werk von Phantasie, von Flucht, und natürlich er schreibt Melodie.« Sie wandte sich wieder meinen Händen zu. »Dein Spiel muss sein komplett aus deine innere emotionale Geschichte. Klavier zu spielen ist Projektion von Vorstellung.«

Dies ist ein Gedanke, den man Schülern gar nicht so leicht

verständlich machen kann: wie wichtig es ist, Ideen zunächst in der Vorstellung zu formen, anstatt sie auf der Tastatur ergreifen zu wollen. Ich vertraute nach wie vor darauf, dass meine Finger mir von sich aus die passenden Lösungen liefern würden.

Am Ende einer Phrase nahm Mrs. Sivan meine Hand. »Entspannst du Daumen und hörst du vorher – was kommt jetzt?« Dann spielte ich die letzte Note. »Das nicht. Du bleibst sitzen.« Sie spielte den Ton anders, und sofort erkannte ich seine Richtigkeit, ja seine Unvermeidlichkeit. Aber setzte dieses Erkennen nicht eine vorherige Kenntnis voraus? Diese Töne mussten doch bereits in mir existiert haben: Warum konnte ich sie dann nicht selbst finden?

Am Ende jeder Stunde brachte sie mich zur Tür, ohne diese jedoch gleich zu öffnen.

»Du musst lernen zu hören«, sagte sie mit funkelnden Augen. »Versprich mir, dass du das tun wirst, mein Herzchen. Du musst anfangen zu hören.«

»Okay.«

»Natürlich, Musik ist unglaublich kompliziert! *Gewaltige* Vielfalt an zusammengefügte Teile! Ist Künste und Literatur und Theater *und* deine Traum in Phantasie *und* deine logische Existenz heute. Millionen, *Millionen* Dinge! Und definitiv Reisen und Ballett und Oper und alles andere!«

Ihr Gesicht war gerötet und vollkommen beseelt. Sie gestikulierte derart aufgeregt mit den Armen, dass es fast so aussah, als würde sie gleich abheben.

»Warum wir haben so große Leidenschaft für diese Instrument? Warum wir haben so große Leidenschaft, Menschen das verständlich zu machen, und warum diese Gefühl, mit ihm verbunden zu sein?«

»Ich weiß nicht?« Aus dem Augenwinkel sah ich den Tür-knopf golden funkeln.

»Weil es ist unglaublich *interessante* Leben! Ist Leben voll mit unglaubliche Engagement und Freiheit und Kommunika-tion! Und gibt dir unglaubliche Respekt vor deine eigene Leben, als Existenz!«

Ich musste gähnen.

»Arme Herzchen, du bist müde. Ich vergesse manchmal, dass du nicht bist erwachsen. Noch nie habe gesehen so ernsthafte Kind.« Sie sah zu meinem Vater und schüttelte nachdenklich den Kopf. »Aber habe ich etwas für dich. Etwas ganz Beson-deres.«

Sie ging schnell in die Küche und kam mit einem Osterei zurück.

»Zu verstehen die Schönheit dieser Welt, *Schönheit* von *un-glaubliche* Höhen des Lebens – größte Leistung von größte Geister der Menschen – ist unglaublich. Ja oder *nein*?«

»Ja«, sagte ich so entschieden wie möglich und hielt dabei das Osterei fest in meiner Hand. Wenn ich es auf dem Heimweg aufessen würde, dann müsste ich es nicht mit meinem Bruder teilen.

»Nicht du wählst Klavier«, sagte sie. »Klavier wählt selbst. Klavier wählt *dich*.«

Ich war mir nicht sicher, ob ich vom Klavier gewählt werden wollte. Ich liebte die Musik und spielte sie gern, und ich genoss die Aufmerksamkeit, die mir die Familie ihretwegen schenkte. Aber ich wusste noch nicht, ob ich wirklich von ihr in Beschlag genommen werden wollte, ein Leben lang.

In diesem Jahr schenkten mir meine Eltern zu Weihnachten

etwas, das schwer, rechteckig und in braunes Papier gewickelt war.

Ich packte das Geschenk aus und erblickte ein in rotes Leder gebundenes Buch mit leeren, handbeschnittenen Seiten und der Aufschrift REPERTOIRE in Goldbuchstaben auf der Vorderseite.

»Jetzt kannst du Buch führen über alles, was du mit Mrs. Sivan durchnimmst«, sagte meine Mutter eifrig.

Es war ein wunderschönes Buch, und kaum sah ich es, war ich auch schon bestürzt. Warum mussten sie immer so großzügig sein?

»Danke. Das ist echt toll.«

Ich drehte mich weg, um zu verbergen, dass ich weinte. Jetzt blieb mir gar nichts anderes übrig, als professionelle Pianistin zu werden.

Tatsächlich hatten meine Eltern aber nicht in dieser Richtung entschieden. Die Grundschule, die bei uns ja sieben Klassen umfasst, ging noch ein Jahr, und wir überlegten, welche Highschool ich danach besuchen sollte. Entweder die Marryatville High, eine öffentliche Schule mit Musikzug, oder Pembroke, eine Privatschule in einem der östlichen Vororte.

»Es ist viel zu früh, um Entscheidungen bezüglich ihrer Zukunft zu treffen«, meinte mein Großvater beim Sonntagsessen. »Auch wenn sie später Musikerin werden will, sollte sie doch die bestmögliche Schulbildung haben.«

»Der Meinung bin ich auch«, sagte meine Mutter entgegen ihrer sonstigen Art. »Man sollte sich immer alle Möglichkeiten offenhalten.«

»Pembroke verlangt astronomische Gebühren«, sagte mein Vater und sah voller Hoffnung zu meinem Großvater. »Vom

Finanziellen her wäre das eine echte Belastung, mit all dem zusätzlichen Musikunterricht.«

»Wie ihr alle wisst, war ich immer ein großer Freund des öffentlichen Schulwesens«, erwiderte mein Großvater.

Ungeachtet dieser Diskussionen hatte ich längst entschieden, dass ich auf die Pembroke gehen würde, wo meine beste Freundin Sophia bereits Schülerin war. Wir verbrachten den Großteil der Ferien an ihrem Swimmingpool, ließen uns von der Sonne braten und studierten das *Dolly*-Mädchenmagazin, während sie mir in allen Einzelheiten von Dingen berichtete, wie sie in ähnlicher Form ab jetzt mein Leben erfüllen würden: dass Georgina beim Sportfest mit Davo geknutscht hatte oder wie es kam, dass Simon als ausgemachte Nervensäge galt.

»Wirst du an der Pembroke erzählen, dass du Klavier spielst?«, fragte sie.

Ich erhaschte den flüchtigen Anblick meiner selbst als Märtyrerin für meine Kunst, unverstanden von den grölenden Massen. Das hatte schon einen gewissen Reiz.

»Die denken vielleicht, du bist eine Langweilerin«, sagte sie.

»Okay, ich lass es.« Ich blätterte um und kam zur Ratgeberseite von Dolly Doctor.

Liebe Dolly, kann man einen süßen Jungen küssen, auch wenn man eine Zahnspange trägt?

Solange du ihn nicht beißt und deine Spange in gutem Zustand und frei von Essensresten hältst, kann Küssen auch mit Zahnspange ein romantisches Erlebnis sein.

Ich prägte mir diese Worte fest ein, um zu lernen, wie man sich als Teenager verhält.

Mein imaginäres Leben an der Pembroke nahm immer stärker Besitz von mir. Wenn ich Klavier übte, bereitete ich parallel dazu zukünftige Gespräche mit den »Coolen« vor, und im Unterricht bei Mrs. Sivan dachte ich über Sophias jüngste Ausführungen nach.

»Leute reden über *Talent*«, sagte Mrs. Sivan. »Was ist diese Talent? Talent spielt sich nicht selbst. Talent ist Geld in Bank, mehr nicht. Wie du gibst aus, das ist deine Sache.«

Ich nickte abwesend, beschäftigte mich aber gleichzeitig mit dem ärgerlichen Mascara-Problem. Sophia hatte mir erzählt, dass die Mädchen an der Pembroke sich zum Großteil schon schminkten, aber ich wusste genau, dass meine Mutter einen sarkastischen Kommentar abgeben würde, sollte ich das je auch tun wollen.

»Kann ich geben Talent oder nicht?«, wollte Mrs. Sivan plötzlich wissen.

Ich hatte eine besondere Kopfbewegung entwickelt, die halb Nicken, halb Schütteln war und so oder so verstanden werden konnte.

»Natürlich nicht! Bin ich nicht Gott!« Für einen Moment sah sie ganz erstaunt aus. »Kann ich nicht geben Samen. Aber kann ich lassen wachsen, was ist da. Was du hast, ich kann entwickeln zu *Maximum*.«

Sie redete weiter, und ich widmete mich wieder meinen Überlegungen. Was hatte Sophia gemeint, als sie sagte, sie sei an der Pembroke »einigermaßen beliebt«? War ich auf meiner Grundschule auch »einigermaßen beliebt«?

Im Kopf ging ich die soziale Hierarchie durch und versuchte, meine Position zu ermitteln, da riss mich Mrs. Sivan aus meinen Gedanken.

»Natürlich, Anna wird nie sein Konzertpianistin.«

Ich sah schockiert zu meinem Vater. Seine Augenbrauen schossen die Stirn hinauf wie zwei umgedrehte Kommas.

»Gute Lehrerin, ja, und wird immer lieben Musik. Aber keine Berufsmusiker. Das nicht.«

Aber das A-plus! Die Aufnahme ins Konservatorium! Das Lob meiner Großeltern! Ich dachte, das Klavier hätte mich bereits gewählt.

»Natürlich, ich liebe diese Mädchen, so intelligent. Wirklich, nie habe gekannt solche Kind. Aber so reserviert. Immer will geben richtige Interpretation: *korrekt* und *richtig*. Versteht nicht emotionale Freiheit und künstlerische Ausdruck.«

Kaum saß ich im Auto, brach ich in Tränen aus. Es war nicht so, dass ich unbedingt Konzertpianistin werden wollte. Aber ich hätte doch gern die *Möglichkeit* gehabt, eine zu werden, so ich mich dafür entscheiden sollte. Noch nie hatte mir jemand so deutlich gesagt, dass mir ein Weg verschlossen war. Ich hatte all den süßen Versprechungen geglaubt, die man jungen Menschen so einflüstert: Die Welt liegt dir zu Füßen. Du kannst sein, was du willst. Folge deinem Traum, und er wird wahr. Zwei Türen hatte man mir jetzt vor der Nase zugeschlagen, eine nach der anderen, wie bei einer der undurchdringlichen Doppeltür-Schleusen am Konservatorium: die Tür zur Konzertbühne und jenseits davon auch noch die Tür zur Unbegrenztheit meiner Möglichkeiten.

Mein Vater und ich fuhren schweigend nach Hause. Als wir ankamen, lief ich in mein Zimmer und warf mich aufs Bett. Meine Eltern unterhielten sich aufgeregt in der Küche, dann kam meine Mutter herein und roch nach Sherry.

»Nicht weinen, Schätzchen«, sagte sie mit kräftiger Stimme.

»Sei doch kein Hasenhase. Es ist viel zu früh, um sich Sorgen über die Zukunft zu machen. Du hast noch Jahre, um zu entscheiden, was du werden willst.«

Meine vierjährige Schwester kam ins Zimmer gerannt, mit ihrer Lieblingsdecke und dem verbotenen Schnuller. »Anna weint«, verkündete sie.

»Die arme Anna hat eine bittere Enttäuschung erlebt«, sagte meine Mutter. »Sei lieb und knuddel sie ein bisschen. Ich geh raus und bereite den Tee vor.«

Meine Schwester kletterte zu mir ins Bett und nuckelte laut an ihrem Schnuller. Sie hielt ihre Schmusedecke in der einen Hand und spielte mit der anderen mit einer Haarsträhne von mir.

»Schnuller sind was für Babys«, erklärte ich ihr.

Sie hörte auf zu nuckeln und dachte kurz nach, dann spuckte sie den Schnuller aus und legte ihn auf mein Nachttischchen, direkt neben mein Repertoire-Buch. Es lag dort schon seit ein paar Monaten, denn ich konnte mich einfach nicht entscheiden, ob ich es in den Musikschrank oder in mein Bücherregal stellen sollte. Ach, mein armes Repertoire-Buch. Wehmut überkam mich beim Gedanken an dieses Büchlein, an unsere gemeinsame Hoffnung, und gleichzeitig erkannte ich mit Schrecken die furchtbare Verschwendung, denn seine leeren Seiten würden jetzt für immer unbeschrieben bleiben.

KAPITEL 4

Debussy

Tief im Herzen wusste ich, dass Mrs. Sivan recht hatte. Ich wusste, dass ich viel zu reserviert war, und ja, ich wollte die richtige Interpretation geben: korrekt und richtig. Diese Fähigkeiten waren nicht nur für meine Karriere als Künstlerin unabdingbar, sondern auch für meine soziale Stellung an der Pembroke. Oder war ich vielleicht wirklich eine Langweilerin? Oder noch schlimmer: ein Volldepp, eine Streberin oder gar ein Freak?

»Ein Langweiler ist im Grunde ein Freak«, erklärte mir Sophia, als ich sie um eine Definition bat. Wir saßen nach Schulschluss auf dem Zaun vor ihrem Haus, pflückten jede ein Eukalyptusblatt vom Baum und zerquetschten es in der Hand. »Ein Volldepp ist ein sozialer Mongo und eher asi. Und ein Streber ist nicht zwingend ein Langweiler, aber dafür unterernährt und ein bisschen eklig.«

»Was ist das Antonym von Langweiler?«, fragte ich.

»Zuallererst verwenden nur Langweiler das Wort Antonym«, sagte sie geduldig. »Aber vermutlich ist das ein Kurzweiler.«

»Aha.«

Sie überlegte kurz. »Hier an der Pembroke gibt es Mädchen, die einfach aus Spaß klauen.«

»Echt? Warum?« Ich versuchte, mir den Schock nicht anmerken zu lassen.

Sie zuckte mit den Achseln. »Sie haben schon alles ausprobiert. Jungs küssen, Zigaretten rauchen. Das Leben bietet ihnen nichts Neues mehr.«

Sie knüllte ihr Blatt zu einer Kugel und warf es auf den Grünstreifen. Ich zerlegte meines in gleich große Teile und ordnete sie so an, dass sie wie der Beginn der Fibonacci-Folge aussahen.

»Klaut Georgina auch?«

»Nö«, sagte sie und zupfte an ihrem T-Shirt unterhalb des Brustkorbs. Ich hatte Grund zur Annahme, dass sie einen BH trug: noch etwas, das uns voneinander trennte. »Aber sie wird dieses Jahr ihre Unschuld an Ben Armstrong verlieren. Er ist in der Zehnten.«

Wir wurden beide rot. Es war das erste Mal, dass eine von uns beiden das Thema Sex anschnitt, das uns längst umkreiste wie ein Stalker.

»Georgina ist also deine beste Freundin?«, fragte ich mit gespielter Gleichgültigkeit.

»Schwer zu sagen. Ich habe Freundinnen in allen möglichen Gruppen. Es gibt Harriet, dann Sarah Ashby, und außerdem noch Sarah Campbell-Jones. Wir sind auf ganz unterschiedliche Weise miteinander befreundet.«

Ich nickte wie eine tolerante Geliebte, aber die Straße verschwamm vor meinen Augen, während ich Sophia ohne mich ins Land der Privatschule davonsegeln sah, neben sich Georgina, Harriet und diverse Sarahs. Alle trugen ein Rugby-Top von Canterbury zu weißen Schnürstiefeln und betrieben Ladendiebstahl als Hobby. Meine Mutter sagte, Canterbury sei übertrieben teuer, und kaufte meine Sachen im Target-Supermarkt. *Tar-jay Boutique* sagte sie dazu, mit einem blasierten, pseudo-französischen Akzent.

»Du bist immer noch meine beste Freundin außerhalb der Schule«, versicherte mir Sophia, »aber es wird einfach immer schwieriger. Warum lassen dich deine Eltern denn nicht auf die Pembroke?«

»Sie haben mich angemeldet, aber es gibt keine Garantie dafür, dass es auch wirklich klappt.« Ich seufzte angesichts der Ungerechtigkeit. Meine Eltern waren Ärzte – *mussten* sie dann nicht reich sein? »Wir reden nach dem Test für die Stipendien weiter.«

Sie schüttelte den Kopf. »Rechne nicht mit einem Stipendium. Es ist im Grunde unmöglich. Mein Stiefbruder hat nur ein halbes bekommen, und der ist echt ein *Superhirn*.«

An diesem Abend trafen zu Hause die Anmeldungsunterlagen mit einer Liste der erforderlichen Uniformteile ein.

»Grundgütiger!«, rief meine Mutter, nachdem sie das Kuvert aufgemacht hatte. »Als ob ein Pullover und ein Jackett und drei T-Shirts und ein Rock und drei Kleider und Schuhe und Sandalen und Socken und Strümpfe noch nicht genug wären – sie erwarten auch eine eigene Uniform für jede Sportart, die du dort zu betreiben hast!«

»Nur Streber tragen Sandalen«, beruhigte ich sie. »Die fallen also schon mal weg.«

»Und schau dir das hier an!« Sie warf vor Lachen den Kopf zurück. »*Mädchen dürfen nur weiße oder gelbe Unterwäsche tragen!* Woher wollen sie das wissen? Müssen sich morgens alle aufstellen, und die überprüfen es dann?«

»Es ist im Grunde ein Ehrenkodex«, sagte ich kurz und bündig.

»Halsabschneiderei trifft es eher«, sagte Mum. »Als ob das Schulgeld nicht schon hoch genug wäre.«

Mein Vater saugte an seinen Lippen. »Echt schade, dass sie keine Musikstipendien für Klavier anbieten. Oder dass du nicht Bratsche gelernt hast.«

»Es gibt immer noch den Test für die Stipendien«, sagte ich, obwohl ich ja wusste, dass es eigentlich aussichtslos war.

* * *

Jetzt, da ich nie Konzertpianistin werden würde, ging ich mit etwas gemischten Gefühlen in die nächste Unterrichtsstunde, aber Mrs. Sivan begrüßte uns mit der gewohnten Herzlichkeit.

»Debussy ist komplette Revolutionär«, verkündete sie, als sie die Tür weit aufriss. Ich folgte ihr hinein zum Klavier und stellte meine Ausgabe von *Children's Corner* aufs Notenpult.

Mit gesenkter Stimme sagte sie: »Manche Leute sind nur Mitläufer.«

»Wirklich?«, fragte ich mit gespielter Neugier.

»Natürlich. Schafe. Aber Debussy *auf keinen Fall!* Zum Beispiel interessiert natürlich für Jazz!«

Sie schob mich zur Seite und improvisierte einen überschwänglichen Ragtime. Mein Vater wippte mit dem Fuß mit und klatschte danach laut Beifall.

»So frei«, lachte sie. »Debussy nicht gern befolgt Regeln.«

Ich positionierte meine Hände über der Anfangsphrase von *Golliwog's Cake-walk* und holte tief Luft in der Hoffnung, diese Freiheit könnte ansteckend sein.

»Das nicht«, sagte sie, noch bevor ich anfangen konnte. »Nicht spielen. Wir müssen denken an Choreographie. Wir müssen denken an *tanzen unsere Phantasie.*«

»Welchen Fingersatz soll ich verwenden?«

»Anton Rubinstein einmal hat gesagt, man soll spielen *nach Geruch*«, kicherte sie. »Wichtigste ist innere Hören. Fingersatz ist *furchtbar* wichtig, aber Hände nicht spielen alleine. Muss man spielen mit sehende Ohren, mit hörende Augen. Mit kühle Herz und warme Gehirn. Leute nicht verstehen, dass deine spirituelle Welt, deine geistige Welt, deine emotionale Engagement und deine körperliche Ausdruck sind wie viele Dinge?«

»Eines?«, schlug ich vor.

»Ganz genau! Und feste Verbindung zwischen jede.« Sie wirbelte auf ihrem Stuhl herum und sah zu meinem Vater. »Sie fragen mich, was ist Talent?«

Ich betrachtete ihn argwöhnisch. Wann hatte er sie das gefragt? In der Woche davor, als mir die Tränen gekommen waren, hatte er gedroht, sie anzurufen und mit ihr »ein Wörtchen zu reden«, aber er musste mir versprechen, das nicht zu tun.

»Manche denken Gehör, andere sagen, ist Rhythmus, Koordination, tierische Fähigkeiten. Aber ist nichts in Vergleich mit Intelligenz. Ich habe gesagt: Diese Mädchen *sehr* intelligent.«

Ich unterdrückte ein Lächeln und senkte den Blick, als sei ich nicht nur intelligent, sondern außerdem auch noch bescheiden.

»Wir müssen respektieren unsere Ich, und nicht unsere Ego. Wir müssen respektieren unsere Leben in Musik, unsere Position, unsere Zukunft, unsere Leistungen. Ziel darf *niemals* sein Dank oder Preise oder *Lob*.«

Sie sah mich mit wildem Blick an.

»Für mich, Kompliment ist nicht Lob. Nicht *hervorragend*«, sagte sie mit einem pikierten Lächeln, »oder das ist sehr *hübsch*.« Sie klimperte heftig mit den Wimpern. »Wie ich hasse diese Wort! Das nicht! Kompliment ist, hinzusetzen und zu arbeiten.«

Also setzten wir uns hin und arbeiteten.

In der Schule setzte ich mich ebenfalls hin und arbeitete. In meiner Klasse gab es eine Gruppe von Mädchen, die alle ein Stipendium wollten, und unsere Lehrerin, Miss Tormey, gab uns Sonderaufgaben, um uns auf den auf bundesstaatlicher Ebene stattfindenden Test vorzubereiten. Wir sammelten spezielle Ausdrücke, um unsere Aufsätze zu garnieren – *fluktuieren, irreversibel, widerwärtig* –, und studierten die magische Dezimalzahl Pi. Ich war vollkommen begeistert von Pi, schrieb mir fünfzig Stellen nach dem Komma auf und prägte sie mir wie ein Musikstück ein. Es gab eine melodische Linie und einen synkopierten Rhythmus, ohne dass gleichzeitig emotionale Freiheit und künstlerischer Ausdruck erforderlich waren. Ich empfand ein fast schon perverses Vergnügen daran, mir die Zahl korrekt und richtig merken zu können.

Am Morgen der Stipendiumsprüfung setzte mich meine Mutter vor Sophias Haus ab.

»Drei Komma eins vier eins fünf neun zwei sechs fünf drei fünf acht neun sieben neun drei zwei drei acht vier sechs«, zählte ich auf, während wir nebeneinanderher gingen.

»Okay, das reicht jetzt«, sagte Sophia, als wir den Eingang der Schule erreichten. Sie stellte mich Harriet, Georgina und Sarah Ashby vor.

»Hi!«, hauchte ich und versuchte dabei, den Vokal so klingen zu lassen wie in ihren östlichen Vororten üblich.

»Sieht Jessica in ihrem Overall nicht *supersüß* aus?«, fragte Georgina.

»Einfach *göttlich!*«, sagte Harriet.

»*Göttlich*«, wiederholte ich. Weiter fiel mir nichts ein, außer dass 11 die dritte Wurzel aus 1331 war und Energie weder erzeugt noch zerstört, sondern nur von einer Form in eine andere umgewandelt werden konnte. Den Test zu schreiben, war dann eine echte Erleichterung.

»Und, wie war's?«, fragte Georgina hinterher.

»Schrecklich«, sagte Harriet.

»Obermies«, sagte Sophia.

»Obermies«, pflichtete ich bei.

Wir verabschiedeten uns mit Luftküsschen und gingen an der Parade entlang nach Hause. Die Herbstsonne wärmte unsere nackten Beine, deshalb zogen wir die Schuhe aus und spürten den heißen Bürgersteig unter den Füßen. Sophia löste ihr Haar und ließ es sich ins Gesicht hängen. Ich machte das Gleiche und imitierte zudem ihren neckischen Gang. Immer wenn ein vorbeifahrendes Auto hupte oder jemand herauspfiff, drehten wir uns um und zogen eine Grimasse.

»Sieben«, sagte Sophia trocken, als wir bei ihrem Haus ankamen. »Ein neuer Rekord.«

Ich war überwältigt von der Wohltätigkeit dieses Tages und genau in der richtigen Stimmung für ein Geständnis.

»Hat die Zahl Sieben irgendeine Bedeutung für dich?«

»Inwiefern?«

»Es ist zum Beispiel eine Primzahl. Denkst du, das hat etwas zu bedeuten?«

Sie rümpfte ungläubig die Nase. »Jetzt krieg dich mal ein. Das bedeutet nichts anderes, als dass sieben Kinderschänder unterwegs sind, die elfjährigen Mädchen nachpfeifen.«

* * *

»Wie geht deine Debussy?«, fragte Mrs. Sivan in der Woche darauf, als ich mich an ihr Klavier setzte.

»Gut, danke«, antwortete ich.

Sie nickte ungeduldig. »Ich warte auf den Tag, an dem du kommst und sagst, ich kann nicht *leben* ohne Debussy, ich *verzehre* mich nach diese Musik, meine *ganze Existenz* ist in diesen Klängen.«

Ihre Augen funkelten, und ich sah sie an, als hätte man mich geohrfeigt. Ich konnte mir nicht vorstellen, dass solche Sätze jemals aus meinem Mund kommen könnten. Ich würde ihnen nicht trauen. Wenn ich so etwas nächstes Jahr an der Pembroke sagen würde, zu Harriet oder Georgina!

»Debussy ist lebendige Gemälde«, fuhr sie etwas sanfter fort. Sie blätterte in meiner Ausgabe von *Children's Corner* bis zu *The Little Shepherd*. »Nicht interessiert an diese Schafhirte als Figur, an das, was er fühlt und denkt. *Auf keinen Fall!* Debussy interessiert sich für kleine Schafhirte nur als Bild.«

Sie spielte das Flötensolo des Anfangs und berührte dabei die Tasten, als würde sie Farbe auftragen.

»Hörst du akustische Effekt«, flüsterte sie. »Schwingung … Widerhall … Spiegelung.«

Ich konnte die flirrende Luft fast sehen, während der Klang auf die Wände zuschwebte und wieder zu uns zurückkehrte.

»Denkst du, man kann machen *crescendo* auf eine einzige Note?«, fragte sie provozierend.

Sie spielte ein D an, und ihre Augen weiteten sich, während es gegen alle Gesetze der Physik lauter zu werden schien.

»Das Klavier ist Instrument der Fantasie, der Projektion«, sagte sie dann strahlend. »Beschränkt nur durch deine Imagination.«

Ich war verwirrt. War es wirklich möglich, ein *crescendo* durch reine Willenskraft zu erzeugen, oder wurde ich da Opfer einer Täuschung? Ich drückte versuchsweise auf das D. Es landete mit dumpfem Aufprall auf dem Teppich.

»Das nicht, du bleibst sitzen. Immer hörst du, was Töne dir sagen *hinterher*. Weil Töne kommen zu dir zurück, und dann du machst weiter.« Sie spielte mir den Anfang noch einmal vor, fing den Klang sofort auf und fügte ihm noch eine weitere Schicht hinzu. »Ist wie Poesie im Inneren. Immer du bist in Gespräch mit was geht weiter. Das ist Geheimnis von Musik.«

Wenn mir der Unterricht allzu abstrakt wurde, ließ ich meine Gedanken schweifen. Ob sie den Test wohl schon ausgewertet hatten? Mir blieb fast das Herz stehen. Ich hatte vergessen, in meinem Aufsatz das Wort *Schicksalhaftigkeit* zu verwenden.

»Ist das Gleiche wie höfliche und engagierte Gespräch. Immer hörst du, ja?«

»Ja.«

»Nicht nur sofort du reagierst auf Worte, sondern verdaust. Wir befinden in *Dialog mit Klänge!*«

Sie nahm meinen Ringfinger und führte ihn in einen Dialog mit den Klängen. »Ganz genau! Schon viel besser.« Sie schwang im Stuhl herum und sah meinen Vater an. »Meine Schüler haben Mittagskonzert an Konservatorium, und natürlich Anna muss spielen.«

Ich sah zu meinem Vater, und er grinste mich an. Vielleicht hatte das Klavier ja seine Meinung geändert und mich doch noch gewählt.

»Was soll sie spielen?«, fragte er.

»Debussy. Und wird sein absolut wunderbar.«

Ein paar Wochen später kam meine Mutter ganz überraschend in die Chorprobe und blieb ernst an der Tür stehen. Ich spürte den Kitzel einer Krise: Jemand musste gestorben sein. Sie flüsterte Mrs. Slater etwas ins Ohr und rief mich dann hinaus auf den Gang.

»Die Pembroke hat angerufen«, sagte sie leise. »Du bekommst ein Stipendium.«

Ich starrte sie wortlos an.

»Du hast die beste Note im ganzen Bundesstaat.«

»Habe ich nicht«, sagte ich, denn ich war mir sicher, dass sie mich reinlegen wollte.

»Doch, hast du, mein Hasenhase. Ich hatte gerade die Rektorin an der Strippe. Sie ist völlig begeistert von deinem Test.«

Ich überlegte kurz und entschied mich dafür, begeistert zu sein. »Jippie!«, rief ich. Wir umfassten uns in einer kurzen, peinlichen Umarmung.

»Es ist noch nicht offiziell, also kannst du es Sophia erzählen, aber niemandem sonst«, sagte sie.

Am Abend rief ich Sophia an und gab ihr die Neuigkeiten durch.

»Arschgeil!«, sagte sie. »Glückwunsch. Wir können wieder beste Freundinnen sein!«

Mit einem Schlag hatte sich alles gelohnt. »Erzähl es aber erst mal niemand«, warnte ich sie. »Es ist noch geheim.«

»Wirst du es denn erzählen?«

Ich dachte nach und beschloss, das nicht zu tun. Es war großartig, dass wir zusammen an die Pembroke gehen würden, aber irgendwie wäre es besser gewesen, meine Eltern hätten die Schulgebühren selbst bezahlt, so wie die Eltern der anderen.

* * *

»Wie geht Debussy?«, fragte mich Mrs. Sivan, als sie uns bei der nächsten Stunde ins Haus ließ.

»Ich habe große Freude daran«, antwortete ich, denn das war das Höchste, was meine angelsächsische Zurückhaltung mir erlaubte.

»Natürlich. Freude ist unglaublich. Übrigens ich habe neue Schülerin. Kate. Du wirst sehr mögen. Ihre emotionale Resonanz ist *unglaublich*. Sie ist klug und glücklich. Sogar ohne bestimmte Grundkenntnis sie hat solche ... Elektrizität.«

»Wie alt ist sie?«, fragte ich neugierig.

»Vierzehn. Will also wissen. Hat *enorme* Freude.«

»Ich habe ebenfalls sehr große Freude«, sagte ich noch einmal.

»Natürlich. Aber nicht genug *ich habe sehr große Freude*. Musik ist Künste von Großzügigkeit. Muss auch sein, dass *ich will teilen meine Freude*, meine Entdeckung, meine unglaubliche Visionen *mit* andere, ich will teilen mit Publikum, und ich will sie ihm geben. Das ist warum du gibst Konzert – ja?«

»Ja«, sagte ich ohne rechte Überzeugung.

»Muss sein genau so, und nicht anders. Ich habe gesagt: Was du gibst, das gehört dir. Musik ist Künste von Liebe und Geben. Auf Grundlage von unglaubliche Respekt und Verständnis für Stück, durch das du bewegst. Sonst ist nur Information und Spielen von richtige Noten, wie Schulmädchen.«

Aber ich *bin* doch ein Schulmädchen, dachte ich. Ein Grundschulmädchen.

»Natürlich, du bist Schulmädchen«, räumte sie ein. »Aber egal. Bei Konzert alle andere Spieler werden sein Studenten, außer Kate. Deswegen *muss* reif sein.«

Sie senkte die Stimme. »Ich sage dir Geheimnis. Wenn du spielst Konzert, suchst du eine Person in Publikum und spielst für sie alleine.« Sie grinste breit. »Und plötzlich jeder denkt, du spielst nur für ihn.«

In der letzten Woche des Schulhalbjahrs betrat ich also wieder einmal die Bühne der Elder Hall. Ich hatte meine blau karierte Schuluniform an, die vielleicht ein wenig fehl am Platz war, gleichzeitig aber auch einen gewissen Schutz darstellte, einen Aufruf zur Barmherzigkeit: *Ich bin nur ein Schulmädchen.* Während ich mich verbeugte, suchte ich im Zuschauerraum nach Sophia, die bereits Ferien hatte. Da war sie, in der dritten Reihe, zwischen meinem Vater und ihrer Großmutter, den Mund in leichter Abwehrhaltung zusammengekniffen. Ich war gerührt, dass sie gekommen war, obwohl sie mit klassischer Musik überhaupt nichts anfangen konnte. Als ich mich ans Klavier setzte, beschloss ich, für sie zu spielen. Ich würde ihr erklären, was ich da tat, und vielleicht würde es durch sie dann auch die Pembroke verstehen.

In diesem riesigen Saal war es schwer, einen Dialog mit den Klängen zu führen. Mein eröffnendes Flötensolo schwebte davon, stieg auf und verschwand im Dachboden. Bei der Hälfte des *Little Shepherd* verlor ich komplett die Orientierung. Ich probierte es mit verschiedenen harmonischen Umwegen, die sich allesamt als Sackgassen erwiesen. Eine große Stille senkte sich auf mich herab, noch verstärkt durch vierhundert Zuhörer. Ich war wie gelähmt, aber dann zuckte ich mit gespielter Gleichgültigkeit die Achseln. Der korrekte Akkord zwinkerte mir zu und ich konnte weitermachen. Mein Achselzucken war für Sophia: Es besagte, dass ich vielleicht auf der Bühne sein und einen Aussetzer haben mochte, dass mich das aber kein bisschen juckte, denn schließlich war ich weder Freak noch Langweiler noch Streber.

Anschließend huschte ich von der Bühne hinunter in den Zuschauerraum. Mein Vater schenkte mir ein ironisches Lächeln und rutschte einen Sitz weiter.

»Hi!«, sagte Sophia beiläufig. Sie hatte ihr Programm über und über mit Herzchen bemalt.

»Ich kann kaum glauben, dass ich so die Achseln gezuckt habe«, flüsterte ich.

»Wie denn nochmal? Schau mal, der Typ zwei Reihen hinter uns. Voll wie Beven aus *Young Talent Time*.«

Beim Umdrehen traf mich der Blick von Mrs. Sivan. Sie nickte mir zu, und ich versank in meinen Sitz. Keiner der Schüler, die nach mir spielten, hatte so etwas wie einen Aussetzer gehabt, geschweige denn die Achseln gezuckt, und ihre Worte klangen mir im Ohr: *Natürlich, Anna wird nie sein Konzertpianistin. Das nicht.*

Als Letztes spielte Mrs. Sivans neue Schülerin Kate. Gekleidet in ein Schottenröckchen, betrat sie munter die Bühne und stürzte sich in Liszts *Ungarische Rhapsodie Nr. 6.* Die Rhapsodie begann als Ankündigung – die Zigeuner kommen! –, und ich setzte mich kerzengerade auf und hatte Achselzucken und Aussetzer vergessen. Im zentralen Teil, einer weltüberdrüssigen Klage, hörte sie, was die Töne ihr *hinterher* erzählten, bevor dann die entfernte Aufforderung zum Tanz kam. Irgendwo begann dieser Tanz, dann kam er näher und wurde mit jeder Wiederholung anspruchsvoller, bis schließlich alle tanzten und sogar Sophia neben mir mitwippte und es außer dem Tanz gar nichts anderes mehr gab. Als Kate das Ende erreichte, war sie eine Göttin, die jede Oktave wie einen Donnerschlag spielte. Wie sich das anfühlen musste, auf diese Hände – meine Hände! – zu blicken, die derart umwerfende Dinge vollbrachten.

Das war, was Mrs. Sivan meinte, wenn sie von Elektrizität, emotionalem Engagement und künstlerischer Leistung sprach. Ich wollte zurück auf die Bühne laufen, Kate zur Seite schubsen und erneut das Klavier bearbeiten, allerdings mit ihren Teenagerhänden anstelle meiner Kinderhände.

»Megacool«, sagte Sophia, während wir in den frenetischen Applaus einstimmten. »Wer war das?«

»Kate Stevens«, sagte ich mit einem merkwürdigen Stolz. Der Name klang wie der eines Filmstars.

Mrs. Sivan glühte geradewegs, als sie mich im Anschluss umarmte. »Natürlich ist unmöglich zu – wie sagt man – zucken Achseln auf Bühne, und darfst du nie wieder machen. Aber du magst diese Mädchen, ja?«

»Ja«, sagte ich und beschloss, ab jetzt besser auf sie zu hören. *Wenn eine andere Person das kann, kann ich es auch*, hatte sie gesagt. Von nun an würde ich mich auf den Unterricht konzentrieren und ihre Worte nicht an mir vorbeiziehen lassen, während ich an andere Dinge dachte. Ich würde ab jetzt versuchen, im *Inneren zu hören*, meine künstlerische Vision zu teilen, unglaublichen Respekt und Verständnis zu empfinden.

Mein Vater brachte mich zurück zur Schule, aber ausnahmsweise konnte ich mich nicht auf den Stoff konzentrieren. Ich hatte eine Liszt-Rhapsodie im Ohr, die mich in Richtung Zukunft lockte, und ich konnte es kaum erwarten, mich daheim ans Klavier zu setzen und die Reise dorthin anzutreten.

TEIL II

KAPITEL 5

Beethoven

Bei der Abschlussfeier der Grundschule spielte ich eine Mozart-Sonate, dann sagte ich noch ein Gedicht auf, das ich extra für diesen Anlass geschrieben hatte:

Ich beende hier ein siebenjähriges Autowaschen,
geschrubbt wurde mit Tüchern, mit feuchten.
Die Lehrer schenkten mir neben dem äußeren Glanz
zudem noch ein inneres Leuchten.

In den Sommerferien, die auf der Südhalbkugel im Dezember anfangen und bis in den Februar dauern, nahm mein inneres Leuchten ganz von selbst zu, deshalb arbeitete ich an meinem äußeren Glanz. Zu Weihnachten wünschte ich mir genau so eine durchsichtige Swatch-Uhr, wie Sophia eine hatte, und ich verbrachte die meisten Nachmittage an ihrem Swimmingpool.

»Freust du dich schon auf die Pembroke-Highschool?«, fragte ihre Mutter.

Auf diese Frage hatte ich mir eine Antwort zurechtgelegt. »Ich denke, es ist mehr eine *Erwartung*. Ich habe ein *angenehmes Gefühl der Erwartung*.«

Gelegentlich wurde aus dem Gefühl der Erwartung eine richtiggehende Angst, aber ich beruhigte mich damit, dass Sophia ständig an meiner Seite sein würde. Wir hatten beantragt, ins gleiche Haus zu kommen, und beschlossen, die gleichen Sprachen zu belegen, nämlich Französisch und Indonesisch.

»Nur Streber nehmen Latein«, hatte sie erklärt. »Es ist nämlich eine tote Sprache. Plus, die Deutschlehrerin redet durch die Nase und klingt voll grauenhaft.«

Beim sonntäglichen Mittagessen informierte ich meine Familie über meine Pläne, Französisch und Indonesisch zu lernen.

»Ich werde enttäuscht sein, wenn du mit der Familientradition des Großen Latinums brichst«, warnte mich mein Großvater.

»Das liegt daran, dass sie nichts ohne diese Sophia machen kann«, erklärte ihm meine Mutter. »Nicht eine einzige Sekunde.«

»Gar nicht wahr!«, protestierte ich. »Es liegt daran, dass nur Streber Latein machen.«

Mein Bruder kicherte.

»Wie bitte?«, fragte mein Großvater.

»Latein ist eine tote Sprache.«

»Ach so«, lachte er und lehnte sich im Sessel zurück. »Deine Argumentation ist fehlerhaft. Das Studium der lateinischen Sprache ist, *inter alia*, ein Studium der Wurzeln. Ein solches Studium wird für immer aktuell bleiben und den Respekt jedes ernsthaften Studenten verdienen, oder jeder Person, die sich für das Erlangen von Wissen und damit gegen die Ignoranz entscheidet.«

Ich riss einen schmalen Streifen von meiner Serviette und rollte ihn zu einer Kugel zusammen.

»Ignoranz ist Glückseligkeit«, sagte ich.

»Wissen ist Macht!«, gab er zurück.

»Glückseligkeit ist besser als Macht.«

Mein Vater spitzte die Ohren. »Da hat sie gar nicht so unrecht.«

»Eine recht verantwortungslose Position«, lachte mein Großvater. »Zum Glück muss man sich da aber gar nicht entscheiden. Durch ein Studium der lateinischen Sprache gelangt man nämlich gleichzeitig zu Glückseligkeit *und* Macht, wie du bald herausfinden wirst. Jetzt, da ich pensioniert bin, habe ich Zeit für ausgewählte Projekte. Eines davon wird sein, meiner Enkelin Latein beizubringen. Das wird deine Schularbeiten nicht stören, denn wir werden den Unterricht samstags abhalten.«

»Samstags habe ich aber Theorie bei Debra!«, protestierte ich.

»Wenn das so ist, machen wir es via Brief. Und natürlich können wir die Hausaufgaben dann gerne beim sonntäglichen Familien-Mittagessen besprechen.«

Unter dem Tisch schnippte ich mein Servietten-Kügelchen gegen Großvaters nichtsahnende Beine. Latein via Brief zu lernen, war noch schlimmer, als es in der Schule zu haben: Das war nicht nur hintenrum, sondern auch noch total abartig. Wie sollte ich das Sophia erklären? Meine gesamte Familie schien die Absicht zu haben, aus mir eine Streberin zu machen, noch bevor ich überhaupt an der Pembroke angefangen hatte.

* * *

In der letzten Klavierstunde des Jahres war Mrs. Sivans Wohnzimmer mit Weihnachtskarten geschmückt, und es sah aus, als hätten sich hier hundert bunte Vögel niedergelassen.

»Sie müssen die beliebteste Frau in ganz Adelaide sein«, sagte mein Vater.

»Meine Schüler von überall«, sagte sie strahlend. »Aus Australien, aus Russland, aus Amerika.«

Ich suchte das Zimmer nach meiner Karte ab und entdeckte sie auf dem Kaminsims hinten am Fenster, neben einer großen Vase voller Rosen. *Liebe Mrs. Sivan,* hatte ich geschrieben. *Frohe Weihnachten und ein Gutes Neues Jahr. Von Anna G x.* Ich hatte bei dem »von« gezögert und mich gefragt, ob ich stattdessen »Ihre« schreiben sollte. Das schien ein bisschen übertrieben, also hatte ich es so gelassen und als Entschädigung das X angefügt.

»Anzahl nicht wichtig«, fuhr sie fort. »Wichtiger ist Botschaft von Herz. Hier, ich zeige wunderschöne Beispiel, von Chang in Singapur.«

Sie nahm eine Karte von der Mitte des Kamins.

Liebe Mrs. Sivan, Ich werde Ihren Unterricht nie vergessen. Sie haben mir das Geschenk der Musik gemacht, das Geschenk des Wissens. Das ist ein unbezahlbares Geschenk, und ich bin für immer dankbar.

Sie stellte die Karte wieder an ihren Platz. »Unglaublich. Nach nur zwei Stunden – Meisterstunden eigentlich. Gefällt mir diese Ausdruck – ja? – *das Geschenk des Wissens.*« Sie sah mich an. »Dankbarkeit sehr wichtig. Nicht für mich, ich brauche nicht, aber für *dich.* Wichtig ist *immer* zu kennen deine Wurzeln und zu sagen danke.«

Meine Weihnachtskarte kam mir jetzt ziemlich erbärmlich vor. Allerdings hatte sie eine wunderschöne Vorderseite, einen gezeichneten Weihnachtsengel. Objektiv betrachtet war es immer noch die bessere Karte.

»Natürlich du bist sehr glückliche Mädchen. Zuerst, du hast solche Familie, so beteiligt an alles, was du machst, so starke Wille, dass du lernst in deine Umgebung. Nie habe gesehen so entschlossene Vater, der kommt zu *jede* Klavierstunde von Tochter. Und ganze Familie wunderbar: unglaublich starke Mutter, und Großeltern *enorm* hilfsbereit.«

Ich zuckte mit den Achseln. Meine Familie war so weit in Ordnung, nur eben ein bisschen peinlich. Meine Mutter hatte mir bereits ein Paar braune Sandalen gekauft, die ich an der Pembroke tragen sollte, obwohl ich da abweichende Vorstellungen geäußert hatte. *Wenn alle anderen Schweißfüße haben, wirst du an mich denken*, hatte sie gesagt, *auch wenn du jetzt leider ziemlich undankbar bist.*

»Und wirklich du musst danken noch mehr deine Großvater, dass dich hat zu mir gebracht. Weil jetzt du hast Schule! Enormes Glück in manche Hinsicht, aber Grunde genommen ich nicht glaube an Glück, nur an Schicksal. Was ist Schule? Ist wunderbares Gefühl von Zugehörigkeit, von zu fühlen sehr angenehm, von zu haben Wurzeln. Ist *individuelle Kontakt* mit Lehrer. Und wenn du lernst, dich zu lieben wie Geschenk Gottes – nicht wie ich, ich, ich und nur Egoist, aber wie ganze anständige Mensch –, dann du kannst immer sagen danke.«

Ich nickte tugendhaft: Am Ende der Stunde sagte ich jedes Mal danke.

»Natürlich ist leicht zu sagen *danke* wie eben gute Manieren. Aber ich nicht verstehe leere Höflichkeit als Höflichkeit. Viel wichtiger sind richtige Manieren, von kultiviertem Herz.«

»Das sind wirklich schöne Rosen«, sagte ich, um das Thema zu wechseln. »Dort bei meiner Karte.«

»Schön, ja? Kate hat gebracht. Diese Mädchen so aufgeregt,

so sehr will lernen, so *lebendig* und so offen. Hat fast mit Klavier aufgehört – war beinahe am Schluss, endgültig. Unglaublich, wirklich, wie leicht zu verlieren talentierte Menschen unterwegs. Jetzt *enorme* Fortschritt. Wir hatten *großartige* Stunde mit Beethoven.«

»Ich würde auch gerne etwas von Beethoven spielen«, sagte ich.

»Warum meine Schüler so dankbar? Weil ich bin nette Dame?«

»Ja?«, schlug ich vor.

»Das nicht. Nette Frau ist nicht genug. Ist weil sie wollen lernen, ist weil sie wollen *wissen*.«

Sie senkte die Stimme. »Wissen sehr wichtig, ja?«

»Natürlich.« Ich wurde unsicher. Ihre musikalische Hellsichtigkeit erlaubte ihr, ein gedrucktes Musikstück anzusehen und die geheime Bedeutung hinter den Noten zu lesen. Ganz ähnlich schien sie auch imstande zu sein, die dunklen Wahrheiten meiner pubertierenden Seele zu erkennen.

»Wissen ist große Macht«, sagte sie, »ist größte Glück.«

Ich warf meinem Vater einen warnenden Blick zu, damit er bloß nichts über Wissen und Glückseligkeit sagte.

»Wissen ist dein Vorrat«, fuhr sie fort. »Alles, worüber reden wir in unsere Kultur – Kunst, Sprachen, Literatur, Theater, Menschen –, du benutzt für praktische Wissen. Ist nicht Wissen für Prüfung und Prüfer. Das nicht. Ist Wissen für deine Existenz und Zukunft und Wachstum. Ist wie Samen, Samen, Samen, Samen.« Sie erhob sich von ihrem Stuhl und verstreute imaginäre Samen auf dem Teppich. »Und dann, wenn wässerst du Samen und kümmerst darum, du hast ... was?«

Sie zeigte im Zimmer umher. Alles, was ich sehen konnte,

waren einhundert Weihnachtskarten, aufgereiht wie Schuldzu-
weisungen.

»Du hast wunderschöne und unglaubliche Ernte!« Strahlend
nahm sie ihr Heft vom Klavier und schlug eine leere Seite auf.
Anna, 1986 malte sie in großer, gebieterischer Schreibschrift
an den oberen Rand.

»Nächstes Jahr wir machen *gewaltige* Repertoire.«

»Beethoven?«, fragte ich.

»Natürlich. Aber zuerst Czerny. Czerny Grunde genommen
hat gebaut Brücke von Klassik hin zu Romantik. Wenn wir sagen, Chopin ist Bibel von Klavier, Czerny ist Fundament von
seine Existenz. Wir reden über Schule. Czerny ist unglaublich
großartige Schüler von Beethoven. Natürlich Beethoven nicht
größte Lehrer, wegen seine Temperament, und nur kann geben
zu bestimmte Leute. Aber *größte* Musiker. Und Czerny definitiv großartige Lehrer, und hat unterrichtet Liszt, und dann
Leschetitzky, und dann alle anderen, und schließlich *dich*.«

Ich lächelte verlegen, während die Geschichte ihren gewaltigen Scheinwerfer auf mich richtete.

»Höchste Niveau von Kultur wir nennen Unterricht. Unterricht ist Schule, und Resultat ist *unglaubliche* Schlichtheit.
Schlichtheit ohne Verteidigung. Ist nicht zu schaffen etwas, das
nur *aussieht wie*. Sondern etwas, das *ist*.«

Zu Weihnachten bekam ich die neue Swatch, die ich mir ge-
wünscht hatte, mit einem besonderen Band in den Pembroke-
Farben Blau und Gelb. Mir gefiel, wie gut sie meine gebräunte
Haut zur Geltung brachte – mit ihr sah ich aus wie ein richtiges
Pembroke-Mädchen. Als dann im Februar das neue Schuljahr
begann, achtete ich darauf, dass mein Unterarm gut zu sehen

war, denn ich hatte die Hoffnung, dass dadurch meine Sandalen etwas aus dem Blickfeld gerieten. Ich folgte Sophia über
den Schulhof und schleuderte sowohl ihren engen Freundinnen Grüße entgegen als auch ihren weniger engen sowie den
Mädchen, über deren Kategorie erst noch entschieden werden
musste: »Hi Beck, hi Pip, hi Sarah.« Durch sorgfältiges Üben
hatte ich meine Östlicher-Vorort-Vokale verbessert, sodass das
»hi« mehr wie ein »hoa« anfing und erst dann in einem »i«
mündete. Solange nicht *mehr* geredet wurde, würde mich niemand für eine mit Stipendium halten.

Zweimal pro Woche versammelte sich die gesamte Mittelstufe in der Kapelle. Ich saß mit dem Schulchor auf der
Empore, direkt vor Evelyn Chua. Ihr dünnes Stimmchen im
Rücken, mit der perfekten Intonation und einem gnadenlosen
Vibrato, betrachtete ich die sechshundert Jugendlichen unter
mir – die blauen Jacketts der Mädchen, die grünen der Jungs
– und fühlte mich ein wenig schwindlig. Von Zeit zu Zeit wurde ein besonders guter Schüler nach vorne gerufen, um dem
Rektor die Hand zu schütteln. Ich betete, dass die Reihe nie
an mich käme.

»Wo bist du denn so praun geworden?«, fragte mich Beck
Sharpe, als wir eines Donnerstags die Kapelle verließen.

»Wie bitte?«

»Deine tolle praune Haut – wo hast du die her?«

Braun. Das war, was wir im Stadtteil Nailsworth sagten.

»In Kensington Gardens, an Sophias Pool«, gab ich zu, obwohl ich natürlich besser Great Barrier Reef gesagt hätte oder
zumindest: *In unserem Strandhäuschen draußen.*

Sie warf ihre blonde Mähne zurück und wieherte vor Lachen.
»Du bist so witzig. Einfach herrlich.«

Ich war verwirrt. Egal, wie sehr ich ihre Codes auch studierte, sie blieben mir unverständlich.

Zur Mittagszeit stand der Schulhof unter dem Kommando der Jungs aus der Zehnten, die alle über einen beunruhigenden Körperbau verfügten sowie außerdem über ein Arsenal an Schimpfwörtern für im Weg stehende Mädchen: *Kuh, Schlampe, Fettsack.* Durch ihre herumfliegenden Tennisbälle wurde der Schulhof so unberechenbar wie ein Flipperautomat.

Ich hatte panische Angst, einer der Bälle würde mich auswählen und treffen. Es war nicht der Schmerz, der mir Sorgen bereitete, sondern die Art meiner Reaktion: ein würdeloses Zusammenzucken, das Geheimnis, das ein solch ungeschützter Moment von mir preisgeben würde.

»Geht am Wochenende wer aus?«, fragte Georgina, als wir ihr auf dem Schulhof begegneten.

Zählte das sonntägliche Mittagessen bei meinen Großeltern als Ausgehen?

»Bei mir steht was an«, sagte Sophia.

Ein Ball schoss an uns vorbei, und Georgina kreischte vor Lachen. »Los, Ben!« Der Junge zwinkerte ihr zu und widmete sich wieder seinem Spiel.

»Sehr süß«, sagte sie, »aber viel zu jung. Ich meine, die meisten meiner Freunde feiern ihren Achtzehnten. Ich muss echt aufhören zu trinken. Seht euch diese Wampe an! Das ist, was Alkohol aus einem macht, Mädels.«

Während sie noch redete, hörte ich – mehr, als dass ich sah – das warnende Pfeifen des Tennisballs, der auf uns zugerast kam. Er landete mit einem dumpfen Geräusch zwischen meinen Oberschenkeln und blieb dort stecken, wobei mein tückischer Rock zum Fanghandschuh wurde.

Nach einem Moment des Staunens fingen die Jungs an zu grölen.

»Eingelocht!«

»Wozu Muschis gut sein können!«

Ben kam lachend auf mich zugerannt, seine Zähne strahlten im Sommerlicht. Ich griff so elegant ich nur konnte nach dem Ball zwischen meinen Beinen und merkte, dass ich knallrot anlief. Warf ich den Ball über Kopf zu ihm und riskierte den Vorwurf, wie ein Mädchen zu werfen? Ich entschied mich für einen Lupfer von unten, ließ den Ball aber zu spät los und musste zusehen, wie er hoch über mir nach hinten flog und auf dem Dach der Bibliothek verschwand.

Bens breites Grinsen verwandelte sich in ein Stirnrunzeln.

»Blöde Sau.«

Lucy entfernte sich schweigend.

»Warum hast du das gemacht?«, fragte Sophia, als wir zu zweit in Richtung der Grünfläche gingen.

* * *

»Lass uns sprechen über Frau und Mann«, sagte Mrs. Sivan in der nächsten Stunde. »Beide haben phantastische Qualität. Aber manchmal Mann, sogar größte Mann, kann betrachten größere Zusammenhang und übersehen viele Details. Ist faszinierend, wie sehr.«

Sie drehte sich nach meinem Vater um.

»Tut mir leid, Peter. Ich nicht unterscheide künstlerisch: Beide kann sein größte Künstler. Als Beispiel, Beethoven ist *sehr* männliche Komponist.« Sie drehte sich wieder zu mir. »Natürlich Beste von Frau ist *hoch*intelligent. Aber Schlechteste von

Frau kann sein furchtbar! Ist sie sehr klein. Am Klavier sie ist sehr gut mit *Strickarbeit*. Alle Details sind vorzüglich. Aber keine Vision, keine architektonische Struktur! Wenn du hast, sagen wir, drei Tage für zu gehen durch Wald, du kannst nicht stehen vor einzige Baum zwei Tage. Unmöglich! Selbst wenn ist schönste Baum von ganze Welt. Du musst lernen, besser umzugehen mit Zeit.«

Sie wurde ganz ernst. »Du, mein Herzchen, musst sein Beste von Frau *und* Beste von Mann.«

Ihre Frisur umrahmte ihr Gesicht wie ein Heiligenschein. Die weichen Wolken ihrer Hände drückten auf meine. Plötzlich presste sie meine Faust fest zusammen und ließ wieder los. »Beethoven sehr maskulin. Und sehr anspruchsvoll. Er war so – wie erkläre ich? – unglücklich mit viele Sachen und seine Umgebung. Sehr schwierig, sehr frustriert, sehr *frustrierend*. Die Art von Mensch – was bekämpft sie am meisten? Andere Leute? Das nicht. Sie kämpft in sich selbst.«

Sie spielte auf dem Klavier eine Tonleiter, von der jede einzelne Note die Luft zerriss.

»Ist nicht Mozart, das nicht.« Sie wiederholte die Tonleiter, diesmal erfüllt von Mozart'schem Gesang. »Mehr *defensive Ego*. Beethoven hingegen ist stählerne Finger. Und insgesamt *sehr aggressive Haltung*.« Sie packte meinen Oberarm mit ihren Fingerspitzen. »Zu gleiche Zeit seine Musik ist voller Wärme, voller Schönheit, voller unglaublicher Möglichkeiten von Liebe. Diese ist Mann mit enorme Herz, der ist geboren als künstlerische Genie. Was er braucht? Liebe und Unterstützung. Aber keine Frau, um ihn zu lieben, niemals. Nicht Mutter, nicht Ehefrau. Leben ohne Liebe. Er davon *träumt*.« Sie betrachtete mein Gesicht. »Sehr schwierig für Kind, ja, aber du bist so kluge Mädchen. Natürlich werde letzte Sonaten nicht unterrichten, bis du bist so weit. Muss nicht überspringen. Aber etwas von Beethoven wir können sofort beginnen.«

Sie schlug mein Heft mit Beethovens Klavierstücken auf und blätterte zum *Rondo a capriccio* mit der Überschrift *Wut über den verlorenen Groschen*.

»Mozart ist Oper – ja? Beethoven *immer* Orchester. Sein Gehör komplett symphonisch. In gewisse Weise er liebt orchestrale Instrument noch mehr als *Instrumentalist*. Er liebt orchestrale Instrument, bis es wird lebendig.«

Sie formte meine linke Hand so, dass sie den Anfangsakkord bildete, und als ich ihn dann spielte, erzeugte er im Zimmer den Klang eines Orchesters. Ich schüttelte ihre Hand ab und probierte es alleine.

»Das nicht. Brauchen wir mehr *Instrument* in Klang. Wir spielen nicht, wir *dirigieren*. Was ist hier? Tonika und Dominante über Tonika-Orgelpunkt. Kleine Finger beharrt auf G. Beethoven sehr intellektuelle Komponist, für ihn Garmonie enorm wichtig.«

Sie sagte immer *Garmonie*, was im Grunde natürlich falsch war, für mich aber zunehmend etwas anderes bedeutete als nur Harmonie: etwas mit erzählerischen Qualitäten, etwas emotional Aufgeladenes.

»Was ist garmonische Logik hier?«, fragte sie und zeichnete sie für mich auf dem Klavier, sodass ich das Stück aus der Vogelperspektive betrachten konnte: seine groß angelegte Argumentation, seine architektonische Struktur. »Aber Logik allein nicht genug. Ist wichtig jede Satz, jede einzelne Wort. Und nicht nur Wort – muss auch richtig *geschrieben* sein.«

Mein Vater notierte sich das in seinem Büchlein.

»Denkst du immer: Musik ist große und wunderschöne Wald.
Du siehst jede kleine Baum und bist glücklich, aber *immer*
denkst du an große Wald. *Was!?*« Sie warf die Hände in die
Luft. »Das ist wahre Meister.«
Ich war eingeschüchtert. Sie verlangte nichts Geringeres als
die Allwissenheit Gottes.
»Mein Herzchen, bist du erschöpft«, sagte sie sanft. »Natür-
lich. Beethoven so intensiv. Er dich *verschlingt*.«

* * *

In der Schule konnte ich immer weniger verbergen, dass ich
ein Superhirn war. Sophia und ich saßen weder zu weit vorne
noch zu weit hinten, und wir folgten der strengen Vorgabe, uns
niemals zu melden. Manchmal fragte ein Lehrer mich etwas,
dann musste ich sprechen. Die Stimme, die im Klassenzimmer
ertönte, kam mir völlig unbekannt vor: Sie hatte einen affek-
tierten englischen Akzent – sie wusste zu viel.
Beim diesjährigen Adelaide-Eisteddfod gelang es mir nicht,
erneut eine lobende Erwähnung zu erzielen, die jetzt wie der
einmalige Triumph einer längst vergangenen Jugend wirkte. In
der Schule hingegen flogen mir die Auszeichnungen auf fast
schon unanständige Art und Weise zu. Ich tat so, als sei mir das
egal, und hätte jeden dieser Preise gern gegen Erfolg beim Eisteddfod oder größere Popularität eingetauscht, aber zu Hause
nahm ich sie aus der Schultasche und stellte sie nebeneinander auf den Kaminsims. Ich hatte Plaketten vom Nationalen
Chemie-Quiz, vom IBM-Mathematik-Wettbewerb, vom Verband Junge Autoren Südaustraliens, vom Nationalen ESSO-
Wissenschaftswettbewerb. Wie sie da so aufgereiht in meinem

Zimmer standen, vermittelten sie zumindest den Eindruck von Popularität.

Der größte Wettbewerb des Jahres war die Westpac Mathematics Competition im Juli. Es war ein Multiple-Choice-Test mit Computerauswertung. Bei falschen Antworten gab es Punktabzug, weshalb man sehr genau und im Stillen überlegen musste, bevor man etwas ankreuzte. Während der Lehrer die Prüfungsbogen austeilte, arrangierte ich meinen 2B-Bleistift, Spitzer und Radiergummi so lange neben dem Schmierpapier, bis alles im Winkel von 90 Grad lag. Als ich dann meinen Bogen erhielt, legte ich ihn genau in die Mitte des Tisches. Es war ein mysteriöses, anziehendes Dokument – ich fragte mich, welche Geheimnisse meiner selbst es mir offenbaren würde.

»Ihr dürft anfangen«, verkündete der Lehrer, und ein lautes Rascheln von Papier war zu hören. Ich arbeitete mich durch den ersten Teil und schrieb mit gespitztem Bleistift auf das ungetrübte Weiß des Fragebogens, wobei ich bei jeder Antwort das Kästchen perfekt und deckend ausmalte, um dem Computer jeden Grund zur Unsicherheit zu nehmen.

Je weiter die Prüfung voranschritt, desto schwieriger wurden die Fragen, und irgendwann musste ich sie mehrmals lesen, bis ich sie überhaupt kapierte. Ich war noch nicht im Besitz der mathematischen Kenntnisse, die für diese Rechnungen nötig waren, aber ich behielt die Ruhe und ließ meinen Verstand nach ihnen greifen, während ich auf das wartete, was die Fragen mir *hinterher* erzählten. Hier herrschte eine solche Intimität, eine solche Ruhe – ich fühlte mich so sicher wie in einem Musikstück. Der Schulhof draußen war glücklicherweise frei von Jungs und ihren Bällen, und die Sonne bewegte sich langsam in einer Bahn über den Himmel, die mathematisch bestimmt werden konnte.

»Die Zeit ist um«, sagte der Lehrer, und wir gaben unsere Blätter ab.

»Das war reine Zeitverschwendung«, sagte Georgina, als wir gemeinsam hinausgingen.

Sophia war der gleichen Meinung, aber dieses Mal schwieg ich.

Als wir ein paar Wochen danach in der Kapelle waren und den ersten Choral gesungen hatten, erhob sich Mr. Inverarity, um zu uns zu sprechen.

»Ich habe gerade herrliche Neuigkeiten erfahren. Eine unserer Achtklässlerinnen hat bei der Westpac Mathematics Competition Ruhm für sich selbst und unsere Schulgemeinschaft erworben.«

Das Blut schoss mir ins Gesicht. Ich betete, dass nicht ich das sein möge, und gleichzeitig, dass doch.

»Ich hatte noch keine Gelegenheit, es ihr selbst zu sagen, aber Anna Goldsworthy war eine von drei südaustralischen Schülern aus allen Jahrgängen, die eine Medaille erhalten haben. Bist du da, Anna?«

Ich hob die Hand.

»Ach, da oben, im Chorgestühl.«

Die gesamte Schule drehte den Kopf, um mich anzusehen.

»Du bist ziemlich weit weg, ich bitte dich also, zu mir herunterzukommen.«

Ich konnte es nicht fassen. In der Kapelle nach vorne gerufen zu werden, war mein schlimmster Alptraum. *Bloß nicht stolpern, bloß nicht stolpern*, murmelte ich vor mich hin, während ich mich die Bank entlangarbeitete. Warum tuschelten die alle so? Hatte mir vielleicht jemand hinten die Unterhose hochgezogen? Als ich an die Treppe kam, hielt mich eine Mezzosopranistin aus der Neunten am Ärmel fest. »Was machst du?« Sie zog mich neben sich auf die Bank. »Er sagte, ›Ich bitte dich also *nicht*, zu mir herunterzukommen‹.«

Die gesamte Schule brach in schallendes Gelächter aus.

»Ruhe bitte«, rief Mr. Inverarity. »Garantiert wirst du noch ausreichend Gelegenheit für eine öffentliche Würdigung hier in der Kapelle haben, Anna. An dieser Stelle möchte ich aber nur, dass wir unsere Glückwünsche durch einen herzlichen Applaus ausdrücken.«

Bei der Leichtathletikprüfung am Nachmittag gingen Sophia und ich nach dem Hürdenlauf mit unseren Ergebnissen an den Tisch, an dem der Sportkapitän aus der Neunten saß.

»Bist du das Superhirn?«, fragte er.

Meine Tarnung war aufgeflogen – es war sinnlos, es zu verleugnen.

»Ja«, gab ich zu, während Sophia nach Luft schnappte.

»Gut, dass du's in Mathe drauf hast«, sagte er, »an den Hürden bist du nämlich voll die Niete.«

KAPITEL 6

Schubert

Als ich acht war, hatte mein Vater seine ersten beiden Bücher veröffentlicht, jedes davon mit einem unaussprechlichen Titel: das eine, *Archipelagoes*, war eine Erzählsammlung, das andere, *Readings from Ecclesiastes*, ein Gedichtband. Bei der Präsentation im Rahmen der Adelaide Writers' Week ließen mein Bruder und ich uns selig die grasigen Abhänge hinunterkullern, während die Erwachsenen ihre Reden hielten. Ich verstand beide Bücher nicht – die Gedichte reimten sich nicht einmal –, aber ich nahm *Archipelagoes* mit in die Schule, um zu beweisen, dass mein Vater berühmt war.

Mrs. Vaughan hatte mich auf den Schoß genommen und begonnen, der Klasse die erste Erzählung vorzulesen: *Es war nicht lustig, Tür an Tür mit einem Heimwerker zu leben – speziell nicht mit einem wie Evan, der so gnadenlos gut dabei war …*

»Du solltest ihn dir zum Vorbild nehmen!«, sagte meine Frau.

»Das tue ich bereits!«, antwortete ich. »Es gibt ja auch wirklich kein größeres A …«

Durch ihre Brille warf sie mir einen enttäuschten Blick zu. »Ich denke, wir sagen hier besser ›Astloch‹.«

Die Klasse kicherte. Mit weit weniger Enthusiasmus fuhr sie fort: *Es verging kaum ein Tag, an dem meine Frau nicht neue Beweise seines Könnens entdeckte.*

»Ich habe gesehen, dass Evan in der ganzen Einfahrt flache Steine verlegt hat«, bemerkte sie süffisant.

»Von mir aus kann er die verdammte Avon-Beraterin flachlegen ...«

Mrs. Vaughan klappte das Buch zu.

»Das reicht für heute«, sagte sie lächelnd. »Bitte einen Applaus dafür, dass Anna so einen klugen Daddy hat!«

In den darauf folgenden fünf Jahren veröffentlichte mein Vater beständig weitere Gedichte und Kurzgeschichten, wie um zu betonen, dass dies reinere Formen der Literatur seien als der völlig überschätzte Roman. Zu Hause beugte er sich aber Vormittag für Vormittag über seinen neuen Macintosh 128 und arbeitete an einem Buch über einen Mathematiker namens Claude. Mit diversen Überarbeitungen, die nach und nach ein ganzes Schränkchen füllten, wuchs der Roman zu Menschengröße heran und wurde fast so etwas wie ein sechstes Familienmitglied. Hin und wieder gab er mir seine neueste Fassung zu lesen. Die Geschichte spielte an einem einzigen Ort, nämlich in einem Hotelzimmer des Adelaide Hilton International. Auf dem Höhepunkt zog sich Claude vor dem Spiegel nackt aus und zählte die Muttermale an seinem Körper. Ohne recht zu wissen, was das sollte, ging ich die Manuskriptseiten mit einem Bleistift durch und notierte als Beweis meiner Scharfäugigkeit alle Ungereimtheiten und Wiederholungen. In einem Interview mit der Melbourner Tageszeitung *Age* bezeichnete mein Vater mich als seine Lieblings-Lektorin. Von ihm in gedruckter Form gelobt zu werden, erstaunte mich ebenso sehr, wie es mich erfreute – dies war das Highlight meines dreizehnten Lebensjahrs.

Als ich eines Samstagvormittags vom Theorieunterricht nach Hause kam, ging ich in sein Arbeitszimmer.

»Wie geht's Claude?«

»Ich habe hier etwas anderes für dich.« Er scrollte an den Anfang einer Datei. »Schau dir das an, Pie.«

Keller wackelte mit einem Zeigefinger vor meiner Nase. War es unsere zweite Stunde? Unsere dritte?

»Dieser Finger ist egoistisch. Gierig. Ein … ein Gauner. Er stiehlt immer von seinen vier Freunden, lügt, betrügt.«

»Aber was ist mit Claude?«, fragte ich.

»Claude geht's soweit ganz gut. Ich spiele hier nur ein bisschen herum und sehe, wohin es sich entwickelt.«

Ich las weiter.

Er klappte den Zeigefinger in seine geschlossene Faust, als ob er die fleischige Klinge eines Schweizer Messers wäre, und gab den Mittelfinger frei.

»Herr Brav«, sagte er und schlug mit dem Finger wiederholt auf das C. »Der Liebling des Lehrers. Er tut, was man ihm sagt. Der beste Schüler.«

Als Letzter kam der Ringfinger.

»Er folgt gern seinem besten Freund«, erzählte er mir. »Er … lehnt sich manchmal gern an ihn.«

Er hob die Ellbogen an und drehte sie nach außen.

»Die Finger sind die Schüler. Das ist der Lehrer. Der Ellbogen …«

»Das kannst du doch nicht machen!«, rief ich. Ich wusste, dass er sich beim Schreiben gern vom Leben inspirieren ließ, aber das hier war schlimmer. Das war Diebstahl. »Hast du Mrs. Sivan überhaupt gefragt?«

»Keine Sorge, Pie, ich zeige es ihr, wenn ich fertig bin. *Wenn ich irgendwann fertig bin.* Wenn jemand die Inspirationsquelle für ein Buch ist, ist er normalerweise geschmeichelt.«

Ich lief nach hinten in den Garten, um es meiner Mutter zu sagen. Sie machte kurz den Rasenmäher aus, um mir zuzuhören, und kniff dabei hinter ihrer Sonnenbrille die Augen zusammen. »Na so was aber auch«, sagte sie, ließ dann den Motor wieder an und mähte den Rasen zu Ende.

In der nächsten Stunde nahm ich Schuberts Impromptus aus meiner Mappe und stellte sie aufs Notenpult, als sei alles ganz normal und ich keineswegs Teil einer Geheimoperation.

»Was ist die Tragödie bei Schubert?«, fragte Mrs. Sivan. »Musst du denken an zwei Sachen: zuerst sein Gefühl von Tod. Eine Art Vorahnung, dass er schon jung tot sein wird. Andererseits ist er *so* glücklich zu leben. Wie etwa ein kleines Kind, das dir erzählt, es hat Krebs, nur glaubt es das nicht, zumindest nicht ganz. Mama oder Papa oder nette Doktor werden es retten. In gewisser Weise Tragödie nicht das richtige Wort. Mehr geht um Frage nach *Warum*. Im Grunde Traurigkeit und Akzeptieren und Schmerz, aber insgesamt Licht und Unschuld.« Sie nahm sich ein Papiertaschentuch aus der Schachtel beim Klavier und wischte sich die Augen ab. »Immer denkst du daran, dass Schubert ist größte Lied-Komponist. Natürlich du sagst, aber was ist mit Mozart?«

Ich nickte. Mit etwas mehr Zeit hätte ich diese Frage vermutlich gestellt.

»Das nicht! Mozart ist Oper, und gibt kein bisschen Oper in Schubert. Nur Lied. Warum? Weil Lied so intim. Jede Ton ganz persönlich. Nur deine Stimme kann hier sein.« Ihre Miene verdüsterte sich. »Ich sage dir eine Sache: Schubert lügt niemals. Er lebt in seine Musik: Ganze Welt, ganze Liebe, ganze Leben von ihm ist hier.« Sie lehnte sich zurück, um nicht nur mich,

sondern auch meinen Vater anzusprechen. »Natürlich Lügner
kann nicht Klavier spielen. Unmöglich. Mit Worten wir finden
Wege zu verdecken, aber mit Tönen nicht. Und manchmal nicht
nötig zu lügen. Manchmal genug zu *sagen nichts*.«
Ich warf meinem Vater einen verzweifelten Blick zu.
»Sehr wichtig, Basis für Moral zu besitzen. Wenn du lügst,
werden deine Töne sofort getötet!« Sie drehte sich wieder zu
mir. »Du bist glückliche Mädchen übrigens, zu haben so interessierte Vater, der Notizen macht.« Ich sah meinen Vater an,
um ihm ein Geständnis zu entlocken, aber er schrieb ungerührt
weiter.

»Schubert von Natur aus vollkommen romantisch, aber mit
Beethovens Ansatz. Natürlich er ist sehr beeindruckt von Beethoven und kopiert ihn, aber seine Innenwelt unglaublich verschieden. Wenn Beethoven war Kämpfer, ständig, und manchmal auch gegen ganze Welt, Schubert wird aufgeben, noch bevor hat begonnen zu kämpfen.« Sie nahm meinen Finger und
entlockte dem Klavier einen Schubert-Ton. »Ist, wie wenn du
Nadel nimmst, Injektion.« Es gab so viel Süße darin, begleitet
von etwas anderem, etwas Dunklerem. »Insgesamt Schubert ist
eine Million Mal romantischer als Beethoven, und eine Million
Mal freundlicher. Er ist ganz klar romantisch in Haut und Herz
und allem anderen, aber Form und Struktur vollkommen klas-
sisch.« Sie wandte sich dem *Impromptu in As* zu. »Wir beginnen mit as-moll-Akkord. Zuerst hören, nicht spielen. Die innere Geschichte von garmonische Akkord ist unglaublich: seine
emotionale Geschichte. Und gleichzeitig wir müssen denken
an Puls und an Hören von Lautstärke.«
Ihre Töne neigten sich zu mir, wurden erkennbar und verschwanden wieder. Wie gern wollte ich in ihre Welt eindringen,

aber es gelang mir nicht. Am Ende der Stunde, als sie mich zur Tür brachte, konnte ich an ihrem Gesichtsausdruck sehen, dass es für sie ebenso anstrengend gewesen war wie für mich.

»Versprich mir, dass du diese Woche versuchst zu hören, ja, Herzchen? Klavierspielen muss sein so natürlich wie sprechen. Sprechen ist nicht zu bewegen Mund und – wie heißt? – *Zunge!* Das nicht! Ist Austausch von Visionen.«

Ich versprach, dass ich versuchen würde, zu hören, aber daheim wusste ich nicht mehr, wie das ging. Es war viel leichter, einfach zu spielen, also preschte ich wild und unaufhaltsam durch den Trio-Abschnitt des Impromptus, wiederholte ihn immer wieder, bis meine Unterarme schmerzten und ich vor lauter Mitleid mit mir selbst und Schubert weinen musste.

»Das nicht!«, sagte sie in der Woche darauf. »Schubert nie sentimental. Niemals.« Sie führte mich zurück zu seinem Klang: zu dem erhabenen Bereich, den er zwischen Dur und Moll bewohnte, und hier war es, wo ich für immer bleiben wollte, weit weg von den Lügen und Halbwahrheiten und Versäumnissen der Außenwelt.

* * *

In der Schule hatte ich meinen Traum, ein ganz normales Pembroke-Mädchen zu sein, längst aufgegeben und mir stattdessen den Habitus einer Künstlerin zugelegt. Ich spazierte verträumt über den Schulhof, den Kopf zur Seite geneigt, als sei die Inspiration über mich gekommen, dabei argwöhnisch nach Tennisbällen Ausschau haltend. Das war nur zum Teil Affektiertheit. In meinem Kopf hörte ich unablässig Musik: Sie war mir ein Betäubungsmittel geworden, ein Schutzschleier, durch den hindurch ich die Welt erlebte. Ihre Harmonien versüßten die Dissonanzen der Adoleszenz: dass drei Jungs aus unserem Jahrgang wegen Dealens mit Marihuana, das sich bei genauerer Untersuchung als eine Mischung aus Lavendel und Rosmarin entpuppt hatte, von der Schule geflogen waren; dass Nina Sam bei einer Party am Wochenende einen geblasen hatte.

»Warum heißt es eigentlich ›einen blasen‹?«, fragte ich Sophia in der Pause. Wir saßen auf dem Rasen und aßen mit weißen Plastiklöffelchen Nutella aus dem Süßwarenladen. »Hat sie denn wirklich geblasen?«

Sie zuckte mit den Schultern. »Wohl eher nicht.«

Wir aßen schweigend weiter, während ich überlegte, was ich sonst noch sagen konnte. Wir hatten unsere Gespräche vom Tag davor bereits Revue passieren lassen und unsere überraschten oder höhnischen Reaktionen durchgekaut.

»Von meinem Dad erscheint im Herbst eine neue Kurzgeschichtensammlung«, fiel mir ein. »Und er wurde für das dritte Trimester als Writer-in-Residence an die Brisbane Grammar School eingeladen.«

»Weißt du, jede von uns hat einen Vater«, sagte sie. »Nur reden wir nicht ständig über sie.«

Ich starrte auf einen Grashalm. Nach einem kurzen Moment begann in meinem Kopf das *Ges-Dur-Impromptu*. Als es fertig war, war auch die Pause zu Ende.

»Schubert ist gewisser Weise unglücklichste Komponist«, sagte Mrs. Sivan. »Unglücklich mit dem Leben: kein Geld, kein Ruhm, keine Anerkennung. Natürlich er hat Vision gehabt für Zukunft seiner Musik: hat gewusst, sie wird sein unsterblich. Aber zu gleiche Zeit, das sehr interessant, er hat kein Ego. Jeder singt seine Lieder, aber niemand weiß, wer er ist. Und der einzige Tag, an dem er hat Konzert, was passiert?«

»Was denn?«

»Großer Geigenvirtuose Paganini kommt nach Wien! Und natürlich geht *jeder* zu Paganini-Konzert. Ganze Publikum, ganze Kritiker. Und noch etwas ...« Sie senkte die Stimme. »Vielleicht nicht richtig zu sagen, aber er war sehr *unschöne* Mann.«

Ich lernte gerade selbst, was es hieß, unschön zu sein. Die Pubertät hatte nicht nur mein Gesicht mit Akne verwüstet, sondern offenbar auch meinen Körper zerlegt und vollkommen falsch wieder zusammengesetzt. Ich war schon immer groß gewesen, aber jetzt war ich geradezu unerhört groß geworden, weit über die Grenzen des guten Geschmacks hinaus. Wenn ich die Straße entlangging, hupte mir kein einziges Auto mehr nach. Abends zog ich mich mit geschlossenen Augen schnell aus, um nicht sehen zu müssen, was aus meinem kindlichen Körper geworden war: diese aufgedunsenen Schenkel, diese plötzlichen Hüften, die Art, wie sie auf einer Weiblichkeit bestanden, auf die ich gar nicht vorbereitet war.

Meine Mutter nahm mich mit zu ihrer teuren Friseuse, die mir einen Liza-Minelli-Schnitt verpasste, mit spitz zulaufenden Strähnen unterhalb der Ohren: ein extravaganter Rahmen für mein mit Akne übersätes Gesicht. Meine Großmutter strickte mir einen todschicken Pullover aus waldgrüner Wolle. »Steh gerade und sieh den Menschen selbstbewusst in die Augen«, instruierte sie mich. »So hast du die Schlacht schon halb gewonnen.« Mein Vater zeigte mir eine Rede, die er für die Präsentation seiner Kurzgeschichtensammlung verfasst hatte. Ich griff zum Bleistift und machte mich auf die Jagd nach Fehlern, bis ich an die Zeile kam:

Meine derzeitige Theorie ist, dass Akne einem nützlichen evolutionären Zweck dient. Sie macht heranwachsende Kinder ziemlich unappetitlich für ihre Eltern und erleichtert ihnen so die bevorstehende Trennung.

Ich gab sie ihm zurück, ohne etwas verbessert zu haben. »Eine tolle Rede«, sagte ich. An diesem Abend fragte ich meine Mutter, ob sie mit ihm nicht darüber reden könne. Natürlich war ich nicht verletzt. Es war mehr als das: Sogar *Age* wusste, dass ich seine Lieblings-Lektorin war. Ich hatte Angst, dass alle peinlich berührt wären, wenn er bei der Präsentation diesen Satz sagen und seine Tochter direkt neben ihm stehen würde.

»Das ist doch nur ein Witz, Pie«, meinte er, als er dann in mein Zimmer kam, um mir Gute Nacht zu sagen. »Niemand wird das ernst nehmen. Es ist ein Satz mit einer tollen Pointe.«

Bei der Buchpräsentation sagte er seinen Satz und erntete einen großen Lacher. Niemand sah zu mir her, aber ich spürte, wie ich hinter meiner Akne rot wurde.

* * *

Im nächsten Monat nahmen Vaters erste Aufzeichnungen über die Finger zunehmend die Form eines Romans an, während Claude unangetastet in seinem Schränkchen blieb.

»Ein Roman ist niemals vollendet«, erklärte er. »Er wird nur irgendwann losgelassen.«

An den Wochenenden begleitete ich ihn manchmal in die Barr Smith Library an der Universität von Adelaide, um Forschungen zur Leschetizky-Schule anzustellen. Wie gern hätte ich all meine Zeit dort verbracht, im verstaubten Dämmerlicht der Abteilung 786.2 nach der Dewey-Katalogisierung, gemeinsam mit meinem Vater über Bücher gebeugt. In diesem Winkel der Erde war Klavierspielen keine obskure, eigenbrötlerische Tätigkeit, sondern jedermanns zentrales Interesse.

Wir liehen uns eine Handvoll Bücher aus, darunter auch Harold C. Schonbergs *Die großen Pianisten*. Ich war begeistert von Schonbergs leichtem, vertraulichem Ton, seinen beiläufig eingeflochtenen Klatschgeschichten, ganz als wären diese legendären Pianisten unsere Freunde. Ich verschlang seine Seiten über Leschetitzky, der forderte, man müsse sich am Klavier entspannen und »die Muskeln ›devitalisieren‹ ... die beim Spiel nicht beansprucht werden«. Wie Schnabel berichtete, bestand Leschetitzky auf einer »Wahrhaftigkeit des Ausdrucks« und »duldete kein Abweichen von dem, was er für richtig hielt«. Ich musste an Mrs. Sivans Worte denken – *Lügner kann nicht Klavier spielen* – und merkte, wie ich mir eine Ahnentafel zusammenbastelte.

In der Schule sah ich im Matheunterricht aus dem Fenster und träumte davon, in der Barr Smith Library zu sein. Eine kleine Kette aus Regentropfen hing wie ein Rosenkranz am Ast eines Baumes. Ich dachte sowohl an perlendes Legato als auch an Annette Essipoff, die Mrs. Sivans Lehrerin unterrichtet hatte, und ihre »katzenähnliche Kraft und Geschmeidigkeit«. Klang das nach mir? Oder ähnelte ich eher der legendären Teresa Carreño, die »begabt, launisch, ungestüm und schön« war?

»Hallo!«, wiederholte der Junge, der vor mir saß.

Ich schreckte vom Stuhl auf.

»Du bist echt die langweiligste Person, die mir je begegnet ist«, sagte er.

Ich starrte ihn mit offenem Mund an – außerstande, ihn zu widerlegen.

Wenn wir zum Unterricht kamen, war Kate Stevens oft noch da. Mrs. Sivan begleitete singend ihr Spiel, nahm ihre Hände und korrigierte deren Haltung, die Wangen rot vor Freude, um einen neuen Klang, eine andere Nuance zu demonstrieren. Jetzt, da ich auf der Couch saß, mit Abstand von der Tastatur, konnte ich besser verstehen, was sie verlangte – ich konnte die Beredsamkeit und die Besonderheit jedes einzelnen ihrer Klänge hören.

»Genau! Und jetzt hat dieses F den Wunsch, zu gehen wo?«

Kate schien sich durch Korrekturen nie entmutigen zu lassen: »Zum B.«

»Natürlich. Viel besser, aber jetzt nicht genug, zu hören linke Hand. Linke Hand muss distanzierter sein, mehr isoliert. Ist nicht, dass sie ist nicht beteiligt, aber sie hat Angst, Person zu berühren und so vielleicht zu zerstören.« Sie schwang im Stuhl herum, um etwas zu meinem Vater zu sagen. »Manchmal kann zu viel Hilfe ja auch zerstörerisch sein.«

Kate versuchte es noch einmal.

»Sehr gut!«, rief Mrs. Sivan und drehte sich wieder zu ihr. »Immer wir haben zwei Möglichkeiten in unsere Entwicklung, ja?«

»Ja«, sagte Kate. »Sklave oder Meister.«

»Natürlich. In Sklaverei wir können erreichen absoluten Gipfel an Verzierung und Information und es perfekt machen, wie viele Pianisten. Aber Meister ist wie wenn du öffnest neue Schleusen aus deinem Körper. Du hast anderen Atem. Meister schenkt dir Visionen.«

Als der Unterricht zu Ende war, stand Kate auf und löste den klebenden Rock von der Rückseite ihrer Schenkel. »Wir haben vier Stunden gearbeitet, ohne Pause«, grinste sie.

»Was, so lange?«, fragte Mrs. Sivan. »Aber natürlich, bei Arbeit vergisst man leicht die Zeit. Macht so viel Freude.«

Sie brachte Kate zur Tür, während ich auf der Klavierbank Platz nahm und hoffte, meine neu entdeckte Perspektive des Klangs würde mich nicht verlassen. Aber als ich so vor der Tastatur saß, war ich geblendet durch das Versprechen, ein Instrument *spielen* und Klänge erzeugen zu können. Ohne zu zögern, begann ich mit Schuberts *As-Dur-Impromptu*.

»Das nicht«, rief Mrs. Sivan, als sie wieder hereinkam. »Du spielst, ohne zu hören. Wir wollen *Aufwärts*-Klang hier – musst du befreien kleine Finger.«

Ich ertrug geduldig ihre Korrekturen, so wie Kate es gemacht hätte.

»Das nicht! Diese Betonung anders. Immer hörst du auf Lautstärke, immer hörst du auf *inneren Puls*.«

Für einen Augenblick verstand ich, was sie meinte, und schwang mich auf den Puls der Sechzehntel wie auf eine Welle. Ich verspürte die Freiheit des »inneren Hörens«: das erstaunliche Verschwinden technischer Probleme durch eine winzige Veränderung der Perspektive, einer anderen Art des Hörens.

»Genau! Nicht spielen. Du beginnst mit Zutaten der Wissenschaft und du machst wunderbare *Kuchen* der Künste. Versprich mir, Herzchen, dass du diese Woche versuchst zu hören. Nicht spielen, nur hören.«

Ich versprach es ihr, aber zu Hause, ohne die Erleuchtung ihres Unterrichts, wurde mein Spiel erneut prosaisch, mechanisch. Frustriert klappte ich den Klavierdeckel zu und *Die großen Pianisten* auf.

Zu [Leschetitzkys] strikten Überzeugungen gehörte, langes Üben sei nutzlos. Er erlaubte es einem Schüler nie, sechs,

106

sieben oder gar acht Stunden zu arbeiten. »Niemand kann das, ohne mechanisch zu üben, und gerade daran bin ich nicht interessiert. Zwei Stunden, höchstens drei, das ist mehr als genug für jemanden, der wirklich zuhört, was er spielt, und jede einzelne Note kritisiert.«

Wenn man das weiterdachte, waren vielleicht nicht einmal zwei oder drei Stunden nötig, sondern könnten – mit den richtigen Absichten – auch nur dreißig Minuten ausreichen. Ausnahmsweise würde ich heute, vielleicht auch morgen, über das Klavierspiel lesen, anstatt es zu üben. Wenn ich mich anstrengte, konnte ich womöglich allein durch konzentrierte Lektüre Konzertpianistin werden.

KAPITEL 7

Mozart

Über die Jahre, in denen ich neben Mrs. Sivan an ihrem Klavier saß, veränderte sich nach und nach das Zimmer um uns herum. Als Erstes wurde aus dem knalligen Pink der Wand ein geschmackvollerer Ockerton, dann verwandelte sich das ramponierte Klavier in einen Yamaha-Flügel. Jahr für Jahr wuchs die Armee an Miniatur-Pianos im Regal weiter, bis sie auch das Brett darunter erobert hatte. Schließlich wurde auch das Zimmer selbst größer, als ein neuer Teppich und zwei kleine Armleuchter hinzukamen. Andere Dinge blieben gleich: eine geometrische rote Uhr, auf die ich heimlich schaute, wenn ich erschöpft war; eine Daguerreotypie von Chopin über dem Kamin; und über dem Klavier ein Foto von Mrs. Sivan als Achtzehnjährige bei einem internationalen Wettbewerb. Sie hatte die Alabasterhaut eines Filmstars und überblickte das Zimmer mit dem souveränen Blick einer Königin.

»Bühne muss sein wie ein weiteres Zimmer in deinem Haus«, sagte sie mir immer wieder, und im Zuge meiner Jahresabschlussprüfungen, die ich eine nach der anderen in ihrem Wohnzimmer absolvierte, verstand ich den Satz auch langsam. Neben der surrealen Anwesenheit des Prüfers, der an einem Bridge-Tischchen Tee schlürfte, gab es ja auch noch diese Spielzeug-Klaviere, die wie kleine Bekannte aufgereiht standen, sowie meine königliche Lehrerin, die von ihrer erhabenen Position an der Wand alles überwachte. Ich absolvierte nur die Prüfungen, die sie tatsächlich für notwendig hielt – »wir machen Prüfungen *nebenher*« – und hatte mal ein A, mal ein A-plus, bis ich im Alter von dreizehn Jahren in der achten Klasse war und mich nur noch eine einzige Prüfung von den himmlischen Sphären des Klavierdiploms trennte.

Die Abschlussprüfung in Klasse acht war eine ernsthafte Angelegenheit, sie erforderte die Beherrschung sämtlicher Tonleitern und einen öffentlichen Ort: die Flinders Street School of Music. An dem entsprechenden Samstag war es dort kalt und dunkel, und ich vermisste meine Miniatur-Pianos und das getupfte Licht von Mrs. Sivans Armleuchtern. Die anderen Kandidaten hasteten mit ihren Notenmappen umher oder übten hinter geschlossenen Türen.

Ich war erkältet, musste aber aufhören, mich ständig zu schnäuzen, als mein Vater sich im Übungsraum neben mich setzte und mich die Tonleitern abfragte: »As-moll melodisch in Sexten, *staccato*.«

Normalerweise konnte ich die Tonleiter unter mir sehen, bevor ich anfing: ihre spezielle Topografie, ihren Abdruck auf der Tastatur. Aber in dieser beängstigenden Umgebung verschwand meine geistige Landkarte, sodass ich mich vom Boden aus in die Tonleiter begeben musste und prompt zwischen F und G hängen blieb. Ich versuchte es erneut und machte dann bei der Abwärtsbewegung einen Fehler. Mein Vater zupfte nervös an seinem Adamsapfel.

»Kannst du das bitte lassen?«, bat ich ihn.

Er ließ die Haut zwischen seinen Fingern los, und sie schnalzte zurück an seinen Hals.

Ein Prüfungshelfer klopfte an der Tür: »Der Prüfer ist jetzt bereit für Sie, Miss Goldsworthy.«

Ich schloss den Klavierdeckel und folgte ihm zum Vortragssaal, wo er die großen Flügeltüren öffnete. »Hals- und Beinbruch, Pie«, brummte mein Vater. An seinem Hals sah ich ein zerknittertes Fältchen, wo seine Haut ihre Elastizität verloren hatte. Meine gesamte Verwundbarkeit lag dort. Ich drehte mich weg und begab mich in die Prüfung.

Der Prüfer war ein schwergewichtiger Mann mit Halbmondbrille, der hinter einem Vinyltisch thronte und so unbeweglich wirkte wie der Bösendorfer-Flügel direkt vor mir. Ich wusste, dass er Organist war, und hielt das für ein gutes Zeichen, denn meinen Bach hatte man immer wieder gelobt.

»Machen Sie es sich bequem«, grunzte er und vertiefte sich wieder in seine Unterlagen.

Ich setzte mich an dieses fremdartig wirkende Instrument. Es hatte vier zusätzliche schwarz gefärbte Basstasten, die hypnotisch zu mir heraufstarrten.

»Wenn Sie dann so weit sind.«

Kaum hatte ich mein Präludium und Fuge von Bach begonnen, fing meine Nase an zu laufen. Ich suchte die vor mir liegenden Takte nach eventuellen Schnäuzmöglichkeiten ab, aber die einzige Gelegenheit war vor der Fuge.

»Danke«, sagte er nur, als ich geendet hatte.

Ich putzte mir die Nase und betrachtete die Tastatur, wohl wissend, dass der Mozart alles retten musste. *Mozarts Jahreszeit im Leben immer Frühling. Was ist Frühling in unserem Leben? Hoffnung. Blüte. Erwartung. Der erste Anblick der Blätter des Lebens. Und Mozart ist voll davon!*

Es war schwer, mir im kalten Winter dieses Gebäudes den

Frühling vorzustellen, aber ich ließ meine Töne mit so viel Freude erklingen, wie ich nur irgendwie aufbringen konnte, und sie verstärkten die Freude und gaben sie an mich zurück. Als ich das Ende des Satzes erreicht hatte, schien meine Erkältung verschwunden zu sein. Ich spielte Schubert und Copland, ganz begeistert von den heilenden Kräften der Musik, während der Prüfer über den Rand seiner Brille starrte. Im Anschluss wollte er ein paar Tonleitern hören, dann nickte er kurz und sagte, die Prüfung sei beendet.

Ich stürmte durch die Flügeltüre hinaus zu meinem Vater. »Der Prüfer war ganz okay«, berichtete ich.

Am Mittwoch darauf kam ich von der Chorprobe nach Hause und fand auf dem Küchentisch einen ungeöffneten an mich adressierten Brief. Mein Vater kam aus seinem Zimmer, wo er gerade für eine Lyrik-Tagung in Malaysia packte. »Post für dich!«

Ich ging zum Kühlschrank und schenkte mir ein Glas Orangensaft ein.

»Willst du ihn nicht aufmachen?«, fragte meine Mutter.

Warum mussten meine Eltern nur so *neugierig* sein? Ich nahm den Brief und ging damit ins Esszimmer. Er musste mit größtmöglicher Sorgfalt geöffnet werden, um das darin befindliche Ergebnis nicht negativ zu beeinflussen, deshalb stellte ich die Stühle ordentlich an den Tisch und trank meinen Orangensaft mit elf Schlucken, einer Primzahl. Ich legte den Brief genau in die Mitte des Esstischs, ein kleines Rechteck parallel zu einem größeren, und bereitete mich aufs Öffnen vor. Ein A-plus wäre natürlich ideal, aber ich hatte mir vorgenommen, auch von einem A nicht enttäuscht zu sein. Trotzdem klopfte mein Herz, als ich vorsichtig den Umschlag öffnete und das halb durchsichtige Papier mit meinem Ergebnis herauszog.

Ich selbst hörte mich nicht schreien, aber meine Eltern kamen hereingestürmt, als seien sie Superhelden.

In einem Kästchen am linken unteren Rand stand meine Note, geschrieben in riesiger, krötenartiger Ausdehnung: C.

»Die wollen uns wohl verarschen!«, brach es aus meinem Vater heraus. Er überprüfte den Namen auf dem Briefumschlag sowie meine Kandidatennummer. Aber es war mein Repertoire, das da in der linken Spalte aufgelistet stand – Bach, Mozart, Schubert, Copland –, begleitet von unverständlichen Wörtern: enttäuschend, verbesserungswürdig, nicht wirklich überzeugend. Ich untersuchte das C, denn vielleicht war es ja auch ein schlampig geschriebenes, seitlich gekipptes A. Aber es blieb so resolut wie korpulent etwas C-Artiges – bis es schließlich vor meinem inneren Auge mit dem Prüfer verschmolz und ich nicht mehr atmen konnte, ganz als hätten der Mann *und* das Ergebnis auf mir Platz genommen.

»Schatz, das ist nur die Meinung eines Einzelnen«, sagte meine Mutter und legte mir den Arm um die Schulter.

Ich schob sie weg: Hatte die denn überhaupt keine Ahnung? Ein C hieß zwar, dass ich offiziell bestanden hatte, aber um zur Diplomprüfung zugelassen zu werden, musste ich mindestens ein B haben – was für sich genommen schon ein Niveau war, auf das abzusinken ich mir nie hätte träumen lassen. Dieses C war ein Bannfluch für mein weiteres Fortkommen, eine Strafe, verhängt von einer Institution, die so viel Autorität hatte wie jeder Gerichtshof des Landes: der Australischen Musikprüfungs-Kommission. Enttäuschungen hatte ich bereits bei den Eisteddfod-Wettbewerben erlebt, aber das waren keine derart vernichtenden Niederlagen gewesen: Es war nicht so schlimm, einer von dreißig Teilnehmern zu sein, der keinen Preis erhielt.

Aber hier war ich durch mein Versagen bloßgestellt, persönlich gebrandmarkt durch ein C, und zwar für immer. Ich fing an zu weinen, während die besorgten Gesichter meiner Geschwister am Glas der Balkontür auftauchten.

»Das ist doch Schwachsinn«, schimpfte mein Vater und ging erregt im Zimmer auf und ab. »Totaler, korrupter Schwachsinn. Wenn ich diesen Prüfer in einer dunklen Gasse in Kuala Lumpur treffe, dann kann er was erleben.«

Ich hörte auf zu weinen und überprüfte, wie viel Trost ich aus seinen Worten ziehen konnte. Nicht viel – also weinte ich weiter. Aber selbst durch meinen Schock hindurch erkannte ich etwas Unvermeidliches an diesem C, etwas Verdientes. Es dröhnte wie ein Gong, vorwärts und rückwärts in der Zeit, reicherte sich mit Resonanzen aus der Vergangenheit an – *Anna wird nicht Konzertpianistin sein, das nicht!* – und lieferte einen Orgelpunkt, einen gewaltigen Grundton für alle Misserfolge, die noch kommen sollten.

»Natürlich ist unmöglich«, sagte Mrs. Sivan, als ich ihr in der nächsten Stunde das Ergebnis zeigte. »Als du hast angerufen, hat mich schockiert. Aber ich sage dir, mein Herzchen, ist in Wirklichkeit beste Lektion: Kannst du nie auf Ergebnis verlassen.« Sie nahm mir das Blatt mit dem Ergebnis aus der Hand und überflog es. »Insgesamt ist nicht böse diese Mann. Gar nicht. Nur Organist, und versteht nicht Klavier. Was ist das – ›enttäuschend facile‹?«

»Er dachte, mein Mozart würde zu leicht klingen, zu oberflächlich.«

»Genau!«, verkündete sie triumphierend. »Das sagt *alles*. Versteht Mozart kein bisschen und will, dass du spielst wie auf Orgel.«

Sie spielte den Anfang der Mozart-Sonate und imitierte dabei übertrieben den schweren Anschlag eines Organisten. Dann wechselte sie zu ihrer eigenen, unwiderstehlichen Spielweise, die vor lauter Leben strahlte, und mein Misserfolg tänzelte davon, schlagartig ausgetrieben durch Gesang.

»Das ist Mozart«, lachte sie. »Mozart ist absolut menschliche Wesen, und verliebt zuallererst in alles Menschliche, in Menschen um ihn herum! Und natürlich sein Favorit ist junge Sopran, *leggiero soprano* – warum? Weil erinnert ihn an kleine Knospe, die anfängt zu öffnen, anfängt zu blühen. Natürlich dein Vater sehr wütend, und will schreiben Brief. Aber ich habe ihm gesagt: Warum erzeugen unnötig Feinde? Besser ist, wir machen Prüfung nächstes Jahr wieder. Wird sein *Kleinigkeit* für dich, mein Herzchen. Insgesamt wir machen gewaltige Explosion in Repertoire. Und bei Konzert nächste Woche du wirst spielen wunderschön, und ihnen zeigen Antlitz von Mozart.«

Eine Woche später betrat ich ängstlich die Bühne der Elder Hall, wo die Probe stattfand. *Zurück in den Sattel*, sagte ich zu mir selbst, *hü-hott, mein Pferdchen*. Es waren nur wenige Schüler anwesend, und die leeren, roten Plüschsessel starrten mich an wie eine schweigende Prüfungskommission. Jeder Ton, den ich in den höhlenartigen Saal schickte, war mit einer Extraportion Selbstzweifel beladen, landete auf den leeren Sitzen und wurde vom Teppich verschluckt. Ich wartete darauf, dass Mrs. Sivan auf die Bühne kam und mich korrigierte, aber sie blieb unten im Zuschauerraum sitzen und applaudierte höflich, als ich schließlich zu ihr ging.

»Insgesamt nicht so schlecht«, sagte sie. »Mehr hören natürlich, weniger spielen. Zum Beispiel ist unmöglich, hier am Ende der Phrase zu bleiben sitzen. Denkst du immer an

Interpunktion.« Sie demonstrierte es mir, indem sie auf ihren Oberschenkeln spielte, mit Händen, die wie bei einem Baby Grübchen bildeten, und Augen, die das Geschenk der Musik zum Leuchten brachte.

»Mozart hat so viele Arten zu lächeln. So viel Tragödie in seinem Leben, aber trotzdem unglaublich optimistisch. Warum? Weil sein Leben selbst ist die Liebe. Sehr wichtig, dass du hast Freude, auf Bühne zu sein. Dass du bist glücklich, mitzuteilen deine Musik.« Ich spürte, dass sie Rücksicht auf mich nahm, was mich erneut beschämte und zum Weinen brachte. Sie stand auf, um den anderen Zuhörern etwas zu sagen. »Anna hat gelernt wichtigste Lektion. Ich sage: *wichtigste!* Immer deine Musik kommt von innen und wächst. Ist viel wichtiger als schnelle Ergebnis.« Sie umarmte mich und küsste meinen Kopf. »Wie ich liebe diese Mädchen!«

Ihre Schüler applaudierten, vollkommen gnadenlos in ihrem Mitleid. Ich entschuldigte mich und lief hinaus, um auf der Nordterrasse auf meine Mutter zu warten. Jemand kam hinter mir hergerannt, und als ich mich umdrehte, sah ich Kate Stevens, deren goldene Ohrringe in der Sonne funkelten. Sie hatte erst vor Kurzem ihre letzten Highschool-Prüfungen absolviert und schien über Nacht alles Schulmädchenhafte abgelegt zu haben – sie war noch größer und noch strahlender als jemals zuvor.

»Wie geht's dir?«, fragte sie.

»Gut.«

Für ein paar Sekunden ging sie schweigend neben mir her. »Ich hab das mit deiner Prüfung gehört. Ich weiß nicht, was ich dazu sagen soll, außer natürlich, dass es vollkommen lächerlich ist.«

»Mach dir keine Sorgen. Mir ist es ohnehin egal.«

»Das ist klug von dir. Wie Mrs. Sivan immer sagt, verlass dich nie auf Ergebnisse.«

Ich fragte mich, ob ich das irgendwann wirklich glauben könnte. »Und wie waren deine Abschlussprüfungen?«

Sie grinste über beide Wangen. »Na, sie sind vorbei! Jetzt kann ich endlich üben, so lange ich will!«

»Wie lange spielst du denn so pro Tag?«

Sie senkte ihre Stimme. »Als ich noch in der Schule war, habe ich nur so vier Stunden geschafft. Dass ich jetzt den ganzen Tag Zeit habe, ist echt ein Segen.«

Ich dachte kurz darüber nach. »Und hast du einen Flügel?«

»Ja, aber ich bin nicht sicher, ob das wirklich so einen Unterschied macht. Dein Mozart war übrigens klasse. Hals- und Beinbruch morgen Abend.«

Sie lief zurück zur Probe, die langen Haare wie eine Flamme hinter sich herziehend. Ich sah sie in dem gewaltigen Mausoleum der Elder Hall verschwinden, während ich mit den Fingern eine Haarsträhne verdrehte und mir wünschte, sie möge doch bitte schneller wachsen.

Es schockierte mich, dass Kate so viel übte. Wusste sie denn nicht, was Leschetitzky dazu sagte? Hatte sie keine Angst davor, allzu mechanisch zu werden?

»Alles in Ordnung?«, fragte meine Mutter, als ich darüber im Auto nachdachte. Aber Kates Spiel war überhaupt nicht mechanisch. Es war frei und furchtlos und erfrischend. »Wie war die Probe?« Meine Eltern waren seit der Klavierprüfung furchtbar besorgt um mich.

»Gut.«

Natürlich hatte Mrs. Sivan zwei Stunden üben verlangt, als ich anfing, bei ihr Unterricht zu nehmen, aber mir kam das immer als etwas Anzustrebendes vor, als Näherungswert und lebenslanges Maximum. Zunehmend hatte ich meine Zeit zum Üben damit verbracht, dass ich über Musik las. Zu Beginn der Woche war ich auf eine Passage gestoßen, in der sich der Pianist Louis Kentner zum Üben äußerte:

Die Pianisten können in die folgenden drei Kategorien einge-teilt werden: solche, die viel üben und es auch zugeben, solche, die viel üben, aber es bestreiten, und solche, die nicht üben und die darum gar keine Pianisten sind.

Dies lehnte ich als völlig unzutreffend ab. Mit der größeren Autorität Leschetitzkys im Rücken wusste ich es schließlich auch besser.

Aber was, wenn Kentner doch recht hatte?

Mrs. Sivan verlangte nie, dass ich mehr übte. Stattdessen führte sie mich Woche für Woche geduldig durch den immer gleichen Unterrichtsablauf und versuchte, mich zum Hören zu bewegen. Und in den fünf Jahren, die ich jetzt bei ihr war, hatte sich mein Spiel definitiv verbessert. Ich war davon ausgegangen, dass es sich allmählich von ganz alleine in so etwas wie das Spiel von Kate verwandeln würde: dass meine Technik Oktaven erspießen lassen würde, genauso unvermeidlich wie die Pubertät. Wenn man etwas stark genug wollte, dann bekam man es auch. So funktionierte das doch, oder? Und außerdem: Hatte ich nicht schon genug für meinen Traum geopfert? Hatte ich nicht meine Popularität dahingegeben?

Aber als wir nach Hause kamen, ignorierte ich nicht nur den Lockruf der Bücherregale, sondern auch das Angebot einer Tasse Tee seitens meiner Mutter und ging schnurstracks zum Klavier, wo ich vor dem Abendessen ganze eineinhalb Stunden lang übte. Ich arbeitete sorgfältig den Mozart durch und achtete genau darauf, was Mrs. Sivan über Sitzenbleiben und Interpunktion gesagt hatte.

Beim Essen nahm ich den letzten Löffel vom Nachtisch. »Darf ich bitte aufstehen?«

»Du arbeitest hart«, meinte meine Mutter.

»Irgendwann muss man das einfach«, erklärte ich geduldig. »Kate hat vier Stunden geübt, als sie noch in der Schule war. Aber sie hat auch einen Flügel, das macht alles viel einfacher.«

Ich merkte, wie ein Blick gewechselt wurde – das Klicken elterlicher Komplizenschaft –, und schämte mich.

»Sobald ich die Filmrechte für meinen zweiten Roman verkauft habe, besorgen wir uns einen Flügel«, bot mein Vater an.

»Wir müssen ein größeres Haus suchen«, sagte meine Mutter. »So etwas wie die Villa in der Edward Street. Dann gibt es genügend Platz für alles, was wir wollen.«

»Eine Indoor-BMX-Rennstrecke«, sagte mein Bruder.

»Ein Kaninchen!«, flüsterte meine Schwester.

Im Lauf dieser Woche wich mein Gefühl des Versagens dem eines Märtyrertums und schließlich einer finsteren Entschlossenheit. Ich sagte mir, dass ich mich durch *die* nicht aufhalten lassen würde, wer immer das auch sein mochte. Am Freitagabend, hinter der Bühne der Elder Hall, konnte ich das Gemurmel des Publikums hören, während ich mich darauf vorbereitete, ihm das Antlitz Mozarts zu zeigen. Als ich schließlich die Bühne betrat, sah ich meine Eltern, meine beiden Geschwister sowie beide Großelternpaare, die fast eine komplette Sitzreihe einnahmen und vor Ermutigung geradewegs zu platzen schienen. Im gnadenlosen Licht ihrer Unterstützung wurde mir meine eigene Heldenhaftigkeit bewusst, und ich war vollkommen gerührt.

Aber als ich zu spielen begann, verspürte ich keine Recht-schaffenheit, sondern unerklärliche Freude. Ich spürte so viele Arten zu lächeln: darüber, dass dies ein Konzert war und keine Prüfung, dass Weihnachten vor der Tür stand und ich die gan-zen Ferien über Zeit zum Üben hatte, dass meine anstrengende, aber hilfsbereite Familie für mich da war und im Publikum saß und dass ich mich hier auf dieser Bühne befand und Mo-zart spielte, der alles, was er anfasste, in Gesang verwandelte. Ich erlaubte dieser Freude, in meine Töne einzufließen, die jetzt nicht mehr von eigener Hand gefällt zu Boden rauschten, sondern in einer Geste der Dankbarkeit ins Publikum hinaus-reichten und dabei Dinge sagten, die meinem adoleszenten Ich ansonsten unzugänglich gewesen wären.

Es war bei Weitem kein definitiver Mozart, aber es war auch nicht der Mozart eines Organisten. Und auch wenn die Elder Hall noch kein Zimmer meines Hauses war, war sie doch auch kein Mausoleum mehr. Stattdessen fühlte sie sich wie eine ge-waltige Arche an, in der alle wichtigen Spezies Platz gefunden hatten – vielleicht würden wir für immer hierbleiben und auf diesen Klängen schwimmen können.

KAPITEL 8

Chopin

»Wir haben sehr gute Neuigkeiten!«, verkündete Mrs. Sivan in der nächsten Stunde. »Kate hat bei Prüfung für Jahr zwölf Preis gewonnen. Nicht nur für beste Pianist – das nicht! Beste von alle Instrumente in ganz Südaustralien.«

»Glückwunsch«, sagte mein Vater. »Das ist ja großartig.«

»Nicht nur großartig: ist *phantastisch*. Diese ist Mädchen, die fast schon zu Ende war. Alle sagen, sie soll spielen Geige, nicht Klavier. Aber sie hat starker Wille: *so sehr* will lernen. Und wir haben große Schock gemacht.«

Sie sah zu mir. »Nächste wir machen große Schock mit Anna. Bei Konzert ich habe sofort gesehen: Anna hat auch diese *Kampfgeist*. Müssen wir beginnen Chopin-Études *sofort*.« Sie durchsuchte ihren Notenstapel auf dem Klavier, bis sie auf ein zerfleddertes hellbraunes Heft stieß, das vorne mit orange-farbenen kyrillischen Buchstaben versehen war, und platzierte es voller Ehrfurcht auf dem Notenständer. »Chopin-Études ist wichtigste Buch in ganze Leben, aber genau wie in Bibel, drei Viertel der Leute nicht verstehen, was darin geschrieben ist. Bei Chopin das ist noch gefährlicher, weil alle Geheimnisse sind in Klänge geschrieben. Man muss genug Hirn haben, um zu verstehen, aber was noch?«

»Genug Herz?«

»Natürlich genug Herz! Und genug Wissen und Intuition und besondere pianistische Können. Diese Études sind *Enzyklopädie* der Virtuosität. Unmöglich zu spielen mechanisch, weil *sofort* wird geben Schmerzen.« Sie senkte die Stimme. »Sogar meine erste Lehrerin, in Russland, wollte, dass ich spiele so, mit Schmetterlinge-Technik.« Sie begann mit einer Etüde und ruderte dabei übertrieben mit den Armen. »Meine sind kleine Hände, und ich spüre sofort Schmerzen. Die Lehrerin sagt, *Schmerzen sind normal, mach dir keine Sorgen!*«

»Wie haben Sie reagiert?«, fragte ich.

Sie streckte die Hände aus und betrachtete sie eingehend. »Ich sage nicht, dass kleine Hände sind größte Geschenk Gottes. Aber *viel* besser als kleine Gehirn!« Sie lachte. »Ich frage sie: ›Wenn Chopin-Études sind größte Monument von Schmerzen, was wollen Sie mir sagen? Dass Chopin ist Masochist – ja? Oder nur Sadist?‹«

Mein Vater brach in schallendes Gelächter aus. »Was hat sie geantwortet?«

»Sie hat gesagt: ›So darfst du nicht denken.‹ Immer sagen sie mir das. Aber ich wusste, Geheimnis von keine Schmerzen bereits da, enthalten in Étude. Und dann, mit achtzehn, ich lernte meine Professorin kennen und war begeistert von ihrem Können. Solche Ökonomie, solche Visionen! Sie legt Hand auf Klavier, einfach so, ganz konzentriert, ganz kompakt, und mit absolute Tiefe von Zugehörigkeit.« Sie ließ ihre Hand in die Tastatur sinken und ergriff dabei eine Handvoll Noten, deren Klang aufstieg, als würde er ihr wie ein Chor begegnen. »Alle Töne hier. Ich erkenne *genau*, wonach ich habe gesucht. Übrigens sie hat studiert bei Annette Essipoff. Natürlich sie wollte mich nicht als Schülerin.«

»Warum nicht?«

Sie sah aus dem Fenster.

»Das ist andere Geschichte. Trotzdem sie versteht Klavier *unglaublich*. Diese Études sind Schlüssel zu unbegrenzte technische Freiheit. Hier wir haben erste Étude, traditionell die schwierigste.«

Sie spielte die erste Seite, ließ dabei die gewaltigen Bass-Oktaven den Raum erfüllen und ihre kleine rechte Hand riesige Strecken zurücklegen, so mühelos wie eine Schlange, die sich auf ihre Beute zubewegt. »Ganze Geheimnis liegt in Position, und in Hören, und in Achten auf den *inneren Puls*.«

Dann blätterte sie zur zweiten Etüde. »Und hier, äußerste Spitzen der Finger, so genau, so fein wie Ballerina, *en pointe*.« Sie spielte den Anfang mit einer ätherischen Leichtigkeit, wobei der vierte und fünfte Finger eine makellose chromatische Tonleiter absolvierten.

»Und Nummer drei, so persönlich und doch so objektiv. Chopin immer redet über emotionale Reaktion, wie jeder hat und jeder versteht. Aber seine eigene Erlebnis, hinter dieser Reaktion, bleibt verborgen. Das ist Rätsel seiner Musik. Er hat ganz viel Liebe, aber wen er liebt und wie er liebt – das ist wiederum Geheimnis.«

Sie spielte die ersten Takte. »Ich kann ändern Interpretation einhundertmal, hängt davon ab, wie fühle ich mich heute. Könnte sein nostalgisch, könnte sein mehr unschuldig, könnte sein – was ist das? – idealistisch … Das ist Freiheit! Aber objektive Dinge nie sich ändern. Wir haben gesprochen über Frau und Mann, über große Zusammenhang und kleine Details. Chopin absolute *Inbegriff* von alle kleine Details in Dienst von große Zusammenhang.«

Sie blätterte zurück zum Inhaltsverzeichnis und markierte fünf Etüden, mit denen ich beginnen sollte. »Natürlich du musst irgendwann alle können, weil Pianist ohne Chopin-Études gibt nicht. Aber klar, dass geht unmöglich in Kindergarten oder erste Jahre Grundschule. Diese hier ist *Gipfel* der Virtuosität.«

Ganz inspiriert verbrachte ich die Sommerferien damit, Chopin zu üben, anstatt mich an Sophias Swimmingpool zu sonnen. Ich ratterte nicht mehr besinnungslos durch meine Übungseinheiten, sondern analysierte jede Etüde sorgfältig, indem ich Mrs. Sivans Hinweise berücksichtigte und versuchte, meinen Händen zu vertrauen und mir selbst das Hören beizubringen. »Jede Note ist wichtig«, wiederholte sie ständig, und wenn ich merkte, dass meine Konzentration nachließ, fing ich von vorne an und machte mir jeden einzelnen Ton bewusst wie bei einer Meditation.

Wie ich feststellte, hatte das Üben – über die Entschlüsselung von Chopins Geheimnissen hinaus – eine süchtigmachende Komponente. Ich erlaubte mir, so obsessiv-zwanghaft zu sein, wie ich es eben wollte: einen geistigen Prozess nicht nur einmal zu üben, sondern wieder und immer wieder. »Es ist nicht genug, zu verstehen«, sagte Mrs. Sivan, »musst du *versichern*. Und einhundert Prozent Sicherheit nicht genug. Auf Bühne muss sein zweihundert Prozent mindestens.«

Nach und nach wurde das Üben zu einem körperlichen Bedürfnis, ohne fühlte ich mich ruhelos, ankerlos. Meine vier Übungsstunden bildeten einen notwendigen, mir gehörenden Raum im Tag. Das wurde besonders wichtig während der Ferien, wenn meine Mutter sich von der Arbeit freinahm. Ich wurde selten zur Hausarbeit herangezogen, wenn ich am

Klavier saß. Die Wiederholung einzelner Passagen schirmte mich von den Geräuschen ihres unermüdlichen Wirkens ab: dem Dröhnen des Rasenmähers, dem Klappern der Töpfe, den Kampfschreien, die einen Angriff auf den Wäscheschrank ankündigten. Irgendwo fing mein Bruder an, Klarinette zu üben, und ließ es dann wieder sein. Am späten Nachmittag kam ich aus dem Arbeitszimmer und sah, dass der Kompost gemulcht und eine Fernsehvitrine aus dem Nichts gezimmert worden war oder ein Blech frisch gebackener Zimtbrötchen auf dem Küchentisch vor sich hin dampfte.

»Was machen wir als Nächstes?«, fragte meine Mutter.

Mein Bruder lag auf dem Sofa und sah posttraumatisch aus.

»Ich geh lieber wieder an die Arbeit«, sagte ich, nahm ein Brötchen und zog mich ins Arbeitszimmer zurück.

»Ratet mal, wie viele Sunden ich heute geübt habe«, fragte ich beim Abendessen.

»Acht?«, fragte meine Mutter.

»Unendlich im Quadrat?«, bot mein Bruder.

»Fünf!«, trompetete ich, obwohl das jetzt nicht mehr ganz so eindrucksvoll klang.

An einem Wochenende fuhr mein Vater mit mir zur großen Musikalienhandlung *Festival Music*, »um einfach mal einen Blick auf die Flügel zu werfen«. Ich wanderte von Instrument zu Instrument und spielte auf jedem die erste Seite von Chopins fünfter Etüde, denn weiter konnte ich sie nicht auswendig.

Der Verkäufer kam angeschwebt. »Es sieht so aus, als würden Sie etwas Ernsthaftes suchen.«

»Wir sehen uns nur um, danke.«

»Der hier ist wirklich ein Prachtstück. Direkt aus Japan, wo man ihn *fabriküberholt* hat. So gut wie neu, vielleicht sogar noch besser. Er wurde in einer Musikschule eingespielt. Das müssen sie also nicht einmal selbst tun.«

Ich begann erneut mit der Etüde. Auf diesem Instrument klang sie noch brillanter, und andere Kunden drehten sich nach mir um. Jetzt, da ich ein gebannt lauschendes Publikum hatte, wünschte ich mir, ich könnte das gesamte Ding spielen. Aber ich brach am Ende der ersten Seite ab und stieß einen gut hörbaren Seufzer aus, als sei ich von dem Flügel enttäuscht.

»Der ist irgendwie nicht ganz richtig.«

Der Flügel sah hinter seinem breiten Grinsen ein bisschen beleidigt aus, aber ich weigerte mich, mich schuldig zu fühlen, schließlich taten wir ja nur so, als ob.

»Wie geht Chopin?«, fragte Mrs. Sivan in der nächsten Stunde.

»Großartig«, antwortete ich.

»Natürlich Chopin großartig! Großartigste dreifach: großartigste Komponist, großartigste Pianist, großartigste Lehrer.« Ich setzte mich ans Klavier, um meine Fortschritte mit der fünften Etüde zu demonstrieren.

»Das nicht!«, sagte sie laut. »Nicht spielen, nur fliegen. Hier wir haben – wie sagt man? – Ausschütteln.« Sie spielte mir den kristallenen Anfang vor, jeder Finger so unabhängig wie eine springende Bohne. Dann nahm sie meine Hand und ließ sie auf den schwarzen Tasten tanzen. »Und hier wir haben Klatschen, und jetzt Wasserspritzen und jetzt Tanzen.« Meine Finger nahmen den Impuls von innen auf und begannen zu fliegen.

»Genau! Vielfalt von Choreografie *endlos*. Nicht *ein* Balletttänzer kennt so große Vielfalt wie in diese Études. Im Grunde du tanzt deine Phantasie. Das ist komplett neue Technik. Ich dir sage: Chopin *größte* Lehrer. Woher ich weiß das?«

»Er hatte große Schüler?«

»Keineswegs! Hat nur Leute aus Adel unterrichtet, weil brauchte Geld. Aber ganze Beweis hier, in jedes Detail von Études.« Sie lehnte sich zurück. »Nur eine Bedingung: *wenn*.«

»Wenn was?«

»Wenn man weiß, wie zu lesen diese. Dann du hast klare Lektion mit Chopin.«

Ich starrte auf mein Notenheft, mehr als bereit, zwischen den Zeilen zu lesen, aber alles, was ich sehen konnte, waren die gedruckten Noten auf dem Blatt und die gelegentlichen Anweisungen: *brillante*, *legato*, *crescendo*.

»Wie haben Sie es geschafft, dass Ihre Professorin Sie doch unterrichtet hat?«, fragte ich, um das Thema zu wechseln.

Für einen Moment sah sie mich prüfend an.

»Immer ich habe gute Logik, genau wie du. Ich sagte zu ihr: Ich erwarte nicht, dass Sie mich annehmen. Ich will nur zuerst spielen. Besser *nachher* abzulehnen, nicht vorher.«

»Und sie hat Sie angenommen.«

Sie drehte meine Handfläche nach oben und betrachtete sie wie ein Buch.

»Ich konnte ihre Hände lesen und an andere Schüler übersetzen. So habe übrigens gewusst, dass ich habe die Gabe zu unterrichten.«

* * *

Zu Beginn meines zehnten Schuljahres ernannte mich Mrs. Athersmith, die Leiterin meines Hauses, zur Vertrauensschülerin. Das schmeichelte mir zwar, denn sie war die Lehrerin, die ich mehr als alle anderen respektierte, aber ich weigerte mich,

mich durch diese Ehre ablenken zu lassen. Ich musste mir die Energie für meine eigentliche Aufgabe aufsparen, die in nichts Geringerem bestand als der vollständigen Umwandlung meiner selbst zwecks Erschaffung einer Konzertpianistin. Musik wurde eine Rechtfertigung für meine Schüchternheit, und ich kultivierte mein Schweigen wie einen Zauberbann. Ich tauchte immer tiefer ins Üben ein und ließ meine Mitschülerinnen draußen in der Sonne stehen, ohne mich.

Jeden Samstagvormittag, wenn ich vom Theorieunterricht nach Hause kam, warf ich mich in meine Übungsuniform, bestehend aus Navy-Trainingshosen, roter Windjacke und Ugg-Stiefeln. »Du solltest dir echt mal andere Klamotten anziehen«, meinte mein siebenjähriger Cousin. Hin und wieder konnte meine Mutter mich dazu überreden, sie zu einer ihrer Hausbesichtigungstouren zu begleiten, dann musste ich mich umziehen. So lange ich denken konnte, war sie jedes Wochenende in die östlichen Vororte ihrer Kindheit gepilgert, um sich zum Verkauf stehende Immobilien in Kensington Gardens und Norwood anzusehen. Das war ein Einsatz, den ich prinzipiell unterstützte: Ein Umzug in den Osten der Stadt würde meinen Anfahrtsweg zur Schule minimieren und mehr Zeit zum Üben bedeuten. Aber da im Lauf der Jahre kein einziges Gebot abgegeben wurde, machte sich in mir doch die Überzeugung breit, diese Besichtigungen seien ausschließlich zur Erholung da.

Zwischen den Immobilien fielen wir bei meiner Großmutter und meiner Tante zum Tee ein, und meine Mutter zog ihr Kartenmaterial heraus, als handele es sich dabei um die feindlichen Linien: »Das sehen wir uns mal genauer an!«

Sie beugten sich am Küchentisch meiner Tante über die Pläne und machten sich ein Bild von dem jeweiligen Viertel.

»Ach du dickes Ei!«, rief meine Großmutter.

»Sie haben einfach das wunderbare Licht von Norden ausgesperrt!«, jammerte meine Tante.

Die drei gackerten und steckten die Köpfe zusammen, und dann gingen meine Mutter und ich wieder zum Auto, um nach weiteren Verstößen gegen den gesunden Menschenverstand und Verletzungen des guten Geschmacks zu suchen.

Da meine Wochenenden mittlerweile eigentlich fürs Klavierspielen reserviert waren, ärgerte ich mich über diese Stunden im Auto meiner Mutter – ich war ihren unberechenbaren Schaltversuchen wehrlos ausgesetzt und musste zusehen, wie die verfügbare Übungszeit zu nichts zerrann. Eines Samstags erklärte ich, dass ich sie nicht länger zu diesen Hausbesichtigungen begleiten würde. Ich hatte wichtige Dinge zu tun und einfach keine Zeit für Spielereien. Nach dem Mittagessen klopfte sie an der Esszimmertür, um mir zu sagen, sie würde jetzt zu einer Besichtigung im Stadtteil Prospect gehen.

»Wer geht mit?«

»Die ganze Familie, aber ich weiß ja, dass du keine Zeit hast. Tschüssi!«

Ich bat sie, kurz zu warten, damit ich mich umziehen konnte. Prospect war nur ein paar Straßen weiter – wenn nötig, konnte ich ja immer noch zu Fuß flüchten.

»Was für eine Zeitverschwendung«, seufzte ich, als wir dicht gedrängt im Auto saßen. »Ich weiß nicht, warum wir da hingehen. Prospect ist *noch* weiter von der Pembroke entfernt.«

Wir bogen in die Rose Street ein und parkten vor einer großen Gründerzeitvilla. Auf einmal war Pembroke nicht mehr ganz so wichtig.

»Die ist ja gi-normisch«, japste meine Schwester.

Wir gingen durch die riesige Vordertür hinein – nur um im Eingangsbereich gleich wieder stehen zu bleiben, ganz überwältigt von der Glasmalerei.

»Na los!« Meine Mutter marschierte voraus. »Jetzt wird nicht getrödelt!«

Sie führte uns durch die Gänge, bis wir ein Wohnzimmer mit einem großen Erker erreichten. »Das hier«, sagte sie übertrieben deutlich, »wäre wohl perfekt für einen Flügel.«

Meine Familie ging weiter in die nächsten Räume, aber ich blieb an Ort und Stelle, völlig schockiert von der Richtigkeit dessen, was meine Mutter gesagt hatte. Dieser Erker war nicht nur perfekt für einen Flügel – er *benötigte* geradezu einen. Und wenn er einen Flügel hatte, benötigte er auch eine Pianistin. Ich hatte eine Vision, die mit der Gewalt einer Prophezeiung einschlug: eine Vision meiner selbst, wie ich in diesem Erker an dem Flügel von *Festival Music* saß und Chopin-Etüden übte. Andere Interessenten betraten den Raum und verließen ihn wieder, ich hingegen berührte heimlich jedes Fenster und jede Wand, klopfte elf Mal auf den Kaminsims und machte schnell das Licht aus und an, um das Erträumte wahr werden zu lassen.

»Ich sage dir Geheimnis von Chopin«, zog Mrs. Sivan mich ins Vertrauen. »Klavier ist seine beste Freund. Mehr. Er sagt ihm all seine Geheimnisse. Er legte Hand auf Klavier so.«

Ich spannte die Muskeln an, als sie nach meiner Schulter griff, aber ihre Berührung war warm und liebevoll.

»Enorme Vertrauen. Kein Widerstand: nichts zwischen ihm und Klavier. Mehr als das sogar.« Sie verlagerte ihre Berührung auf die Tastatur. »Hände komplett geschmolzen. Er *umarmt* das Klavier.«

Sie senkte die Stimme und ließ kurz den Blick durchs Zimmer schweifen. »So wie ich sehe, ist nicht George Sand große Liebe in Chopins Leben. *Diese* ist. Diese Instrument. Er sogar fühlt *körperliche* Liebe dafür. Wir haben diese absolut unglaubliche – wie sagt man? – intime körperliche Wissen. Bei Chopin das Was und das Wie sind eine, nicht zwei. Nie auch nur *ein* mechanische Ton. Wird töten Chopin *sofort*. Noch einmal diesen Mittelteil.«

Ich konzentrierte mich darauf, das Klavier zu umarmen, während ich den Mittelteil der *Étude op. 25, Nr. 5* spielte. Sie nahm meine linke Hand und führte sie durch die Cello-Melodie. »Hier entspannst du«, sagte sie und isolierte einen Punkt in meiner Handfläche. Ich spürte die Erleichterung des Loslassen-Könnens, sodass meine Hand knetete, statt zu spielen, und der Klang, den sie dem Klavier entlockte, war geschmeidig wie ein Teig.

»Chopin ist Romantiker, der kommt in deinen Körper und in deine Seele. Insgesamt so emotional präzise Sprache. Er beichtet dem Klavier, hält nichts zurück. Ist möglich, Dinge über die Worte hinaus zu sagen. Leute fragen: Was ist Geheimnis?« Sie deutete auf das Notenblatt. »Ich sage: Ganze Geheimnis hier. Aber darf man nicht *ein* Detail versäumen – nicht eine führende Stelle, nicht einen Puls. Das ist wahre Meisterschaft.«

In der Schule hatte Sophia eine neue beste Freundin, Jessica. Sie redeten in der Mittagspause über die Songtexte von Bon Jovi, während ich schweigend daneben saß und mir ausrechnete, wie viel Zeit zum Üben mir vor dem Schlafengehen blieb. Ich hatte die Uhr zum Laufen gebracht: die Rechenart, die mein Leben auf Jahre hinaus bestimmen würde. Neunzig Minuten vor der Schule hieß weitere achtzig Minuten vor den Hausaufgaben und dann noch siebzig nach dem Abendessen.

»Und kennst du das? *Tommy used to work on the docks …*«

»*Woh-hoh! Living on a pray-er!*«

Sophia hatte mit dem Rudern begonnen, und ihr Körper war so rank und schlank wie der einer Athletin. Dazu war ihre Spange verschwunden und hatte den Blick auf die Zahnreihen eines Filmstars freigegeben. Ich fühlte mich benachteiligt durch diese plötzliche Schönheit, die mich allein im Zustand der Plumpheit zurückließ, und fragte mich, ob wir beide uns wohl »auseinanderlebten«.

Eines Tages ließ Mrs. Athersmith mich in ihr Büro kommen.

»Willst du jetzt Vertrauensschülerin sein oder nicht?« Sie war eine große, furchteinflößende Frau und sprach mit einem breiten nordenglischen Akzent.

»Ja, das will ich.«

»Nun, soeben war die Leiterin der Mittelstufe bei mir und wollte wissen, ob Anna Goldsworthy überhaupt sprechen kann, denn bei den Schülerkonferenzen gibt es nie einen Beitrag von dir.«

Verstand mich denn niemand? Ich war Künstlerin! Ich hatte Besseres zu tun, als bei Schülerkonferenzen zu sprechen.

»Du hast einen guten Kopf, junge Dame, und für die Welt ist es wichtig, dass gute Köpfe sich zu Wort melden.«

Ich nickte, um sie zufriedenzustellen, dabei wusste ich doch, dass Worte einen nicht weit bringen. Wenn ich bei Schülerkonferenzen eine Chopin-Etüde spielen könnte: *Das* wäre ein Beitrag.

»Möchtest du vielleicht, dass ich dir das Amt abnehme?«, warnte sie mich, als sie mich zur Tür brachte. »Ich kann das machen, das weißt du.«

Ich fuhr weinend mit dem Bus nach Hause und beschloss,

dieses Opfer, wenn nötig, für Chopin zu erbringen. Dann lief ich schnell hinein, um dem Klavier meine Sorgen zu beichten. Nach und nach erfüllten die Etüden mich mit Trost. Als ich in die Küche schlich, um kurz Pause zu machen, konnte ich im Wohnzimmer die erregte Stimme meiner Mutter hören.

»Den ganzen Tag tut sie nichts anderes als Klavier spielen. Findest du das normal?«

Mein Vater nuschelte irgendetwas.

»Elsie sagt, Sophia hat jetzt schon einen festen Freund.«

Ich schnaubte verächtlich. Einen *Freund*. Wer brauchte etwas derart Unwichtiges? Mein Liebhaber war das Klavier.

* * *

Ein paar Wochen später verkündeten meine Eltern, dass das Gebot, das sie für das Haus in der Rose Street abgegeben hatten, akzeptiert worden war.

»Hurra!«, rief meine Schwester. »Bald sind wir Millionäre!«

Mein Bruder rannte in sein Zimmer, um seine Jonglierbälle einzusammeln, und ich lehnte mich im Stuhl zurück und freute mich, dass meine Strategie funktioniert hatte. »Heißt das dann, dass wir einen Flügel haben werden?«

»Nur wenn du einen findest, der dir gefällt«, sagte mein Vater.

Am Wochenende fuhren wir erneut zu *Festival Music*, wo wir dieses Mal nicht mehr so taten als ob.

»Sie können mir das jetzt glauben oder nicht, aber es gab einige Interessenten für diesen Flügel«, sagte der Verkäufer. »Trotzdem habe ich ihn nicht verkauft. Hab mich geweigert. So wie ich das sah, gehörte er bereits Ihnen.«

Sechzig Tage später wurden der Flügel und ich im Musikzimmer des neuen Hauses installiert. Der Flügel war ein Yamaha C3 aus lackiertem Ebenholz, und mit seinen 186 cm Länge passte er perfekt in meinen Erker. Jeden Nachmittag, wenn ich von der Schule nach Hause kam, legte ich meine Tasche in meinem Zimmer ab und betrat dann die kleine Raumkapsel des Erkers, wo ich Chopin-Etüden spielte, bis es draußen dunkel wurde. Durch die Gardinen sah ich, wie vor dem Haus Leute vorbeigingen. Manchmal blieb jemand stehen und hörte zu, und mein Spiel gewann an Intensität. Je mehr ich übte, desto mehr wollte ich üben, denn ich entdeckte den Taumel der Virtuosität, der körperlichen Meisterschaft.

Nach dem Studium der fünften und der siebzehnten Etüde nahm ich mir die erste vor, *traditionell die schwierigste*. Ich verwendete das Vergrößerungsglas des langsamen Übens: die Bauweise untersuchen, die exakten Momente von Entspannung und erneuter Sammlung, der inneren Geschichte des Pulses zuhören. Als ich dann einen Versuch im Normaltempo wagte, stellte ich überrascht fest, dass ich sie spielen konnte. Schneller und schneller spielte ich, ganz berauscht von der Geschwindigkeit. Ich legte eine CD ein, auf der Vladimir Ashkenazy in fast schon übermenschlichem Tempo brillierte, und beschloss, ein Wettrennen gegen ihn zu veranstalten. Ich ritt neben ihm, der Wind dröhnte uns in den Ohren und ich blieb Takt um Takt auf gleicher Höhe, während ich staunend meinen Händen dabei zusah, wie sie über die Tastatur jagten, irgendwie zu mir gehörig, irgendwie aber auch nicht.

Danach versuchte ich die Etüde ohne CD. Aber ohne den Windschatten von Ashkenazys Virtuosität konnte ich sie nicht mehr spielen: In meinen Händen herrschte eine plötzliche Spannung, die sich wie eine Bremse auswirkte. Ich hatte die

Etüde zu etwas Mechanischem degradiert und wurde prompt bestraft.

»Chopin ist Inbegriff von Virtuosität, ja«, erinnerte mich Mrs. Sivan. »Aber *niemals* Sport in Musik. Jede Étude außerdem größte Musikstück.«

Ich musste wieder von vorn anfangen: mich selbst dazu bringen, meinen Händen zu vertrauen, und meine Hände dazu, den Tasten zu vertrauen.

»Genau«, sagte sie. »Das ist wahre Freiheit. Nicht nur Fisch in Wasser. Viel freier sogar! Fisch in Welt! Fisch in *Universum!* Taucht in Meere, fliegt hinauf in den Himmel!«

In diesem Jahr gewann ich beim *Adelaide-Eisteddfod*-Wettbewerb meinen ersten ersten Preis. Als mein Vater an dem Abend von der Arbeit kam, fragte er, wie es mir ergangen war.

»Ich habe gewonnen«, sagte ich probeweise. Schon lange hatte ich wissen wollen, wie sich diese Worte in meinem Mund wohl anfühlen würden. Sie waren lange nicht so befriedigend, wie ich mir erhofft hatte.

»Höchste Zeit, dass jemand dein Talent erkennt«, sagte er und schwang sich behände über das Chesterfield-Sofa, um mich zu umarmen. Darin lag die Freude.

»Natürlich freut es mich«, sagte Mrs. Sivan in meiner nächsten Stunde. »Aber nie verlässt du dich auf Meinung. Du lernst, ob du gewinnst oder ob du verlierst. Lernst du sogar mehr, wenn du verlierst. Du lernst, unabhängig zu sein. Nie oben in den Wolken, aber auch nie in der *Hölle*. Bleibst du auf dem Boden. Sie können dich hochheben, heruntermachen. Spielt keine Rolle.«

»Also, ich weiß nicht«, sagte mein Vater. »Anna hat hart gearbeitet, und ich finde, sie hat den Preis verdient.«

»Natürlich. Was ich verspreche: Je mehr du wirst arbeiten, je mehr du wirst haben. Anna, mein Liebling, ist nie einfache Leben. Enorme Belohnung? Enorme. Wir sind auserwählte Menschen? Absolut. Aber – diese Welt nicht schätzt das. Nicht bezahlt dafür.«

Ich nickte eifrig, mehr als bereit dazu, ein Märtyrer für meine Kunst zu sein, ganz besonders dann, wenn ich erste Preise gewann.

»Unsere ist spirituelle Arbeit, und nicht unbedingt spirituelle Arbeit hat richtigen Ausgleich in materielle Belohnung. Glaub nicht, dass Klavier dich macht eine Millionär!« Sie lachte. »Aber unser Leben *so* reich. Werden wir immer bezahlt, und zwar mit Glück. Dazu mit Gefühl, anzugehören der wichtigsten Sache in unserem Leben.«

In der Schule erzählte ich meinen Klassenkameraden, dass ich fest vorhätte, Pianistin zu werden. In diesem Kreis zukünftiger Ärzte, Anwälte und Unternehmer klang das so waghalsig, als wollte ich mich einem Zirkus anschließen, und ich genoss den Schock, den ich damit auslöste.

»Du solltest das ein bisschen praktischer angehen«, sagte eine meiner Mitschülerinnen. »Jeder von uns hat einen Traum, aber du musst doch auch ans Geld denken.«

»Wer braucht schon Geld?«, fragte ich höhnisch. »Musik ist eine spirituelle Arbeit.«

Wenn ich abends nach stundenlangem Üben im Bett lag, fand in meinem Kopf eine Synthese statt, und meine Gedanken schienen zu musikalischen Prozessen zu werden. Die Sorgen des Tages verschmolzen zur Polyphonie, dann zum Gleichklang. Meine Furcht vor der Schülerkonferenz löste sich in einer Kadenz auf, der süßen Picardischen Terz des Schlafs.

Wenn ich am nächsten Morgen aufwachte, ging ich schnur-stracks zum Klavier, noch bevor sich meine Gedanken wieder zu Worten umformen konnten. Nach wie vor war mein Üben manchmal etwas unruhig, schließlich suchte ich nach dem Ein-gang zu jener Parallelwelt des Hörens. Aber ich merkte, dass ich langsam nicht nur besser verstand, was Mrs. Sivan im Un-terricht sagte, sondern mich auch noch zu Hause daran erinnern konnte, zumindest eine Zeit lang.

»Jedes Jahr du wirst tiefer und noch tiefer eindringen«, ver-sprach mir Mrs. Sivan. »Musik ist magische Tür, die in dir öffnet.«

Das Öffnen dieser magischen Tür wurde der zentrale Zweck meines Lebens, der Fortschritt am Klavier mein einziger Er-zählinhalt. Ich begann, den Moment meines Todes als einen Moment der Abrechnung zu fürchten, in dem mit dem Üben endgültig Schluss sein würde. Aber vorerst schien dieser Mo-ment unendlich weit weg zu sein. Am Ende des Jahres wie-derholte ich die Abschlussprüfung der Klasse acht. Diesmal bekam ich ein A-plus und dazu noch das Thelma-Dent-Memo-rial-Stipendium für die beste Abschlussnote im Bundesstaat. Die dunklen Tage des C gehörten der Vergangenheit an, meine Haare wurden länger und meine Hände bewegten sich flink ins Leben. Ich saß in meinem Erker am Klavier und brauste meiner Zukunft entgegen: ein Fisch im Universum, der an den Sternen vorbeischwamm.

KAPITEL 9

Liszt

Während ich übte, bewegte sich meine Mutter durch die Zimmer unseres neuen Hauses, schliff und lackierte die Holzböden und malte die Wandleisten cremefarben und mit gedecktem Weiß an. Mein Vater saß in seinem neuen Arbeitszimmer und schrieb an seinem Klavier-Buch. Der Drucker spuckte eine Fassung nach der anderen aus, viel schneller, als es bei Claude der Fall gewesen war. Jeden Sonntag saß die Familie noch gespannter beim Mittagessen, während er das jüngste Fax von seinem Verleger vorlas.

In der letzten Szene könnte Paul doch eine Platte auflegen, auf der Keller spielt. Das wäre für mich der einzig passende Höhepunkt für diese großartige Geschichte – angemessen kathartisch und tief bewegend ... Außerdem ist mir ein Titel eingefallen: Maestro.

˙ In den frühen Versionen des Buchs gab es vieles, das ich wiedererkannte, und es kam mir vor, als würde ich mein eigenes Leben im Spiegel betrachten. Es gab meine Großeltern, zwanzig Jahre jünger, meine ersten Klavierstunden bei Mrs. Sivan sowie die Regale der Bibliothek, in der mein Vater und ich zur Leschetitzky-Schule geforscht hatten. Aber mit jeder Überarbeitung wurde der Spiegel undurchsichtiger, bis ich feststellte, dass es gar nicht mehr meine Geschichte war, sondern etwas

Erfundenes. Meine Großeltern vertauschten die Haarfarbe, die Bibliotheksregale wurden durch eine Sexszene entweiht, und Mrs. Sivan wurde zunehmend unkenntlich, indem ihre Eigenarten mit denen eines fremden Pianisten übermalt wurden: einem alkoholabhängigen Österreicher, Eduard Keller, der in Darwin lebte.

Es gab ein Detail des Buches, das mir Sorge bereitete. Gegen Ende stirbt Keller, wodurch sich für seinen Schüler Paul endgültig eine Tür schließt.

Als Keller noch lebte, war er – unabhängig davon, wie viele Jahre seit unserer letzten Konsultation vergangen waren – ein Sicherheitsnetz, das mir eine schwache letzte Hoffnung bot, eine natürliche Lebensader zurück zu Liszt, Czerny und Leschetitzky; es gab immer noch die Möglichkeit, in sein Zimmer im Swan *zurückzukehren und mich für einen letzten Angriff auf die Musik vorzubereiten. Nun war ich zum ersten Mal mit mir selbst konfrontiert.*

Mrs. Sivan war also meine Rettungsleine. Hin und wieder beunruhigte es mich, wie abhängig ich von ihr war. Denn manchmal hatte ich das Gefühl, als müsse ich ihr zeigen, wie ich jede einzelne Note spielte – sonst würde ich durch eine Welt stolpern, die ich nicht verstand.

»Das nicht«, sagte sie, als ich sie darauf ansprach. »Ich gebe Samen und Samen und Samen. Du verdaust, und dieses Wissen wird deines, wird zu dir. Jedes Jahr wächst, jedes Jahr gibt mehr Türen, die aufgehen.«

Ich gab mir Mühe, ihr zu glauben. Klarerweise würde ich nach Jahren des Badens in ihrer Ausstrahlung auch ihre Meisterschaft erben: Meine Hände würden genauso schnell wie ihre werden, mein Verständnis genauso unmittelbar, meine emotio-

nale Freiheit genauso absolut. Aber je mehr ich lernte, desto deutlicher konnte ich die Lücke hören, die zwischen ihrer
Kunst und meinen Schulmädchenklängen klaffte.

*In diesem Sinn war Keller für mich schlecht gewesen, der
schlechteste mögliche Lehrer, denn er zeigte mir die Perfektion und schnappte sie mir gleichzeitig wieder weg. Er lehrte
mich eine Selbstkritik, die mir nie erlaubte, meine Grenzen zu
vergessen.*

Die Angst vor einem künstlerischen Ungenügen beherrschte auch meine mitternächtlichen Gedanken: Es schien mehr
Schrecken in sich zu bergen als die Sterblichkeit. Aber wenn
der Morgen kam und ich wieder am Klavier saß, konnte ich
die Angst beiseiteschieben und erneut an die endlosen Möglichkeiten der Vervollkommnung glauben. Mein Potenzial war
noch nicht vermessen worden und deshalb unendlich. Und
Mrs. Sivan würde mit Sicherheit immer da sein, um mich zu
leiten.

* * *

Eines Dienstags nahm mein Vater einen Ausdruck von *Maestro*
mit zum Unterricht und gab ihn Mrs. Sivan zum Lesen.

»Wirklich sehr interessante Buch«, sagte sie in der Woche darauf. »Aber natürlich seltsam zu machen große Pianist
Alkoholiker.«

Die Buchpremiere fand im September statt, und zwar im Zoo
von Adelaide. Ein leichter Regen fiel, deshalb drängten sich
alle Gäste in der Rotunde, wo mein Bruder und ich mit Klavier
und Klarinette für etwas Hintergrundmusik sorgen sollten. Wir
hätten auch nur so tun können, als würden wir spielen, denn

unsere Musik wurde halb von den feuchten, erregt plaudernden Körpern verschluckt und halb vom Klirren der Sektgläser übertönt.

Mein Vater hielt eine kleine Ansprache, bedankte sich bei seinem Verleger, seinem Agenten und diversen Freunden und las dann die Widmung des Buchs vor: *Für vier Pianisten: meine Eltern Jan und Reuben, meine Tochter Anna und die beste Lehrerin, die ich kenne, Eleonora Sivan.*

Mrs. Sivan verneigte sich, seine Würdigung annehmend, und meine Mutter, wie eine Statue in ihren besten Kleidern, applaudierte stolz.

Irgendwo brüllte ein Löwe, wie als Zeichen einer fernen Katastrophe.

Als er im Anschluss seine Bücher signierte, drängelte ich mich vor: »Entschuldigung, aber ich habe die Pianistin Kate Stevens bei mir.«

Meine Großmutter stand ganz vorne in der Schlange, die großen blauen Augen voller Tränen und Schmerz, und wollte wissen, warum er nicht auch meiner Mutter gedankt hatte.

»Dad, Kate muss gehen«, unterbrach ich sie.

Erleichtert drehte er sich zu mir. »Was ist, Pie?«

»Sie hat morgen ein Vorspiel im Edmund Wright House.«

»Na, viel Glück! Nein – huch! – was sagt man da? Hals- und Fingerbruch?«

»Veranstalter ist die Australian Society of Keyboard Music, die australische Gesellschaft für Tasteninstrumente«, fuhr ich fort, aber er signierte bereits das Buch von jemand anderem.

Ich begleitete Kate zum Ausgang und hielt dabei ihren Schirm.

»Du solltest dir überlegen, ob du nicht auch der Society beitreten willst«, sagte sie.

»Wie bitte? Der Australian Society of Keyboard Music?«, fragte ich ungläubig. »Aber ich bin doch erst fünfzehn.«

»Am Anfang lassen sie dich Hauskonzerte geben. Wenn du ihnen gefällst, bieten sie dir dann eine Mittwochs-Matinée im Edmund Wright House an.«

Das Edmund Wright House war ein prunkvolles historisches Gebäude in der King William Street, in dem sich nicht nur das Amt für Geburten, Todesfälle und Hochzeiten befand, sondern auch ein Vortragssaal für noch wichtigere Ereignisse: Debüt-Konzerte.

»Ich werde Miss Hopgood darauf ansprechen, dann schauen wir, dass wir dich auf den Weg bringen«, bot sie an.

»Danke«, sagte ich und gab ihr den Regenschirm zurück. Ganz benommen von meinem Glück, stand ich am Zoo-Eingang im Regen und sah zu, wie sie zu ihrem Auto lief. Dann machte ich kehrt und rannte an schnatternden Affen vorbei durch den Zoo und zurück zu der Premierengesellschaft in ihrem selbst gewählten Käfig. Der Geruch nach Tierdung und animalischer Fruchtbarkeit erfüllte die Luft und trieb mich vorwärts wie eine Wolke, und so durchnässt wie überglücklich erreichte ich die Rotunde, bereit für unsere – meines Vaters und meine – glorreiche Zukunft.

In der nächsten Stunde erzählte ich Mrs. Sivan, dass man mich eingeladen hatte, ein Hauskonzert zu geben. »Veranstalter ist die Australian Society of Keyboard Music«, erklärte ich.

»Natürlich«, meinte sie. »Kate hat gesagt. Definitiv müssen sie geben auch Matinéekonzert. Qualität ich garantiere. Und sehr gut, dass Kate kümmert um dich. Das mich macht sehr stolz. Großzügigkeit ist *Wichtigste* bei Musik. Manche Leute glauben, Wissen gehört nur ihnen allein, um zu behalten, nicht zu teilen, aber das wird Klang töten *sofort*. Musik ist, Künste zu leben und Künste zu geben.«

»Was soll ich spielen?«, fragte ich.

»Generell geht bei Großzügigkeit nicht nur um Handlungen, sondern um Art zu denken. Je mehr du hast, je mehr gibst du. In gewisse Weise kommt zusammen mit religiöse Glaube von Darbringen und Geben. Merk dir: Nur was du geben kannst, ist deins.«

»Soll ich etwas von Liszt einstudieren?«, schlug ich vor.

»Bei Hauskonzert, wir können entscheiden. Aber bei Mittagskonzert muss sein ganz besondere Programm. Bach, Mozart, *Chopin-Études*, ja, aber muss noch mehr sein … Natürlich!« Ihre Augen begannen zu leuchten. »*Rigoletto-Paraphrase* von Liszt! Wirst du wunderbar spielen. Absolute Freiheit und Phantasie. Erzählt Geschichte von Verdis Oper und macht lebendig durch Klavier.«

Sie verschwand in ihrer Musikbibliothek und kam mit dem Notenheft wieder heraus.

»Wir sprechen über Großzügigkeit. Liszt *komplett* großzügige Musiker, und komplett offen. Ich bewundere diesen Mann immer mehr. Sehr interessant, wie hochgebildet er war. Czerny war sein Lehrer, was bedeutet, dass er hat Beethoven-Wurzeln, ganz direkt. Aber lernt er auch noch von allem und jedem anderen. Glücklich zu geben, und glücklich zu nehmen! Manchmal nimmt übrigens auch von Chopin, der nicht immer so großzügig – außer zu Klavier, das er liebt.«

Ich schob Chopin in meinem Kopf zur Seite, um Platz für Liszt zu machen.

»Liszt versteht, dass Poesie, Literatur, Oper und Ballett alle kommen vom Klavier und zum Klavier. Je reicher du bist, als Mensch, an Wissen und Imagination, je mehr was?«

»Desto mehr kann man geben?«, schlug ich vor.

»Genau. Weil je mehr du hast in deine Lager.«

Sie stellte das Heft auf das Notenpult und schlug die erste Seite auf. Wie herrlich – Oktaven in der linken Hand!

»Liszt *sehr* philosophische Komponist, und immer beschäftigt mit drei Fragen: Liebe, Leben und Tod. Was ist es negativ, und was ist positiv? Wie viel von falsch ist in unserem richtig? Hängt ab von Situation und Ort.«

»Natürlich«, sagte ich und stellte mir vor, wie ich diese Oktaven beim Hauskonzert spielte.

»Teufel und Gott. Freundlichkeit, Großzügigkeit und Bosheit: immer war Thema für viele Musiker. Gleiche wie in Literatur, nur mit Töne.«

Ich griff nach der Tastatur, aber sie nahm meine Hand, ohne ihre Rede zu unterbrechen. »Hier wir haben Oper, ganze Geschichte mit echte Figuren. Rigoletto ist im Grunde Clown – wie sagt man? – *Narr*. Und wirklich tragische Figur. Und seine Tochter, Gilda, komplett unschuldig. Und dann wir haben Herzog, *professioneller* Verführer. Wir beginnen mit philosophische Einführung, von Liszt, nicht von Verdi.«

Ich probierte die Eröffnungs-Oktaven und merkte, dass sie viel schwieriger waren, als sie aussahen.

»Das nicht! Nie einfach Oktaven um Oktaven willen! Leute fragen immer: Was ist Geheimnis von Oktaven? Ich sage ihnen: kein Geheimnis! Oktaven nur Musik! Zuerst wir fragen: Was ist Struktur von diese Phrase?«

Sie nahm meinen Daumen in die Hand und zeichnete damit

die erste Phrase. »H wandert hinauf zu Fis, ja? Dann E-Dur zweite Umkehrung, wie Frage.«

Nun, da ich ihr Skelett sehen konnte, war die Phrase leichter. Ich wiederholte sie nur mit dem Daumen.

»Immer Phrasen, immer Worte, nie leere Töne. Aber bei jedem Wort: *genau* buchstabiert.«

Jetzt probierte ich die Phrase in Oktaven, die ganz leicht aus meinem Handgelenk kamen.

»Genau! Und jetzt sie dir sagen, dass du hast *natürliche* Oktaven.« Sie lachte. »Wie wenn du damit geboren, wie kleine Baby.«

Ich arbeitete mich durch die ersten Seiten.

»Das nicht. Hier du spielst. Liszt *absolut* frei am Klavier. Größte Kompliment ist, es sieht einfach aus, nicht schwer. Aber gleichzeitig er ist immer – wie sagt man? – eifrig mit Hände.«

»Zappelig?«

»Ja, genau. So erregt von Klavier. Schwer für Liszt, zu spielen einfache Phrase, ohne Verzierung. Sehr hyperaktive Mann in gewisse Weise. Aber so leicht: nur Positionen, nur *Herunterspielen* von Tasten.«

Sie zeigte mir jede der Positionen in einem Block-Akkord. Ich machte es ihr nach, und als ich die Passage dann spielte, wie sie notiert war, ergoss sie sich mit improvisatorischer Freiheit über das Klavier.

»Genau! Mehr Phantasie und weniger logische Disziplin führt zu Irrenhaus. Aber logische Disziplin nicht genug. Disziplin ohne Phantasie führt zu was?«

»Leichenbeschau?«

»Ganz genau.«

Zu Hause widmete ich mich Stunde um Stunde der *Rigoletto-Paraphrase*. Vierzehn Tage später bot ich meinem Großvater an, ihm das Stück vorzuspielen, wie als eine Art Generalprobe für das Hauskonzert.

»Das wäre eine übergroße Freude für mich«, sagte er. »Ich habe nämlich auch ein paar Stücke, die ich dir gern vorspielen würde, an der Orgel und am Klavier.«

Seit seiner Pensionierung hatte mein Großvater auf beiden Instrumenten Unterricht genommen und rasante Fortschritte gemacht. Meine Großmutter, die in der Familie für ihre Fähigkeit, vom Blatt zu spielen, eine Legende war, hatte ihm das Klavier komplett überlassen, und er übte sechs Stunden pro Tag. Halb machte es mich stolz, halb spornte es mich an, wie er mir da durch die Jahresvorspiele der Australischen Musikprüfungs-Kommission folgte. Ein paar Monate später würden wir beide unser Diplomvorspiel absolvieren, was irgendwie gegen die natürliche Ordnung der Dinge zu verstoßen schien.

»Wir beide können einen Nachmittag des gemeinsamen Musizierens genießen«, fuhr er fort. »Da, wie ich meine, deine Ferien nächste Woche beginnen, möchte ich fragen, ob womöglich bereits der Dienstag für dich infrage käme?«

Am Dienstag holte er mich zu Hause ab und fuhr mit mir zur Pilgrim Church im Zentrum von Adelaide. An der Orgel krempelte er sich die Ärmel hoch, dann setzte er sich auf die Bank, justierte die Registerknöpfe wie ein Pilot, der sein Cockpit vorbereitet, und begann, die Toccata aus Boëllmanns *Suite Gothique* zu spielen. Die Klänge erzeugten einen mächtigen Nachhall. Wie ich so neben ihm stand, begriff ich plötzlich den von Größenwahn gezeichneten Kitzel des Orgelspiels. Ich staunte über seine Virtuosität und sein Koordinationsvermögen, wie seine Hände sich zwischen Manualen und Registerknöpfen hin und her bewegten und seine Füße wie die eines Stepptänzers über die Pedale fegten.

»Wie du vielleicht bemerkt hast, ähnelt diese robuste Toccata vom Stil her ein wenig der berühmten von Widor, also dem letzten Satz seiner *Orgel-Symphonie Nr. 5*. Aber weder die eine noch die andere sollte mit den Toccaten von Johann Sebastian Bach verwechselt werden«, sagte er und spielte zum Vergleich Bachs *Toccata in d-moll* an. »Welche sich wiederum stark von den Fantasien unterscheidet, die gegenüber Präludien und Fugen ein komplett eigenständiges Genre bilden.«

Viele Fugen später zog ich mich in eine Sitzreihe zurück und holte die *Rigoletto*-Noten aus meiner Tasche. Ich versuchte, sie im matten Licht zu lesen, übte dabei meine Oktaven in der vibrierenden Luft und döste dann inmitten dröhnender Dezibel ein. Als ich aufwachte, spielte mein Großvater immer noch. Nach einiger Zeit erhob er sich schließlich von seiner Orgelbank, ganz frisch und munter, und wir fuhren zu meinen Großeltern zum Abendessen.

»Drei Stunden sind aber ganz schön lang für ein Konzert«, sagte meine Großmutter behutsam, als sie die Kartoffeln servierte.

»Halte dir bitte vor Augen, dass du mit zwei großen Bewunderern der Musik sprichst«, erwiderte mein Großvater. »Aber wie dem auch sei, das war erst die Vorspeise. Unser nächster Gang enthält ein paar Delikatessen aus der Klavierliteratur.«

Als ich nach dem Essen meinen *Rigoletto* zum Besten gab, dröhnte mir immer noch die nüchterne Erhabenheit der Orgel in den Ohren, und meine Oktaven-Passagen waren nicht ganz so spektakulär, wie von mir erwartet.

»Sehr gute Arbeit, mein Schatz«, sagte er und grinste stolz. »Deine Fortschritte bei Mrs. Sivan überraschen mich nicht, sondern entsprechen eher meinem ersten Eindruck von ihr. Wie ich aber hinzufügen möchte, ist es schwerer, die langsamen Stücke gut zu spielen. Erlaube mir bitte, dir den empirischen Beweis zu liefern.«

Er setzte sich ans Klavier und spielte Chopins *Walzer in a-moll*.

»Ja, ich weiß«, sagte ich, »aber …«

Er begann mit dem *Walzer in cis-moll*, noch bevor ich mich verteidigen konnte, dehnte seine Argumentation dann auf zwei der *Lieder ohne Worte* von Mendelssohn aus und schloss mit Chopins *Nocturne in Es-Dur*.

»Ich hoffe, ich konnte dir zumindest ein Stück weit zeigen, was ich meine«, sagte er, breitete vorsichtig das rote Filzdeckchen über die Tasten, wie um sie schlafen zu legen, und klappte den Deckel zu.

Am Wochenende darauf stand ich vor Miss Hopgoods Haus im Stadtteil Brighton und dachte besorgt an *Rigoletto*. Er war noch nicht zweihundertprozentig sicher, und ich hatte das Gefühl, es sei zu früh, ihn öffentlich zu spielen. Andererseits schien dies das einzige Stück zu sein, das einem solchen Anlass angemessen war. Mein Vater klingelte und Miss Hopgood öffnete die Tür.

»Du musst Anna sein, und Sie der stolze Vater, Mr. Goldsworthy?«

»Peter«, sagte mein Vater und streckte ihr die Hand hin.

Miss Hopgood war eine großmütterlich wirkende Person. Sie trug hellblaues Kaschmir und hatte das Haar zu einem Dutt geknotet, so schneeweiß wie Lammwolle. »Kommen Sie herein, kommen Sie herein.« Sie führte uns in ein Zimmer, das auf der einen Seite von einem Flügel beherrscht wurde und auf der anderen von einem großen Tisch, auf dem der Nachmittagstee mit Muffins, Pancakes und Eier-Sandwiches angerichtet war. Dazwischen füllte eine kleine Zuhörerschaft drei Stuhlreihen, von einem Foto auf der Anrichte aus wurde alles von einem jungen Soldaten in Uniform überwacht.

»Ich muss Sie unserem Vizepräsidenten vorstellen«, sagte Miss Hopgood und führte uns zu einem älteren Herrn mit weißer Kapitänsmütze. »Captain Frizzel, das hier sind Anna und ihr stolzer Vater, Mr. Goldsworthy.«

»Peter«, sagte mein Vater noch einmal.

Captain Frizzel erhob sich von seinem Stuhl und überragte uns beide.

»Sehr erfreut. Willkommen bei der Society.«

Kate eröffnete das Konzert mit einer elektrisierenden Fassung des ersten Chopin-Scherzos. Bei dem halbverminderten Akkord, der die Reprise ankündigt, schreckte die Frau mittleren Alters auf dem Stuhl vor mir auf, und der Nachmittagstee vibrierte alarmiert. Nach einem höflichen Applaus trat ein älteres Society-Mitglied an den Flügel und spielte ein Schubert-Impromptu vom Blatt, wobei er hinter seinem Schnurrbart ganz rot wurde.

Ein Raunen der Bewunderung ging durchs Zimmer.

»Sie haben so einen schönen Anschlag, Arthur.«

Zum Abschluss spielte ich die *Rigoletto-Paraphrase*. Sie ließ Freiheit und Phantasie vermissen, und ich war froh, dass weder Mrs. Sivan noch mein Großvater da waren und mir zuhörten. Aber mein Vater blinzelte mir danach zu, was mir das Gefühl gab, als könne ich den Nachmittagstee mit erhobenem Kopf einnehmen.

»Sehr schön«, sagte Miss Hopgood und reichte die Sandwiches herum. »Wäre es nicht wunderbar, Captain Frizzel, wenn wir diese beiden jungen Damen im September bei einer unserer Matinées dabeihätten?«

»Eine famose Idee«, sagte er galant, woraufhin er seine blassblauen Augen auf mich richtete. »Ein anspruchsvolles Stück, diese *Rigoletto-Paraphrase*.«

»Ich verstehe nicht, was manche Leute an Paraphrasen finden«, meinte Arthur. »Als ob es nicht so schon genügend Klavierliteratur gäbe.«

»Paraphrasen scheinen aber irgendwie wieder in Mode zu kommen«, gab Miss Hopgood zu bedenken. »Hat nicht dieser Russe beim letzten Internationalen Wettbewerb in Sydney *Rigoletto* gespielt? Wie hieß er noch gleich – Tarasow?«

»Ja, *das* war wirklich großartig!«, sagte eine Frau mit Baskenmütze. »Ich hätte nie gedacht, dass es sich um ein und dasselbe Stück handelt.«

»Das hat er tatsächlich«, sagte Arthur, den Mund voller Ei. »Und wie ich schon damals sagte: Wenn jemand Tarasows Technik mit meiner Musikalität kombinieren könnte – na, das wäre wohl der perfekte Pianist!«

Mein Großvater begleitete mich zu meiner nächsten Klavierstunde bei Mrs. Sivan und bot an, ihr einen Walzer von Chopin vorzuspielen. Sie hörte respektvoll zu und gab ein paar wenige Kommentare ab. Als ich dann den Platz mit ihm tauschte, hoffte ich, sie würde mit mir ebenso freundlich sein. Aber schon auf der zweiten Seite der *Rigoletto-Paraphrase* unterbrach sie mich.

»Herzog muss sein verführerisch! Sonst wir haben kein Problem!« Sie lachte. »Keine Geschichte – alle können gehen nach Hause! Ich weiß, ist schwierig: Du bist fünfzehnjährige Mädchen. Mehr Gilda als Herzog, eigentlich. Aber um zu erzählen die Geschichte, musst du sein alles: Gilda *und* Rigoletto *und* Maddalena *und* Dirigent *und* Orchester *und* Herzog *und* noch Millionen andere Dinge!«

»Ich habe Anna gesagt, dass es viel schwieriger ist, leichte Sachen gut zu spielen«, unterbrach mein Großvater.

»Liszt immer *sehr* interessiert an Verführung«, fuhr Mrs. Sivan fort. »Er glaubt, dass kann man jeden verführen.«

»Ich bin nicht sicher, ob ich dem beipflichten würde«, sagte mein Großvater.

»Natürlich. Aber hängt ab davon, wie talentiert der Verführer. Weil jeder hat Schwäche. Als Beispiel, jemand ist stark genug für Wind, stark genug für Komplimente, kann stark genug für Geld sein – so sind viele Leute.«

Mein Großvater nickte.

»Dann jemand sagt ihnen, wie phantastisch sind ihre Enkel, und sofort sie geben auf!«

Mein Großvater musste lachen. »Aber Sie müssen zugeben, dass sie wirklich nicht so schlecht ist, meine Enkelin, oder?«

»Überhaupt nicht! Ich liebe dieses Mädchen!« Sie umarmte mich. »Grunde genommen wir können nicht garantieren Immunität vor Verführung. Ohne zu wissen, wir können sein unter Einfluss, und das *immer* fasziniert Liszt. Wenn Mephistopheles zeigt wahre Gesicht, natürlich wir wissen, ihn zu vermeiden. Aber wenn ist charmante Mann, der sagt schöne Sachen, dann man hat keine Ahnung. Hier wir beginnen mit linke Hand – wie Serenade.« Sie *zupfte* geradezu die Begleitung, die wie von einer Gitarre gespielt durch die Luft schwebte. »Und jetzt wir wählen unsere Tenor. Dir gefällt Pavarotti?« Sie spielte mir die Melodie als Pavarotti vor, jeder Ton angeschwollen mit Emotion. »Oder du hast lieber Placido Domingo?« Sie spielte sie noch einmal, jetzt allerdings lieblicher, und lachte dann auf. »Möglichkeiten *endlos*! Liszt versteht Verführung sehr gut. Alle waren verliebt in ihn.« Sie senkte die Stimme. »Verzeih, wenn ich sage, aber du bist große Mädchen jetzt: Liszt war Frauenheld – natürlich. Aber mehr als nur das. Er war *Verführer* von ganze Publikum. Hier war Gegenteil von Chopin, der hasste große Bühne. Liszt war inspiriert von Paganini an Geige, von enorme Möglichkeiten von Virtuosität, zu erregen, zu begeistern! Leute werden wahnsinnig, Frauen fallen in Ohnmacht. Manchmal scheint nicht mehr menschlich: ja, fast wie Teufelskräfte. Klavierspiel von Liszt ist ein Art *Zauberkünste*.«

* * *

Zu Beginn des nächsten Schuljahrs kam ein neuer Violinist aus Singapur an unsere Schule, Yoong-Han Chan. Im Unterricht war er schüchtern und ruhig, aber wenn er ein Paganini-Capriccio spielte, schien er von Teufelskräften besessen zu sein. Dann schnaubte er laut wie eine Bulldogge und verdrehte die Augen so nach hinten, dass dem Publikum nur das Weiße beängstigend entgegenleuchtete. Jeder seiner Töne peitschte durch den Musiksaal und drückte mich in meinen Stuhl. Im Vergleich zu ihm fühlte ich mich wie eine Hobbymusikerin, ein holdes, weibliches Wesen am Klavier.

»Was willst du machen, wenn du mit der Schule fertig bist?«, fragte mich mein neuer Klassenlehrer in der ersten Sprechstunde. »Deine Noten sind hervorragend.«

»Ich möchte Musikerin werden!«, verkündete ich.

Er sah mich kurz an und wandte seine Aufmerksamkeit dann wieder dem Schulhof vor dem Fenster zu. »Das ist alles schön und gut, aber denk doch mal an Yoong-Han Chan. Das ist ein Musiker. Niemand würde da auch nur den Funken eines Zweifels hegen. Das Gleiche gilt aber nicht unbedingt für dich und mich.«

Ich war rechtschaffen wütend und beschloss erneut, es *ihnen* zu zeigen. In diesem Jahr gewann ich die meisten Kategorien, in denen ich beim Adelaide-Eisteddfod teilnahm, darüber hinaus wurde ich mit der Yamaha-Medaille für die vielversprechendste Pianistin unter sechzehn Jahren ausgezeichnet. Miss Hopgood rief an, um die für September angedachte Matinée im Edmund Wright House zu bestätigen, und mein Vater entwarf auf seinem Macintosh einen Flyer:

Klavier-Recital

26. September, 12.10–12.50 h

Anna Goldsworthy

1990 Gewinnerin der Adelaide-Eisteddfod-Yamaha-Medaille

für die vielversprechendste Pianistin unter sechzehn Jahren

»Das kannst du doch nicht schreiben!«, rief ich. »Das ist Prahlerei.«

»Hör zu, Pie.« Er schwang sich in seinem Bürostuhl herum und sah mich ernst an. »Ich war immer der festen Meinung, die Welt würde von selbst den Weg an meine Tür finden, aber manchmal muss man ein bisschen nachhelfen. Je früher du das verstehst, desto besser.«

Er ließ im Zeitschriftenladen Kopien auf knallgelbem Papier anfertigen und gab mir einen Stapel in die Schule mit. Ich versteckte die Blätter in meinem Spind, nur ein einziges hängte ich an das schwarze Brett in einem abgelegenen Gang, wobei ich allerdings inständig hoffte, dass mein Klassenlehrer und die Mitschüler dorthin finden und die Einladung lesen würden.

Am Morgen des 26. September brachte mein Vater mich zum Edmund Wright House, damit ich dort noch einmal proben konnte. In leerem Zustand war das ein beeindruckender Saal, mit seiner vergoldeten Decke und der uralten, gedämpften Beleuchtung. Beim Spielen auf dem Steinway fühlte ich mich so frei wie ein Kind in einer Hüpfburg und sandte meine Töne die Wände entlang und bis an die Decke hinauf, wo sie die Form der Ornamente abtasteten und dann zu meinem Vater im Zuschauerraum zurückkehrten.

»Wie ist die Akustik?«, rief ich.

»Übertreib nicht, Pie. Spar deine Kräfte für das Konzert.«

Aber bis zum Konzert waren es noch fast drei Stunden, was mehr als zehntausend Sekunden waren und genauso gut ewig sein konnte. Ich spielte weiter, ganz verzückt davon, wie Liszts Klänge in der Luft funkelten, bis der Klavierstimmer kam und es Zeit war, nach Hause zu fahren und mich ein wenig auszuruhen.

Als ich gegen Mittag zurückkam, war ich nicht mehr so zuversichtlich. Mein Vater parkte den Wagen ein paar Straßen entfernt, und beim Gehen vermied ich die Ritzen zwischen den Pflastersteinen, ohne auch nur ein Wort sprechen zu können. Als meine Mutter mir mein neues Auftrittskleid aus Chiffon gekauft hatte, schien es transformatorische Kräfte zu besitzen, aber jetzt, da eine leichte Brise es gegen meine Brüste und zwischen meine Beine presste, fühlte es sich viel zu dünn an, so als würde ich die Bühne nackt betreten.

Mein Vater pfiff das *Rigoletto*-Thema vor sich hin. Er wirkte so zufrieden und voller Vorfreude, dass es fast schon widerlich war, und ich sah ihn scharf an.

»Was ist los, Pie?«

»Kannst du das bitte lassen?«

Für eine Sekunde ging er schweigend, dann fing er wieder an zu pfeifen. Ich wurde mir meiner Einsamkeit bewusst, der Schlucht, die uns voneinander trennte. Zwar mochte mein Vater auf meiner Seite sein, aber was bedeutete das, wenn ich schlussendlich allein auf der Bühne war und er weit weg im Publikum?

»Was, wenn mein Gedächtnis mich im Stich lässt?«, japste ich.

Mein Vater zuckte mit den Schultern. »Und wenn schon? Sterben wirst du nicht deswegen.«

Wie konnte er das so locker nehmen?

»Vermutlich *lässt* es dich sogar im Stich«, fuhr er fort. »Wie furchtbar! So wie ich dich kenne, improvisierst du dann irgendetwas, und niemand merkt es. Alle wünschen dir eh nur das Beste.«

Wir bogen in die King William Street ein, auf der vor dem Edmund Wright House eine Traube von Menschen stand, die alle Eintrittskarten wollten. Ich schreckte zurück, als hätte ich einen Stich erhalten.

»Das ist ja phantastisch«, rief mein Vater. Ich versteckte mich hinter seinem Rücken, als er seinen Freunden zuwinkte, und schlüpfte dann durch einen Seiteneingang hinein, wo ich mit Miss Hopgood zusammenstieß.

»Da bist du ja!« Ihr Gesicht war gerötet. »Was für ein Andrang. Wir mussten sogar mehr Wechselgeld besorgen. Komm hier durch zur Garderobe, ich bin in zehn Minuten bei dir.«

Zehn Minuten waren immer noch sechshundert Sekunden, hielt ich mir vor Augen, während die Luft in der Garderobe mich zunehmend bedrängte. Ich holte die Noten aus meiner Tasche und legte sie fein säuberlich aufgestapelt neben die Tür – für den Notfall. *Fünfhundertvierzig Sekunden.* Ich überprüfte, ob ich auch wirklich meinen Glücksbringer-BH anhatte, und zog mir die Lippen nach. *Zweihundertvierzig Sekunden.* »Du wirst jetzt dieses Publikum verführen«, sagte ich zu dem verängstigten Gesicht im Spiegel, aber es schien nicht sonderlich überzeugt davon.

Miss Hopgood klopfte an der Tür. »Es ist Zeit«, strahlte sie rosig.

Natürlich war es Zeit. Ich ging hinaus auf die Bühne, wobei meine neuen Schuhe laut über den Boden klackerten. *Bloß nicht stolpern, bloß nicht stolpern.* Dieses vertraute Mantra trug mich an den Bühnenrand, wo ich die gegenüberliegende Wand anlächelte und sie mit einer Verbeugung wie einen entfernten Freund begrüßte, die Einmischung des zwischen uns sitzenden Publikums dabei komplett ignorierend. Als ich mich ans Klavier setzte, zitterte mein rechtes Bein mit einem furiosen Vibrato, deshalb tat ich so, als würde es gar nicht zu mir gehören. Wenn ich mich darauf konzentrierte, ruhig auszusehen, dann würde ich es vielleicht auch werden.

»Wahre Künstler muss von Anfang an wohlfühlen«, hatte Mrs. Sivan mir erklärt. »Auf Bühne ist keine Zeit für *Warmspielen*.«

Dennoch flogen der Bach und der Mozart an mir vorüber, als sei ich in Trance, nur einmal gab es einen kleinen Fehler in der Fuge, von dem ich mich aber sofort erholte, genau wie mein Vater es prophezeit hatte. Erneut stand ich da und verbeugte mich vor dem Publikum, wobei ich es jetzt, da ich bis hierher überlebt hatte, auch tatsächlich ansehen konnte. Meine gesamte Familie war anwesend, von den kleinsten Cousinen bis hin zu den Großeltern. Sonnenstrahlen zerteilten den Saal wie die Striche einer Kinderzeichnung und warfen Licht auf meine Großmutter ganz links, die mit einem Taschentuch ihre Augen abtupfte, sowie auf meine Mutter, die neben ihr saß und die Hände in die Bluse krallte. Hinter den beiden saßen Mrs. Sivan und ihr Mann Isaac, dort drüben, weiter hinten im Saal, Sophia, Jessica und Captain Frizzel. Wie sie da so aufmerksam auf ihren Plätzen saßen, kamen mir die Zuhörer ganz freundlich und kontrollierbar vor – und bei Weitem nicht mehr wie der Lynchmob draußen auf der Straße.

Ich setzte mich wieder, um mit dem Liszt zu beginnen, und wurde mir der feinkörnigen Beschaffenheit der Tastatur unter meinen Fingern bewusst, ihres weichen, ausgewogenen Klangs. Meine Schenkel entspannten sich, was ich als eine Art Stimulation erlebte, ein Anzeichen dafür, dass mein Vorspiel jetzt zum Leben erwacht war. Als ich die Serenade des Herzogs erreichte, war ich zugleich der Verführer und die Verführte. *Vielleicht geht das ja gut aus*, sagte eine Stimme in meinem Kopf, aber ich ließ sie in die Luft aufsteigen und fuhr fort mit meiner Zauberkunst.

Später ergab ich mich der Gewalt des Beifalls, und Miss Hopgood überreichte mir einen großen Blumenstrauß – Rosen, Lilien, Iris. Ich legte ihn auf die Seite des Flügels und spielte eine Zugabe. Dann musste ich noch mehrmals auf die Bühne kommen und mich verbeugen.

Als der Applaus schließlich verebbte, wartete ich im Foyer und atmete tief durch. Mein Großvater kam als Erster heraus, ganz verheult und sprachlos. »Einfach wunderbar, Liebes«, sagte er schließlich und nahm meine Hand.

Mrs. Sivan umarmte mich innig.

»Viele exzellente Dinge, Herzchen. Irgendwie du überraschst mich. Du zeigst mir, dass du kannst sein Konzertpianistin.«

»Gut gemacht, Kindchen!«, sagte mein Vater beim Heraustanzen. »Es sah aus, als würdest du den ganzen Tag nichts anderes tun.«

»Von wem sind diese herrlichen Blumen?«, fragte meine Mutter und untersuchte die Karte: *Hoffentlich klappt alles.* »Die, die wir kennen, sind alle hier. Das muss meine Sprechstundenhilfe gewesen sein! Ist das nicht reizend von ihr? Und *so* unnötig!«

Ich wusste sofort, von wem sie waren: von Sam, einem hübschen Jungen aus meinem Französischkurs, zu dem ich oft hinsah, um zu prüfen, ob er vielleicht gerade zu mir schaute. Er hatte meinen Flyer in dem abgelegenen Gang entdeckt und gemeint, er sei an dem Tag verreist und könne leider nicht kommen. In der Schule war ich dann viel zu schüchtern, um mich für das Geschenk zu bedanken.

»Diese Mädchen hat mich großartige Lektion gelehrt«, fuhr Mrs. Sivan fort. »Als Kind sie war ein bisschen ... reserviert. Ich habe nicht verstanden: nicht erkannt. Kate ich konnte sehen sofort. So emotional, so aufgeregt! Aber Anna – immer ein Stück zurückhaltend. Immer *denkt* zuerst, dann erst fühlt. Aber jetzt, ganze Revolution von innen heraus! Wie ihre Augen verändert! Schöne Augen – ja? Ganz warm!«

»Ach, Sie sind also die Lehrerin?«, fragte eine ältere Dame.

»Nimmt sie denn immer noch Unterricht? Sollte nicht *sie* diejenige sein, die unterrichtet?«

Wir gingen wieder hinein, um Kates Auftritt zu erleben, aber das Herz schlug mir so laut in der Brust, dass ich so gut wie keinen Ton hören konnte. Ich wollte noch einmal auf der Bühne sein, mit den Händen, warm und rührig, auf der Tastatur unter mir, sowie mit dem Duft der Blumen, der sich ausbreitete und mit der Musik vermischte. Ich würde eine Zugabe nach der anderen spielen. Leute würden wahnsinnig werden und Frauen in Ohnmacht fallen. Ich würde sie alle mit meiner Zauberkunst verführen. Ich hatte entdeckt, dass es nichts Besseres als ein Recital gab, um sich lebendig zu fühlen.

KAPITEL 10

Prokofjew

Mein Debüt-Konzert hatte den Horizont komplett beherrscht und die Zukunft dahinter verdunkelt. Jetzt, wo das vorüber war, rückte die Schulabschlussprüfung ins Bild, die in weniger als einem Jahr stattfinden würde. Dabei *musste* ich geradezu den Don-Maynard-Preis für den besten Schüler im Bundesstaat gewinnen, um Kates Tradition fortzusetzen und für den großen Schock zu sorgen, den Mrs. Sivan prophezeit hatte.

»Ist nicht genug, zu machen selbe Schock wie Kate«, erklärte sie mir. »Muss sein komplett *neue* Schock. Du wirst spielen Chopin-Ballade und erzählen große Geschichte von Heldentum. Wird absolut reife sein. Aber muss auch etwas anderes sein.«

»Liszt?«, fragte ich.

»Das nicht. Brauchen wir vollkommene Gegensatz ... muss sein Prokofjew!«

Sie verschwand in ihrer Bibliothek und kam mit der Prokofjew-Toccata zurück, die sie auf dem Notenpult platzierte.

»Bitte sag mir: Wer ist Prokofjew?«, fragte sie mich.

»Ein russischer Komponist, geboren 1891.«

»Natürlich. Aber wer ist Prokofjew *Mann*, nicht Daten?«

Ich sagte nichts, und sie schlug die Noten auf. »Sehr wichtig zu verstehen jede Komponist wie lebende Mensch, der absichtlich oder unabsichtlich auf eigene Erfahrungen reflektiert.

Genau wie Schriftsteller. Keine einzige Schriftsteller schreibt über Sachen, die nicht kennt.« Sie drehte den Kopf zu meinem Vater. »Was Sie denken: *Maestro* ist erfundene Geschichte?«

Er zuckte mit den Schultern. »Im Grunde ja. Was aber nicht heißt, dass sie nicht vom Leben inspiriert ist.«

»Ganz genau! Je fester sie behaupten, dass etwas ist erfunden, je mehr ist wahr! Und Musik noch ehrlicher als Literatur. Warum? Weil Musik im Grunde ist abstrakt, was gibt Komponist enorme Freiheit, zu sein komplett ehrlich. Das zu verstehen *sehr* wichtig.«

Sie betrachtete die Noten wie jemand, der aus der Hand liest.

»Ganze Antworten hier. Ganze Charakter, ganze Autobiografie. Zum Beispiel diese ist sehr junge Mann, sehr verliebt in eigene Person. *Definitiv* will machen große Eindruck!« Zur Demonstration spielte sie die wiederholten Noten des Anfangs mit einer akzentuierten, fast schon anmaßenden Leichtigkeit. »Wir haben komplett neue Stil: Rhythmus *unglaublich* wichtig, und garmonische Revolution. Natürlich gibt Dissonanzen, was erwartest du? Prokofjew ist moderne Komponist, emanzipiert im Geist, reflektiert Welt um sich herum. Und was denkst du, Welt nicht komplett verändert?«

»Natürlich.«

»Absolut! Diese ist mechanistische Zeitalter. Jahrhundert mit enorme Zerstörung. Und Zerstörung *Millionen* Mal leichter als aufzubauen.«

»Man kann kein Omelett machen, ohne dass man Eier aufschlägt«, zitierte ich. Wir hatten die Russische Revolution in der Schule behandelt.

Sie lächelte finster. »In gewisse Hinsicht Prokofjew hat große Vertrauen. Erst geht weg von Russland, dann kehrt zurück.«

»Warum?«

Sie zuckte mit den Schultern. »Strawinsky sie wollten haben auch zurück, aber Strawinsky vorsichtiger. *Wir lieben dich, und deine Musik in unsere Land sehr beliebt.* Sehr gut, sagte Strawinsky, liebt ihr mich von dort drüben. Ich schicke mehr Musik.« Sie kicherte fast schon verächtlich. »Aber Prokofjew vielleicht war mehr nostalgisch und schenkte Glauben diese Worte. Und dann was? *Machst du, was wir sagen, oder wir finden andere Prokofjew.* Furchtbar für diese Mann, natürlich.« Plötzlich war ihr Gesicht voller Trauer. »Dann starb an gleiche Tag wie Stalin.«

»Erinnern Sie sich daran?«

Sie sah durchs Fenster hinaus auf den großen Baum mit den gelben Blättern. Es war ihr Lieblingsbaum, wie sie mir erzählt hatte, denn er strahlte so viel Optimismus aus. »Alle trauern um Stalin, niemand um Prokofjew. Ich war noch Kind und *sehr* traurig, dass wir haben verloren unsere geliebte Führer. Ich schrieb große Gedicht für Andenken, voll mit Emotion und Tragödie.«

Sie wandte sich wieder dem Klavier zu, und Erleichterung überzog ihr Gesicht. »Immer denkst du, dass Prokofjew *größte* Meister von Klavier. Ist übrigens von unsere Schule – hat studiert bei Annette Essipoff. Komplett revolutionär, aber mit enorme Niveau von pianistische Können und Kultur. Und wenn du arbeitest mit diese Fundament an Wissen, was fühlst du?«

»Selbstvertrauen?«

»Genau. Sicherheit. Weil du weißt, dass sind Antworten schon da. Unterschied zu Strawinsky hier, der nicht kümmert um Pianist. Bei Prokofjew nicht nötig zu erfinden pianistische Lösungen. Muss man sie nur entdecken.«

Sie spielte noch einmal den Anfang.

»Zuerst du musst dirigieren. Und immer denkst du an Puls: Puls von deinem Gehör, Puls von deinem Inneren, Puls von deinem Gefühl, und nicht Puls von Zerstörung. Im Grunde du spielst Schlaginstrument im Klavier.«

Sie senkte die Stimme und klopfte auf meinen Arm: »Und da *eins*-da und da *zwei*-da und da *eins*-da-*ding*! *Da*-da-*da*-da-*da*-da-*da*-da-*da*-da-und-da-*zwei*-ding!«

Sie übertrug diesen Rhythmus wie eine elektrische Ladung auf mich, bis er schließlich aktiv war, in jeder vibrierenden Zelle meines Körpers.

»Wörter sind wichtig, ja? Aber Interpunktion *noch mehr* wichtig für Bedeutung von Wörter. Wir müssen kennen genaue Grammatik von jede Pulsschlag. Immer denkst du: *emotionale Perspektive von Interpunktion.*«

»Emotionale Perspektive von Interpunktion«, wiederholte ich, nicht vollkommen überzeugt.

»Genau! Sehr nette Ausdruck, den – übrigens – habe ich soeben erfunden!« Sie lachte auf. »Bitte merkst du dir, weil ich werde sicher vergessen und muss noch einmal neu erfinden.«

Perspektive war etwas – ob in emotionaler oder sonstiger Hinsicht –, wofür ich damals überhaupt keinen Kopf hatte, denn abgesehen vom Gewinn des Don-Maynard-Preises galt es auch noch ein paar andere Ziele zu erreichen. Mein Englischlehrer, Mr. Clarke, hatte nicht nur angedeutet, er erwarte bei der Abschlussprüfung ein »sehr gutes« Abschneiden, sondern mir dabei auch ebenso deutlich wie bedrohlich zugezwinkert. Ich wusste, worauf er anspielte: die Tennyson-Medaille für den besten Englischschüler im Bundesstaat South Australia, also den begehrtesten aller Abiturpreise, den mein Onkel Jeff schon vor zwanzig Jahren für die Familie heimgeholt hatte. Gleichzeitig musste ich meine Position als Klassenbeste sichern, erstklassige Noten in Mathe erzielen, das Debattier-Team der Schule beim südaustralischen Finale zum Sieg führen, meinen ersten Platz beim Adelaide-Eisteddfod verteidigen und zwei Solokonzerte für die Australian Society of Keyboard Music vorbereiten. Außerdem stand mit dem Chor der Schule eine Tour durch Europa an, bei der ich auch solo auftreten sollte und deren krönenden Abschluss ein Konzert in der Londoner St. John-Kirche bilden würde. Es war meine erste große Auslandsreise: Ich hatte quasi die Pflicht, dieses internationale Debüt zu einem Triumph werden zu lassen.

Ich wusste sehr wohl, dass ich mit meinen Forderungen viel zu gierig war, und wog ihre jeweilige Bedeutung gegeneinander ab, um vielleicht doch eines der Dinge zugunsten eines anderen zu opfern. Aber ich konnte auf keines verzichten. Erfolg war für mich zum Mittel geworden, um mich meiner selbst zu vergewissern: Ich erlebte ihn nicht mehr als Freude, sondern als Erleichterung durch Nicht-Versagen. Vielleicht würde sich das Universum ja auf eine Art faustischen Handel einlassen: wenn ich etwa lebenslang eine alte Jungfer bleiben würde oder meine Eltern sich scheiden ließen?

»Alle Musiker abergläubisch, egal, was sie sagen«, erklärte mir Mrs. Sivan. »Wie bei jede Beruf mit hohe Druck. Zeigst du mir Chirurg, der nicht ist abergläubisch! Natürlich, Aberglaube ist Erfahrung von Jahrhunderte, und könnte sein richtig oder falsch. Könnte sein falsch, weil wussten sie nicht besser, oder könnte sein richtig, weil kommt aus Erfahrung. Aber speziell auf Bühne nur muss haben *winzige* Zweifel zu machen Probleme.«

Über die Jahre meines Unterrichts hatte ich zu meinen selbst entwickelten abergläubischen Vorstellungen zusätzlich noch ein paar russische Marotten geerbt. Ich wich Freundinnen oder Freunden aus, die mich im Türrahmen küssen wollten, und schenkte Teetassen randvoll ein, auf dass der Tee in die Untertasse schwappte und dem Teetrinker ein langes Leben garantierte. Meine Privat-Kosmologie wurde immer ausgefeilter und kombinierte eine Primzahl-Verehrung mit russischen Überlieferungen, aber in meinem Leben stand einfach zu viel auf dem Spiel: Ich konnte mir keinen Zweifel leisten, und sei er auch noch so winzig.

Auf dem Flug nach Europa sagte ich, während meine Mitsängerinnen in der Weihnachtsausgabe der *Vogue* blätterten, in fieberhaftem Gebet die Fibonacci-Folge auf und umfasste in meiner Vorstellung dabei jede Zahl wie das Stück eines Rosenkranzes, nur um sicherzugehen, dass wir auch unversehrt landeten. Als wir dann durch die Straßen Europas spazierten, lief die Prokofjew-Toccata unablässig in meinem Kopf ab, mit ihrem *moto perpetuo* als Soundtrack zu meiner Beklommenheit. Ich sah überall nichts als Struktur und Rhythmus, als sei mein Leben eine gewaltige Toccata, die noch der kleinsten motivischen Zelle entsprang. In Stockholm konnte die Entscheidung für einen falschen Pflasterstein für Gedächtnisschwund sorgen. In Lübeck würde ein schlampiges Aufkleben der Briefmarke meine unbeaufsichtigte Familie in Gefahr bringen.

»Was um alles in der Welt ist das hier?«, fragte meine Cousine, mit der ich mir in Husum an der Nordsee das Zimmer teilte, eines Nachmittags beim Sortieren unserer Wäsche. In der Hand hatte sie den Träger meines Glücksbringer-BHs, der durch ständiges Waschen so dünn wie ein Elfenumhang geworden war. Er hatte jede Elastizität verloren, sodass ich ihn mit einer Reihe von Sicherheitsnadeln absichern musste, und selbst damit war die einzig gebotene Unterstützung seine Zauberkraft.

»Geht dich nichts an.« Beim Versuch, ihn an mich zu reißen, ging er kaputt, und ich begann zu weinen.

»Ist doch nicht schlimm, wenn du Heimweh hast«, tröstete sie mich. »Mir geht's genauso.«

In dieser Nacht träumte ich, ich würde die Prokofjew-Toccata in der Adelaide Town Hall vorspielen. Ich wunderte mich darüber, dass das Klavier nicht richtig reagierte, bis ich feststellte, dass ich es gar nicht mit einem Klavier, sondern mit einem E-Piano zu tun hatte. Während ich spielte, schrumpfte sein Umfang auf vier Oktaven, dann auf zwei und schließlich auf eine. Ich versuchte, die Toccata so umzuarrangieren, dass sie da hineinpasste, aber ich schaffte es nicht und landete immer wieder außerhalb. Die riesige Zuschauermenge raunte, lachte höhnisch und ließ mich schließlich allein sitzen, über Stunden gefangen in einer einzigen Oktave.

Bei der Probe am nächsten Morgen hatte ich immer noch den sauren Geschmack des Misserfolgs im Mund, als unser Chorleiter eine Ankündigung machte.

»Mädchen, passt bitte gut auf. Der Bürgermeister hat uns eingeladen, in der Husumer Stadthalle aufzutreten. Das ist eine *ganz besondere* Ehre.« Er schwieg bedeutungsvoll, während die älteren Chormitglieder die passenden Geräusche der Überraschung und des Entzückens von sich gaben. »Leider haben sie nur ein elektrisches Klavier, aber trotzdem möchte ich Anna bitten, ihre Prokofjew-Toccata zu spielen.«

»Unglaublich«, murmelte ich kopfschüttelnd.

Seine Augenbrauen zogen sich blitzartig zusammen. »Wenn Anna denkt, das sei unter ihrer künstlerischen Würde, dann bitte ich doch sehr darum, dass sie das sofort sagt.«

Ich dachte darüber nach. Nein zu sagen, wäre gar nicht so unsinnig, denn ein elektrisches Piano konnte der Prokofjew-Toccata einfach nicht gerecht werden. Vielleicht sprach hier aber auch nur die Feigheit und nicht die künstlerische Integrität.

Schlagartig merkte ich, dass es mir jetzt reichte. Mein Glücks-bringer-BH hatte mich verlassen, und dann auch noch *das*. Ich würde mich nicht mehr von geheimen Botschaften malträtieren lassen. Es war an der Zeit, mich meinen Ängsten zu stellen.

»Ich mache es gerne.«

Seine Augenbrauen entspannten sich. »Also das nenne ich *echten Teamgeist*, und genau darum geht es auch in diesem Chor.«

An diesem Abend zog ich für das Konzert einen ganz nor-malen BH an und ignorierte beim Gang zur Stadthalle die Ge-heimbotschaften der Pflastersteine. *Sei normal*, sagte ich zu mir selbst, als meine Gedanken sich Richtung Fibonacci bewegen wollten. Als wir dann unsere ersten Lieder sangen, beugten sich ein paar einheimische Jungs über das Geländer der Empore und deuteten auf die gut aussehenden Mädchen. Um mich her-um schüttelten sich meine Mitsängerinnen fast unmerklich ihre glänzenden Haarsträhnen aus der Stirn.

Am Ende des ersten Chor-Teils trat ich vor, um mich dem E-Piano und allem, wofür es stand, zu widmen. Das Instrument reagierte nicht und war taub für jede Nuance, aber ich betrach-tete es als Schlaginstrument und tanzte meinen Prokofjew da-rauf als eine Art Teufelsaustreibung, als eine Bitte um Heilung. Ich fühlte mich einsam da draußen, ohne meine schützende

Fibonacci-Folge, aber ich zwang meine Hände, sich anständig zu benehmen, und zum Großteil taten sie das auch. Als ich mich dem abschließenden *glissando* näherte, forderte eine Stimme in meinem Kopf, ich solle mit einer falschen Note enden, ansonsten würde meine Familie einer Naturkatastrophe erliegen. Ich ignorierte sie und spielte die richtigen Töne, voll darauf vertrauend, dass die Schallwellen dieser D-Oktave weder so weit reisen noch so bösartig seien könnten.

Es war eine mittelmäßige Vorstellung an einem nicht ansprechenden Instrument, aber als ich vom Sitz aufsprang, um mich zu verbeugen, fühlte es sich wie ein gewaltiger Triumph an. Ich war vier Minuten auf der Bühne gewesen, und nicht etwa Stunden, im Publikum war es nicht zu Hirnblutungen gekommen, und das E-Piano hatte seinen großzügigen Umfang von siebeneinviertel Oktaven beibehalten. Vielleicht konnte ich jetzt die Welt der Normalsterblichen betreten, unbeeinflusst von magischen Kräften, und mein Haar unmerklich in Richtung der gut aussehenden Jungs schütteln.

* * *

Daheim in Adelaide, als genesende magische Denkerin, musste ich neue Wege zur Erlangung meiner Ziele finden. Ich erstellte einen Stundenplan, der jeden verfügbaren Moment dem Zweck der Selbstverbesserung widmete. Jeden Morgen wachte ich um Viertel vor sechs auf, nahm die TV-Gymnastiksendung *Aerobics Oz Style* auf Video auf und übte eine Stunde vor dem Frühstück. In der Schule machte ich die Hausaufgaben so gut es ging bereits im Unterricht, um nach dem Heimkommen den ganzen Abend üben zu können und nur für ein bisschen Aerobic, das

Abendessen und die Fertigstellung noch zu erledigender Hausaufgaben zu unterbrechen. Um 21.30 Uhr lag ich im Bett, mit zwanzig Minuten Zeit zum Lesen und bereit, den Trainingsplan am nächsten Morgen fortzusetzen.

»Pass auf, dass du dich nicht überforderst, Pie«, sagte mein Vater eines Abends, als die Familie sich gemeinsam *The Comedy Company* anschaute.

Ich ignorierte ihn und ging wieder ins Musikzimmer, um am Prokofjew zu arbeiten. In der Ferne konnte ich sie lachen hören. Warum war ich denn die Einzige in dieser Familie von Faultieren, die sich verbessern, durch Arbeit reinigen wollte? Ich schlug die Tür zu und übte noch lauter als zuvor. Und wer hatte eigentlich Zeit für *Comedy*-Sendungen? Ich stellte das Metronom auf Fünfzig ein, dann auf Fünfundsiebzig. Ich übte die linke Hand allein, bis ich sie komplett auswendig konnte.

»Das nicht!«, sagte Mrs. Sivan, als ich in der Woche darauf die Ergebnisse meines Trainings demonstrierte. »Wo ist Humor?«

»Humor?«

»Natürlich! Prokofjew hat *größte* Sinn für Humor, in *Millionen* von Variationen. Scherzhaft, sarkastisch, manchmal sogar süffisant.«

Ich fing ein zweites Mal an und versuchte, humorvoll zu sein.

»Das nicht. Witz hier ist *enorm*. Zum Beispiel, was haben wir hier? Sie senkte die Stimme: »*Hast du gehört? – hast du gehört? – hast du gehört, ja?* Klatsch und Tratsch, Klatsch und Tratsch um dich herum, und dann plötzlich Posaunen.«

Sie spielte die linke Hand, und eine Posaunen-Sektion materialisierte sich im Zimmer und verstärkte das Thema, bis sie glücklich auflachte. »Volle Disziplin natürlich, aber zu gleiche

Zeit volle Imagination. Prokofjew absolut extrovertiert in diese Stück. Er ist junge Mann, verliebt in seine Kraft! Nie darfst du sein nur Athlet, oder Schulmädchen. Musst sein Künstlerin, bitte, und nur das.«

Als meine Schulmädchenjahre langsam zu Ende gingen, musste ich mir Gedanken über die Zukunft machen. In der Schule drängte mich die Vizerektorin zu einem Studium der Mathematik, meine Mutter meinte hypothetisch, Jura sei doch eine vernünftige Sache für den Notfall, und mein Vater fand, ich solle zweigleisig fahren und neben der Musik auch humanistische Fächer studieren.

»Was denken Sie, sollte Anna ein Studium im Ausland ins Auge fassen?«, fragte mein Vater Mrs. Sivan.

Sie dachte darüber nach. »Ich werde geben alles, was möglich, und für immer. Aber was ich kann nicht geben? Umgebung.« Draußen vor dem Fenster fuhr ein Auto aus der gegenüberliegenden Einfahrt. Seine Scheinwerfer streiften kurz durch den dunkel werdenden Raum und verschwanden. »Wenn ich denke, was wir hatten in Russland: Kirow-Oper und -Ballett, jede Wochenende, und wichtige und größte Persönlichkeiten ringsumher: Schostakowitsch, Khatschaturian, Kabalewski, Rostropowitsch, Richter, Gilels, Oistrach ...« Sie zählte die Namen an den Fingern ab und lachte angesichts dieses Überangebots. »Ich nicht sage, Russland ist perfekt, das nicht. Aber in gewisse Umgebung, wenn materielle Dinge mangelt, man kommt sofort zu spirituelle.«

»Soll Anna vielleicht nach Russland gehen?«, fragte mein Vater.

»In jetzige Situation unmöglich. Sicherheit ich kann nicht

garantieren. Aber was ich kann garantieren? Dass sie wird lernen weiter, wie Schwamm, und für immer. Bitte, noch einmal Prokofjew.«

In diesem Winter kam der Pianist Douglas Owen nach Adelaide, um für die Australian Society of Keyboard Music ein Abonnementkonzert in der Elder Hall zu geben. Er war vier Jahre älter als ich und ein freundlicher Mensch, wohlerzogen und galant. Mein Vater und ich hatten ihn bei seinem ersten Besuch in Adelaide kennengelernt, als er noch Jurastudent in Melbourne war. Kurz danach hatte er einen Wettbewerb in Italien gewonnen und war nach New York gegangen, um dort an der Juilliard School zu studieren. Sein Konzert war ein wichtiges Ereignis im Musikkalender von Adelaide, und als mein Vater und ich uns einen Weg durch das übervolle Foyer bahnten, war ich erfüllt von der Strahlkraft unseres berühmten Bekannten.

»Was hat Douglas immer über sein Jurastudium gesagt?«, fragte ich viel zu laut.

»Ich weiß nicht, Pie.«

»Warte … ja, genau! Er sagte, er würde viel zu viel Zeit auf der Klavierbank verbringen.«

»Nein, Lachlan und Douglas waren an der Melbourne-Uni nicht im gleichen Jahrgang«, sagte ein Frau im Vorbeigehen. »Aber doch fast, und natürlich *wussten* sie voneinander.«

Wir begaben uns in den Zuschauerraum und nahmen unsere Plätze ein, direkt neben Kate Stevens und einer Freundin von ihr. »O mein Gott, ich werde weinen«, sagte die Freundin. Sie war groß und golden und wunderschön. »Ich weiß, dass ich weinen werde.«

»Aber warum denn?«, fragte ich.

»Weil ich immer weine, wenn Douglas spielt.« Tränen traten ihr in die Augen. »Er ist einfach so musikalisch.«

Die Lichter erloschen, und eine Welle vorsorglichen Hustens ging durch den Saal.

»Georgies Schwester war mit Douglas im Kindergarten«, flüsterte ein Mädchen hinter uns. »Und anscheinend hatte er gar keine Kindheit.«

Als Douglas auf die Bühne kam, war er groß und reserviert und ganz seriös im weißen Smoking, wie eine Reminiszenz an ein längst vergangenes Männlichkeitsideal. Er verbeugte sich mit einem verlegenen Lächeln, öffnete beiläufig den obersten Knopf seines Jacketts und setzte sich ans Klavier, um Strawinskys *Petruschka* zu spielen. Mrs. Sivan hatte gesagt, Strawinsky würde sich nicht um den Pianisten kümmern, aber Douglas bewältigte das Stück mit Leichtigkeit. Cool wie Cary Grant saß er aufrecht am Flügel und erweckte eine quirlige Straßenszene zum Leben: Schausteller, Kutscher und Stallburschen, eine Marionette in einem Kasten, eine Ballerina und ein Tanzbär. Ich beugte mich in meinem Sitz nach vorne, ganz hingerissen von seinem Spiel, und während ich mich noch fragte, ob Kates Freundin tatsächlich weinte, füllten sich auch meine Augen mit Tränen. Die Tatsache, dass ich gerührt war, rührte mich noch mehr, und ich schluchzte laut auf. Mein Vater sah mich überrascht an und legte mir die Hand aufs Knie.

Wir fuhren schweigend nach Hause, erfüllt von Respekt vor der Ernsthaftigkeit des Ereignisses. An der Ampel ganz oben in der O'Connell Street sagte mein Vater todernst zu mir: »Um Konzertpianistin zu werden, musst du noch besser sein, als du dir jetzt überhaupt vorstellen kannst.«

Der Satz hing schwer in der Luft. Ich akzeptierte meine Aufgabe und nickte.

»Für ein Auslandsstudium besteht keine Eile, denn hier hast du ja Mrs. Sivan. Aber in einem kleinen Teich ist man schnell mal ein großer Fisch. Irgendwann wirst du eine andere Umgebung brauchen.«

Die Ampel wurde grün und er fuhr weiter. Ich sah aus dem Fenster in den sternenklaren Abendhimmel. *Petruschka* tanzte immer noch in meinen Ohren – ein Mohr mit einer Axt huschte vorbei, dann eine Flottille von Ammen, die Milch verloren.

»Vielleicht solltest du über Juilliard nachdenken«, fuhr er fort.

»Vielleicht sollte ich das«, murmelte ich, während die Straßenlaternen wie Kometen am Fenster vorbeirasten.

* * *

In der Woche darauf verließ Mrs. Sivan Adelaide, um ihre Schwester in Los Angeles zu besuchen.

»Denkst du immer, dass redet das Klavier, nicht nur du spielst Noten«, erklärte sie mir, bevor sie sich auf den Weg machte. Sie hatte meine Prokofjew-Toccata mit einer derartigen Energie aufgeladen, dass sie garantiert bis in alle Ewigkeit leuchten würde. »Es sind tatsächlich wieder drei: warum, was, wie. Manchmal du kannst Kompromiss machen bei *wie* du es machst, aber nicht bei *was*. Und definitiv nicht bei *warum*. Wenn du daran erinnerst, alles wird sein exzellent. Wenn nicht, wird furchtbar.«

»Was ist *warum*?«

»Warum ist Grunde genommen Frage nach warum es geschieht. Warum ich will. Warum Komponist fragt danach. Aber zuerst Frage muss sein nach *was*. Was geschieht hier. Was reden wir hier. Was ich will wirklich. *Was was was*.«

»Und was ist *wie*?«

»Wie du kannst machen, ist extrem subjektiv, außer wenn Komponist fragt dich, und Prokofjew fragt dich genau.«

Das klang alles logisch. Aber nachdem sie abgereist war, verlor die Toccata all ihre Spannung. Das Klavier hörte auf, mit mir zu sprechen, und zog sich zurück wie eine widerwillige Braut.

»Klavier wählt dich«, hatte Mrs. Sivan mir erklärt, und ich war immer davon ausgegangen, dass es mich gewählt hatte – genau wie ganz offensichtlich Douglas und Kate. Aber stimmte das wirklich? Oder hatte vielleicht *ich* es gewählt, ohne es groß um seine Meinung zu fragen? Verglichen mit der Leichtigkeit meiner Schulaufgaben – quadratische Gleichungen, die sich vor meinen Augen entwirrten, Gedichte, die sich in mein Gehirn einbrannten – war das Klavierspielen harte Arbeit. Ich nahm an, dass es das für jedermann war, aber stimmte das wirklich? Manchmal erzählte mir Mrs. Sivan von ihren Schülern in Leningrad: »Konservatorium nur möglich für Crème de la crème. Studenten dort mit animalische Fähigkeiten, *du möchtest nicht glauben*. Leute, die kann schreiben nieder ganze Symphonie, nach einmal hören.« Animalische Fähigkeiten wie diese lagen weit außerhalb meines Vermögens, und ich hatte ihre Worte schnell wieder vergessen. Aber jetzt kehrten sie zurück und verfolgten mich: War es möglich, dass ich gar kein Talent hatte?

»Talent ist wie große Menge Geld in Bank«, hatte sie gesagt. »Kannst du ausgeben alles in zehn Jahre, und – tut mir leid

– Bankrott ist möglich. Und du kannst nicht nur von Zinsen leben. So viel Talent geht zu Mülleimer, oder zu Irrenhaus! Viel interessantere Frage ist, was man *macht* mit seine Talent. Talent muss man wässern und geben konstante Perspektive.«

In ihrer Abwesenheit machte ich so weiter, wie mein privater Rahmen es eben erlaubte. Ich knapste von meiner Mittagspause weitere fünfzehn Minuten ab und genoss meine Selbstdisziplin, meinen fanatischen Eifer. Wenn das Klavier nicht aus freien Stücken mit mir reden wollte, dann würde ich es dazu zwingen. Mein Üben wurde mechanisch und qualvoll, und erneut verschwand alles Spielerische aus meinem Leben.

Als mein Vater mich eines Nachmittags von der Schule abholte, erzählte er mir, dass er Douglas zum Mittagessen eingeladen hätte, um über ein Studium an der Juilliard School zu reden.

»Wie? *Du* hast Douglas Owen angerufen?«

Ich konnte es nicht glauben. Wie kam er dazu, eine derart berühmte Persönlichkeit anzurufen, einfach so?

»Pie, wann lernst du es denn nur? Man muss Risiken eingehen, angreifen.«

»Aber das ist so *peinlich*. Er kann sich doch gar nicht mehr an uns erinnern. Was hat er gesagt?«

»Also, tatsächlich *konnte* er sich an uns erinnern. Er ist nur noch fünf Tage in Adelaide, aber nächsten Mittwoch nimmt er sich Zeit. Nachmittags hat er dann einen Termin, aber eine Stunde fürs Mittagessen kann er opfern.«

Ich wusste sofort, dass es keinen Termin gab: Das war die höfliche Ausrede einer auserwählten Person, die ihre Zeit vor den Nicht-Auserwählten schützt.

»Aber ich will doch gar nicht an die Juilliard.«

»Nach dem Konzert hat das aber ganz anders geklungen.«

Nur war das auch eine völlig andere Situation gewesen: Damals stand ich unter dem Einfluss von Strawinsky und war nicht verantwortlich für meine Taten – damals war Mrs. Sivan noch da, um meinen Prokofjew aufzuladen. Ich sah aus dem Fenster, gerade als wir am *Avenues*-Einkaufszentrum vorbeifuhren, wo Unmengen von Nicht-Musikern ihre Erledigungen machten.

»Manchmal frage ich mich, ob vielleicht etwas anderes besser zu mir passen würde als die Musik.« Das war ein großes Eingeständnis: ein viel größeres Eingeständnis, als ich mir zuvor je gemacht hatte.

Mein Vater packte das Lenkrad fester. »Zum Beispiel?«

»Vielleicht Zahlen«, sagte ich zögerlich. »Oder Worte.«

Er fuhr schweigend weiter. »Sag bloß, du willst ein einfaches Leben haben«, murmelte er dann, als ob die Sache damit erledigt sei.

Am nächsten Mittwoch holte mein Vater mich von der Schule ab, und wir fuhren im Regen zu einem Haus in Norwood, wo Douglas gerade wohnte. Mit einer Tasche in der Hand trat er aus der Tür und setzte sich umständlich auf den Beifahrersitz des Wagens.

»Schön, Sie wiederzusehen, Doug«, sagte mein Vater. »Ich bin froh, dass Sie die Zeit finden konnten.«

»Danke für die Einladung. Das ist sehr nett von Ihnen.«

»Dein Konzert war echt super«, ließ ich vom Rücksitz aus verlauten. Wegen der quietschenden Scheibenwischer schien er mich nicht gehört zu haben, also saß ich den Rest der Fahrt schweigend und mit brennenden Wangen da.

Das *White Crane*, ein vietnamesisches Restaurant, war so gut wie leer, als wir ankamen. »Dr. Goldsworthy!«, erklang die

Stimme des Kellners, der von der Bar her angeschossen kam. »Bitte schön, Ihr Lieblingstisch.«

Er führte uns zu einem Tisch am Fenster, mit blütenweißem Tischtuch und lachsfarbenen Servietten in Krönchenform. Ich setzte mich Douglas gegenüber. Er trug eine Krawatte und ein frisch gebügeltes Hemd und wirkte viel jünger als auf der Bühne, sommersprossig und unsicher, fast schon jungenhaft.

»Haben Sie das Spiel gestern gesehen?«, fragte mein Vater den Kellner. »Dieser Mittelstürmer – was für ein Schauspieler. Hätte echt einen Oscar verdient.«

Draußen vor dem Fenster sah man, wie die Fußgänger mit ihren Regenschirmen kämpften, den Pfützen auswichen und unter Vordächern Schutz suchten. Wie unbesorgt sie sein konnten, ohne dass sie es merkten! Der Regen war vielleicht störend, aber sicherlich nicht peinlich.

»Wir brauchen eine Art Turbo-Bankett«, ließ mein Vater den Kellner lachend wissen, »denn unser Freund hier hat eine wichtige Verabredung. Kennen Sie sich überhaupt? Benny, das hier ist der Konzertpianist Douglas Owen.«

»Für besondere Gäste gar kein Problem«, sagte Benny und ging Richtung Küche.

Douglas betrachtete aufmerksam das Tischtuch. Ich versuchte, lautlos zu kommunizieren, dass ich über meine jetzige Position hinaus keinerlei Plan hatte und ein Studium an der Juilliard School nie ernsthaft in Erwägung ziehen würde.

»Also, Doug. Wie Sie vielleicht wissen, hat Anna 1989 den Thelma-Dent-Memorial-Preis und 1990 die Adelaide-Eisteddfod-Yamaha-Medaille für die vielversprechendste Pianistin unter sechzehn gewonnen.«

»*Dad!*« Ich stieß ihn unter dem Tisch mit dem Fuß an.

Wusste er denn nicht, mit wem er es zu tun hatte? Douglas war Sieger beim *Concorso Pianistico Internazionale ›Città di Senigallia‹*.

»Das sind tolle Neuigkeiten«, sagte Douglas. »Herzlichen Glückwunsch.«

»Sie lernt eine Menge von Mrs. Sivan und hat in nächster Zeit nicht die Absicht, von Adelaide wegzugehen.«

»Mrs. Sivan ist wirklich eine besondere Frau. Bitte richten Sie ihr ganz liebe Grüße aus.«

»Aber wir dachten, dass zu einem späteren Zeitpunkt Juilliard eine Überlegung wert sein könnte.«

Ich starrte ihn an. *Nicht wir. Du! Ganz allein du!*

»Das ist eine gute Idee.«

Douglas griff in seine Tasche und gab mir ein Vorlesungsverzeichnis. Vorne war ein Clown abgebildet, in Kindergartenfarben: blau, rot und gelb. »Es ist nicht mehr ganz aktuell, aber viel dürfte sich nicht verändert haben.«

Ich nahm das Heft dankbar entgegen und blätterte zum Studiengang Klavier, jeden Namen unhörbar im Mund wägend: *Bella Davidovich, Herbert Stessin, Joseph Kalichstein*. Das waren gewichtige, überzeugende Namen. Vielleicht konnte ich daraus eine Wand errichten und mit ihrer Hilfe die furchtbaren Dinge fernhalten, die sich um mich herum entwickelten.

»Da fällt mir ein, ich dachte, das hier könnte Sie interessieren.« Mein Vater überreichte ihm sein Buch. »Das ist mein Roman *Maestro*. Ist jetzt gerade auch als Taschenbuch erschienen. Teilweise inspiriert von Mrs. Sivan.«

»Das ist wirklich nett von Ihnen.«

Stille, abgesehen von den gedämpften Klängen von »Somewhere over the Rainbow« am Vibraphon. Ich merkte, wie mein

Vater Blickkontakt suchte, mich zum Sprechen bewegen wollte. *Jacob Lateiner, Emanuel Ax, Seymour Lipkin.*

»Letztens haben wir ein hochinteressantes Interview mit der Pianistin Susanna Parnell gesehen«, fuhr er dann unverdrossen fort. »Sie berichtete davon, wie furchterregend es sei, an der Juilliard den Gang entlangzugehen und zu hören, auf welch hohem Niveau alle um einen herum üben.«

»Auf jeden Fall«, sagte Douglas. »Das Niveau ist sehr hoch. Aber es ist eben New York, und es ist Juilliard. Genau deshalb ist man ja auch dort.«

Das Essen kam: Frühlingsröllchen, Tintenfisch mit Salz und Pfeffer, Gemüsepfanne, gebratener Reis. Ich nahm Messer und Gabel, legte sie aber gleich wieder hin, als Douglas zu den Stäbchen griff.

»Ich bin sicher, dass Anna auch noch ein paar Fragen an Sie hat«, verkündete mein Vater.

Ich brach in Panik aus. Gedächtnisschwund. Welche Art von Fragen stellten sich Menschen gegenseitig? Ich öffnete den Mund und hoffte, etwas würde herauskommen: »Und wie ist das Wetter in New York so?«

»Gerade wird es oft unglaublich heiß. Ich war froh, in Adelaide zu sein, wobei ich mir heute nicht mehr ganz so sicher bin.«

Wir schrien fast vor Lachen.

»Lebst du gerne in New York?«, legte ich etwas mutiger nach.

»O ja. Nur sehe ich nicht so viel davon, wie ich eigentlich möchte, denn ich muss ja üben. Aber das kommt dir sicher bekannt vor.«

»Genau!«

»Was spielst du gerade?«

»Ach, ein oder zwei Chopin-Balladen. Die Prokofjew-Toccata.«

Er nickte nachdenklich. »Schwieriges Zeug.«

»Wie war es, an der Juilliard vorzuspielen?«

»Furchtbar. Du fliegst um die halbe Welt, und sie hören nur einen Mini-Teil deines Programms. Du hast zehn Minuten, um dich zu beweisen.«

Während ich mir überlegte, was ich als Nächstes fragen sollte, vergaß ich meine Stäbchen, und ein Stück Tintenfisch entflutschte ihnen, als hätte man es weggeschleudert. Mit geradezu filmreifer Präzision knallte es an Douglas' Krawatte, sprang von dort an sein Wasserglas und landete direkt vor ihm auf dem Tischtuch, wo es ungerührt liegen blieb.

Mein Vater musste lachen.

»Tut mir leid«, wollte ich sagen, aber meine Stimme hatte mich verlassen.

»Kein Problem«, sagte Douglas. Er aß weiter, ohne weitere Fragen zu stellen, während der Regen draußen immer lauter wurde.

»Sie sagten, Sie hätten einen Termin?«, fragte mein Vater schließlich.

»Ja, richtig!«

Mein Vater bezahlte, dann rannten wir draußen durch den Regen zum Auto und fuhren durch die Straßen von Norwood.

Douglas räusperte sich. »Hier können Sie mich irgendwo absetzen.«

»Aber doch nicht bei diesem Wetter«, insistierte mein Vater. »Wir bringen Sie direkt vors Haus.«

Er bog in die nächste Straße ein und hielt dann vor einem schönen alten Naturstein-Gebäude. Douglas bedankte sich für das Mittagessen und wünschte mir alles Gute für meine musikalische Zukunft. Dann stieg er aus dem Auto, blieb kurz unter einem Baum stehen und sprintete durch den Regen zurück zur Straßenecke. Wir sahen ihm verwirrt nach.

»Was bin ich doch für ein Idiot!«, rief mein Vater plötzlich. »Es ist die verkackte falsche Straße, aber er war zu höflich, mir das zu sagen.«

Er wendete rasch den Wagen und fuhr ihm hupend nach, doch Douglas rannte weiter, ohne sich umzudrehen.

Schließlich legte ich die Hand auf den Arm meines Vaters: »Ich denke, wir sollten ihn jetzt in Ruhe lassen.«

Wir hielten am Straßenrand und sahen zu, wie Douglas im Regen verschwand und sich dann komplett auflöste. Ich wusste, dass die Verabredung, die er hatte, die mit seinem Klavier war, und ich beneidete ihn um diese einfache Logik: eine auserwählte Person, die zu dem zurückkehrte, von dem sie erwählt worden war.

* * *

Einen Monat später kam Mrs. Sivan aus Amerika zurück und nahm mich wieder in den Kreis der Auserwählten auf. Jetzt, da sie wieder da war, wurde mir das Klavier wieder zur Spielwiese, über die ich flog, schwerelos, Hand in Hand mit Prokofjew, Gottes Gesetzen trotzend und meine eigenen erschaffend. Der Zauber der Toccata bestand zum Teil darin, sie zu spielen: ihr gnadenloser Schwung, der Kitzel ihrer Unwahrscheinlichkeit. Ich sprang von Punkt zu Punkt, elegant wie ein Trapezkünstler, während die potenziell falschen Noten unter mir grinsten. Hier gab es keinen Platz für irgendwelche Zweifel an meinem Talent, die jetzt ganz dumm und ichbesessen wirkten. Stattdessen versammelte ich all die kritischen Stimmen – diese kleingeistigen Tratschweiber, diese schnatternden Selbstzweifel – und jagte sie mit einem Schmettern der Posaunen hoch in die Luft.

Mit der Hilfe von Mrs. Sivan und Prokofjew war alles ganz leicht, und so bewegte ich mich durch meine Liste mit Zielen und hakte eines nach dem anderen ab. Ich gewann die wichtigen Kategorien beim Adelaide-Eisteddfod, außerdem gab ich zwei erfolgreiche Konzerte für die Australian Society of Keyboard Music.

»Die größte Sache ist, dass wir alle kommen zu dienen«, erinnerte sie mich. »Wie Schostakowitsch sagt, alle sind wir Soldaten. Aber natürlich ist gut, wenn man will General sein! Nie sage ich nein zu Ehrgeiz. Alle gehen wir, einen Schritt nach dem anderen, aber unser Ziel immer *Kreation*, nie Egoist oder Narzissmus.«

Bei der großen Abschlussgala in der Adelaide Town Hall wurde ich nicht nur als Schulbeste ausgezeichnet, sondern erhielt auch die Hauptpreise in Musik, Englisch, Mathematik, Geschichte und Debattieren. Jedes Mal, wenn mein Name verlesen wurde, empfand ich das wie eine kleine Streicheleinheit, mit der nach den Verwüstungen der Adoleszenz mein inneres Leuchten wiederhergestellt wurde.

In der Woche darauf wurde ich bei der Schulentlassungsfeier gebeten, eine kurze Ansprache zu halten.

»Jetzt, wo ich diese ehrwürdige Institution verlasse, bin ich voller Nostalgie. Warum muss die Schulzeit je enden?«

Es war ein Akt der Rache an fünf Jahren Highschool. An den coolen Schülern mit ihren unverständlichen Codes. An den zweifelnden Lehrern, die mir zuredeten, doch lieber Ärztin oder Anwältin zu werden. An meinen Klassenkameraden, die sich weigerten, meine Berufung anzuerkennen: *Warum gibst du mir nicht dein Gehirn, solange du am Klavier herumklimperst?*

»Und zuletzt möchte ich unserem Rektor dafür danken, dass er unsere Debattierstunden besucht hat.« Mein Status als Schulbeste strahlte von mir ab und umgab mich wie ein schützendes Kraftfeld. »Er war unsere Geheimwaffe. Indem er die ganze Zeit schlief, spornte er uns unglaublich an, denn wir mussten ihn ja wecken und seine Aufmerksamkeit erlangen.«

Ich erntete die leichten Lacher, die zu erwarten gewesen waren, auch wenn ich dabei den Lehrern unrecht tat, die mich unter ihre Fittiche genommen hatten: den Mrs. Athersmiths, den Mr. Clarkes. Ich war eine junge Revolutionärin, verliebt in meine Kraft. *Man kann kein Omelett machen, ohne dass man Eier aufschlägt.* Natürlich würde es Dissonanzen geben: Ich war emanzipiert im Geist, und ich würde einen großen Eindruck hinterlassen.

TEIL III

KAPITEL 11

Bach

Als ich eines Januarmorgens am Briefkasten auf mein Zeugnis wartete, kam meine Mutter mit dem Telefon herausgerannt: »Es ist der Nationale Schulbewertungsausschuss!«

Ich nahm ihr den Hörer aus der Hand, hörte ernst zu, was der Mann mir zu sagen hatte, und legte auf.

»Offenbar habe ich auch auf Bundesebene die Bestnote in allen Fächern.«

»Jippie-dippie-dippie-du!«

»Ich bin echt froh«, meinte ich zwar, während sie mich umarmte, aber ganz wohl war mir bei der Sache nicht. Dieses Zeugnis hatte etwas Extravagantes: Es schoss irgendwie über das Ziel hinaus. War ich diesmal vielleicht zu weit gegangen? Konnte mich eine solche Übertreibung die Tennyson-Medaille oder den Don-Maynard-Preis kosten?

Es gab erste Anrufe mit Interview-Anfragen, und meine Mutter brachte mich in die Redaktion des *Advertisers*, wo ich gemeinsam mit den anderen Spitzenabsolventen für die Kamera in die Luft sprang. *Jippie*, sagte ich zu mir selbst, *Hipp, hipp, hurra!*

Am Nachmittag kam dann ein Team von Channel 7 an unsere Haustür: »Ich war mir sicher, in Musik und Englisch total versagt zu haben«, erzählte ich ihnen und bewies so dem Universum meine Demut. »Ich habe Angst, dass das Glück mich von jetzt an im Stich lässt«, gestand ich Radio SAFM.

Eine Woche später erhielt ich einen zweiten Anruf mit der Botschaft, ich hätte sowohl die Tennyson-Medaille als auch den Don-Maynard-Preis gewonnen, beide gemeinsam mit je einem anderen Mädchen. Ich rief meinen Vater bei der Arbeit an. Ein paar Sekunden lang schwieg er. »Scheiße«, flüsterte er dann. Ich besuchte Mrs. Sivan. »Sind *exzellente* Neuigkeiten!«, verkündete sie und führte mich ins Musikzimmer, wo sie gerade einen Hals-Nasen-Ohren-Arzt unterrichtete. »Diese Mädchen hat bekommen beste Noten in Klasse zwölf *und* Don-Maynard-Preis für beste Musikschüler *und* Tennyson-Medaille.«

Der Arzt stand auf und schüttelte mir die Hand. »Herzlichen Glückwunsch.«

»Habe ich nie gedrängt diese Mädchen zu werden Musikerin. Hat komplett selbst entschieden. Könnte alles machen, aber hat gewählt Klavier. Das mich macht sehr glücklich und stolz, weil Musik braucht sie. Warum?«

Er sah sie ratlos an.

»Weil Musik ist Leben, Musik ist Gesundheit von eine Nation! Wir haben gewaltige Verpflichtung gegenüber Zukunft! Verpflichtung, zu geben, zu reichen weiter diese menschliche Geist an nächste Generationen.« Mittlerweile war ihre Rede ein Singen, und ihre Augen funkelten vor missionarischem Eifer. »Musik *so* wichtig! Kann geben so viel an junge Leute. Und ist *entscheidend* für ganze Zukunft. Diese spirituelle Begeisterung und Wissen hat ganz konkrete Wissen hinter sich, ist *sehr* exakte Wissenschaft. Musik alleine kann nicht verändern ganze Welt, aber definitiv kann verändern uns, einen nach dem anderen.«

Ich zeigte den beiden mein Abschlusszeugnis mit fünf Mal

der vollen Punktzahl, die Resultate fein säuberlich unterein-andergeschrieben: Schutz vor allen möglichen Katastrophen, mächtiger noch als jede Fibonacci-Folge. Und dazu hatte ich gleich zwei Preise, deren Namen wie Zauberformeln klangen: den *Don-Maynard-Preis*, die *Tennyson-Medaille*. Mit Sicherheit waren die doch Garantie für irgendetwas – Glück und Erfolg bis ans Ende meiner Tage?

Am nächsten Tag ging ich in die *Advertiser*-Redaktion, um ein Interview mit der anderen Tennyson-Preisträgerin Priya Vigneswaran zu geben. Man fotografierte uns auf den Stufen der Mortlock-Landesbibliothek, Arm in Arm, die Köpfe lachend nach hinten geworfen und mit Zähnen, die im Sonnenlicht blitzten.

»So ist es gut, Mädels, ganz wunderbar. Wie richtige Models. Die reine Perfektion.«

Im Anschluss erzählte Priya dem Journalisten, dass sie ein Medizinstudium anstrebe. Ich erklärte, dass ich Konzertpianistin werden wollte.

»Müssen Sie dafür in eine andere Stadt ziehen?«

»Im Grunde ist man ständig unterwegs.«

»Ja, aber können Sie weiterhin in Adelaide wohnen?«

Ich merkte, dass ich überhaupt nicht wusste, was ein Konzertpianist so macht, außer natürlich hie und da ein Konzert zu geben. Aber wie oft trat man auf? Wo wohnte man?

»Ich denke schon. Aber irgendwann ziehe ich vielleicht auch woanders hin.«

»Wohin denn?«

Unweit von uns spielten Kinder im Museumsbrunnen, Feriengelächter erklang. Ich betrachtete sie versonnen, so wie ein Model das tun würde, und riskierte eine Idee: »Sydney?«

Priya sagte, ihre Mutter hätte sie lesen gelehrt, noch bevor sie zur Schule ging. Ich wies darauf hin, dass meine Kindergärtnerin Mrs. Hackett dasselbe getan hatte. Ich erwähnte beiläufig Mrs. Sivan, dankte aber weder meiner Familie noch einem meiner Lehrer an der Schule.

Der Beitrag erschien am Tag darauf: *Anna plant, nach Sydney zu übersiedeln, um dort als Konzertpianistin reich und berühmt zu werden. Für ihren Erfolg macht sie vor allem ihre Kindergärtnerin verantwortlich, die ihr das Lesen beibrachte.*

Es gab weitere Anrufe mit erneuten Glückwünschen. »Ich erinnere mich an ein Gespräch, das wir vor einiger Zeit geführt haben und in dem ich meinte, Wissen sei Macht«, sagte mein Großvater glucksend. »Deine Großmutter und ich sind sehr, sehr stolz auf dich.«

Ein letzter Anruf kam kurz vor dem Mittagessen. »Anna, ich bin's.« Mrs. Sivans Stimme war ohne die gewohnte Wärme. »Ich erfahre interessante Dinge heute. Ich erfahre, dass du ziehst um nach Sydney.«

Schlagartig schämte ich mich für mein Verhalten vor der Mortlock-Bibliothek: das eitle Posieren auf den Treppenstufen, die Angeberei mit meiner Frühreife und den exotischen Karriereplänen.

»Also nicht wirklich. Oder nur vielleicht.«

»Sehr merkwürdige Artikel natürlich. *Für ihren Erfolg macht sie vor allem ihre Kindergärtnerin verantwortlich, die ihr das Lesen beibrachte.* Natürlich hat weder Mutter und Vater und auch sonst niemand dir etwas beigebracht.«

Mir fiel ein, dass sie in dem Artikel gar nicht vorkam.

»Ich habe Ihren Namen genannt, aber der Reporter hat ihn weggelassen!«

»Wozu ich brauche meine Name in Zeitungsartikel? Für mich ist nicht wichtig. Ist wichtig für *dich* zu lernen Bedeutung von Dankbarkeit, von anerkennen Wurzeln. Ist sehr leicht zu halten Leute für selbstverständlich.«

Ihre Großartigkeit war eine Grundprämisse meines musikalischen Daseins: Sie hatte Anerkennung ebenso wenig nötig wie ein Gebirge die Anerkennung seiner Ausmaße.

»Aber ich halte Sie doch nicht für selbstverständlich!?«

»Natürlich. Und natürlich du musst gehen nach Sydney sofort.«

In der Vergangenheit hatte sie mir Geschichten von Schülern erzählt, mit denen es zum Streit gekommen war. Von dem Mädchen, das sagte, es sei besser als Chopin. Von der Frau, die prahlte, sie sei besser als Richter: »Sehr gut, dann sofort wir ändern Ihre Interpretation.« Und daraufhin die Proteste. »Wo ist Problem? Richter kann ändern seine Interpretation Millionen Mal. Hängt ab wie fühlt an diese Tag.« Sie erzählte mir diese Geschichten als Lektionen in Demut und Dankbarkeit, und von meiner privilegierten Position in ihrem Herzen aus hatte ich über diese Schüler gelacht, über ihre Anmaßung und die wohlverdiente Strafe. Aber jetzt, da sie sich am Telefon von mir verabschiedete, verschwanden alle Wärme und Sicherheit aus meiner Welt, und ich lief verzweifelt ins Arbeitszimmer meines Vaters: »Ich glaube, Mrs. Sivan hat mich gerade gefeuert.«

Er brachte mich zu ihr, und beim Blick aus dem Seitenfenster wirkte der Weg zu ihrem Haus, als würde ich ihn zum letzten Mal fahren: distanziert, fremdartig, als sei er schon längst mit anderen Dingen beschäftigt. Zum ersten Mal dachte ich richtig darüber nach, was sie alles für mich getan hatte: an all die Stunden, die sie neben dieser Neunjährigen, später dann Dreizehn- und jetzt Siebzehnjährigen gesessen und ihr die Dinge nicht einmal, nicht zweimal, sondern wieder und immer wieder erklärt hatte; an all die Ideen, mit denen sie mich Woche für Woche überschüttet hatte, in der Hoffnung, die eine oder andere würde vielleicht an mir haften bleiben; an das Kunstwerk, den Akt der Schöpfung, den jede ihrer Unterrichtsstunden darstellte. Sie konnte auf jeder Bühne der Welt auftreten und an jedem x-beliebigen Konservatorium lehren, aber stattdessen war sie hier, in einem Häuschen am Rand von Adelaide, wo sie vor genau zwei Leuten auftrat und dabei mich an die Musik heranführte, Note für Note, Ton für Ton. Als wir schließlich ihr Haus erreichten, war ich von Scham überwältigt – und von der Angst vor dem, was kommen mochte. Der Puls dröhnte mir in den Ohren, als ich in Erwartung ihrer Strafpredigt an der Haustür klopfte. Doch als sie öffnete, sah sie einfach nur müde aus. So verletzlich hatte ich sie noch nie gesehen, und ich war völlig schockiert.

»Es tut mir leid«, sagte ich.

Sie musterte mich argwöhnisch, und mir wurde klar, dass sie auch nur ein Mensch war.

»Ich bin dankbar für alles, was Sie für mich getan haben.«

Sie zuckte mit den Achseln. »Manchmal ich denke, das, was ich mache für Schüler, ist phantastisch, und manchmal nicht. Manchmal die Leute schätzen Dinge mehr, wenn sie müssen dafür kämpfen.«

»Aber ich *schätze* Sie ja. Ich danke Ihnen für alles, was Sie mir gegeben haben.«

Mir fehlte der Wortschatz für eine solche Erklärung, und die Worte klangen nicht aufrichtig, obwohl sie es waren.

»Natürlich. Wenn bist du stark genug, du kannst immer

sagen danke. Aber wenn du nur so tust, wenn unsicher – ist viel schwerer.«

Sie bat uns herein, und wir folgten ihr zum Klavier, auf dessen Notenpult der verletzende Zeitungsartikel stand. »Insgesamt du machst, dass du sehr billig dastehst. *Anna plant, als Konzertpianistin reich und berühmt zu werden ...*«

»Ich habe nicht gesagt, ich will reich und berühmt werden. Nur, dass ich Konzertpianistin werden will.«

»Selbst das. Leben in Musik *viel* umfassender. Musst du sein Konzertpianistin *und* Konzertlehrerin. Konzertlehrerin in viele Hinsicht höher als Konzertpianist: Musst du sein Konzertpianistin zuerst, dann du musst weitergeben können. Wir haben gewaltige Verpflichtung. *Gewaltige.* Diese Erbe weiterzugeben. Nie geht um Ego. Erste Stelle immer Musik.«

»Ich weiß.«

»Nie geht um Musik für sich selbst zu behalten. Immer geht um dich in Musik.«

»Ich weiß, es tut mir leid.«

»Bitte, keine Tränen.« Sie nahm meine Hand. »Ist sehr gute Lektion, wirklich. Du hast Recht, zu machen Fehler und zu wachsen. Aber du bist nicht mehr Schulmädchen. Von jetzt an muss sein *viel* intelligenter.«

Zum Abschied umarmte sie mich, und ich hatte das Gefühl, wieder aufgenommen zu sein, allerdings zunächst nur provisorisch, nicht in Festanstellung. Die Dinge waren komplizierter, als von mir erhofft. Ein perfektes Zeugnis war offenbar doch kein Schutz vor Katastrophen.

* * *

Jetzt, da die Schule zu Ende war, verspürte ich eine unglaubliche Sehnsucht nach dem richtigen Leben oder zumindest dem, was ich mir darunter vorstellte: den endlosen Müßiggang aller Nicht-Musiker dieser Erde. Der Sommer lockte mit neuen Aussichten: der plötzlichen Sorglosigkeit bezüglich Alkohols, den Männerblicken, die mich trafen, wenn ich im Pub tanzte. Ich verbrachte mild duftende Abende damit, mit Sophia Margaritas zu trinken, oder lag im Botanischen Garten mit Sam, während die Sonne über den Himmel wanderte und die Erde unter uns aufheizte. An einem anderen Ort schrumpften die Übungsstunden des Tages auf Null, und ich ignorierte sie absichtlich, vergaß sogar, sie zu zählen.

Am nächsten Tag übte ich dafür doppelt so lange. »Das ist ein toller Song«, sagte Sam, als meine Mutter das Telefon ins Musikzimmer brachte. »Wie heißt er?«

Es war Bachs *Präludium und Fuge in Cis-Dur*, Buch 1, aber ich wechselte das Thema. Ich wollte mit ihm nicht über Musik reden – ich wusste einfach nicht, wie. Am Valentinstag blieb ich über Nacht bei ihm, und beim Aufwachen am nächsten Morgen hörte ich ihn leise und gleichmäßig atmen. Er hatte mir einen Paddington-Bär geschenkt. Als ich den jetzt ansah, so pummelig und mit sich selbst beschäftigt, brach ich in Panik aus. Warum saß ich nicht am Klavier und übte? Wie hatte ich mir derart den Kopf verdrehen lassen können? Ich stand schnell auf und nahm mit meinem pelzigen Begleiter den Bus nach Hause. Er hatte einen Gepäckschein um den Hals: *Pass bitte auf diesen Bären auf. Danke.* Noch mehr Verantwortung!

»Ist alles okay?«, fragte er am Telefon. »Beim Gehen warst du ein bisschen distanziert.«

»Alles in Ordnung«, sagte ich und machte mich wieder an

meinen Bach. Mittlerweile arbeitete ich an *Präludium und Fuge in a-moll*, Buch 1, mit ihrem großartigen, überschwänglichen Ende, der plötzlichen Erleuchtung durch das Dur. »Für Bach jeder Schluss ist glücklich«, hatte mir Mrs. Sivan erklärt. »Warum? Weil er ist tief religiös und gläubig. Bringt vollkommene Frieden: Friede von Kontakt, von Umgebung, von Unterstützung, von Gespräche, und von Respekt. Schumann sagt: *Mach Bach zu deine tägliche Brot und du wirst garantiert gute Musiker!* Musst du lernen neue Präludium und Fuge jede Woche.«

Ich reagierte nicht mehr auf Sams Anrufe und widmete mich stattdessen lieber Bach. Als Mrs. Sivan mir dann später sagte, ich solle meinen Rachmaninow einer intimen Bekanntschaft widmen, dachte ich zwar an ihn, aber im Moment war ich nur erleichtert. Jeden Morgen trat ich aus dem Bett direkt in ein Präludium samt Fuge, wo jede Stimme die andere verstand, Beziehungen harmonisch waren und der Schluss immer glücklich.

Am Elder-Konservatorium schloss ich neue Freundschaften, alles Musikerinnen wie ich. Monica war Flötistin, so diszipliniert und ausgeglichen wie eine Tänzerin, Leah eine verführerische Cellistin. Und Helen war die vorzügliche Geigerin, mit der ich mir den Don-Maynard-Preis geteilt hatte. Sie wussten, was es bedeutete, den ganzen Tag zu üben, für ihre Kunst Opfer zu bringen. Und auch wenn sie ihre Berufung nicht ganz so mystisch betrachteten wie ich, verstanden wir uns doch recht gut. Wir verwendeten einen Geheimcode aus Akronymen, um über die Orchester zu sprechen, in denen sie spielten – AYO, ASO, AdCO –, und nur wenn Nicht-Musiker anwesend waren, übersetzten wir in Australian Youth Orchestra, Australian Symphonic Orchestra oder Adelaide Concert Orchestra.

Meine Klavierstunden am Konservatorium dauerten offiziell fünfundvierzig Minuten, aber Mrs. Sivan empfing mich mindestens zweimal pro Woche jeweils für drei oder vier Stunden. »Was kann man machen in fünfundvierzig Minuten?«, fragte sie. »Schüler anhören, sagen *sehr gut*, und dann gleich *Auf Wiedersehen, bis nächste Woche*. Richtige Arbeit unmöglich! In Russland, Unterricht dauert mindestens zwei Stunden *nur* an Klavier. Danach, noch einmal acht Stunden professionelles Lernen: Piano solo, Piano im Duo, Piano-Begleitung, Kammermusik. Schwierig für mich, zu geben dir alle diese, aber wir versuchen.«

Über die Jahre hatte ich durch den Theorieunterricht bei Debra auch eine gründliche Kenntnis der Harmonielehre erworben. Jetzt, am Konservatorium, entdeckte ich weitere Spezialakkorde: die doppelt-übermäßige Sexte, mit ihrem Klammergriff nach außen, oder den geschmackvollen neapolitanischen Sextakkord, einen Akkord mit großer Sekunde in der ersten Umkehrung. Ich hatte große Freude am mathematischen Aspekt der Musikanalyse, an den hier enthaltenen Möglichkeiten, alles korrekt und richtig zu machen: ein V_2^4-Akkord muss sich nach I^6 auflösen, denn eine Septime im Bass muss absteigen, *quod erat demonstrandum*. Aber in den Stunden bei Mrs. Sivan erwachten diese Gleichungen zu neuem Leben. Ein Verständnis der Akkordfortschreitungen war nicht genug: Sie mussten auch einen Sinn ergeben. »Was ist Unterschied zwischen diese As und jetzt verwandelt in Gis? Genau! Neue Hoffnung, neue Zukunft, neue Perspektive!« Jede Harmonie hatte ihren speziellen, schwerkraftbedingten Zug oder Schub. Wie das Periodensystem reichte das Harmoniespektrum vom Instabilen bis hin zum Gesättigten. Sie dekonstruierte jede Phrase und reduzierte Melodielinien auf ihre Essenz. Als ich Jahre später die fortgeschrittene Musiktheorie Heinrich Schenkers kennenlernte, wurde mir klar, dass sie mir genau das damals beibrachte.

Am Konservatorium beschäftigten wir uns mit den Biografien der großen Komponisten, aber in den Klavierstunden nahm sie mich mit in deren inneres Leben und las die jeweilige Musik als Autobiografie, bis sie mir realer vorkamen als die Menschen in meinem richtigen Leben. »Was ist Besondere an Bachs Wahrnehmung von Gott?«, fragte sie, als wir an *Präludium und Fuge in cis-moll,* Buch 1, arbeiteten. »Manche verwenden Religion für Rettung, manche für Anker, manche für Diskussion, manche für Kämpfen, und manche für Möglichkeit: *Nur wenn geht mir schlecht, ich kann sagen, vielleicht doch.* Aber Bach war zutiefst religiöse Mann, für den Gott war ganz natürlich. Alle Kirchen sagen, muss man Gott fürchten, aber Bach sagt, *warum ich muss fürchten meine Vater? Ich will mit ihm reden.* Ganze Zeit er holt Vater zu sich nach Hause, und ganze Zeit bespricht seine Probleme mit ihm.«

* * *

Da ich jetzt selbst den Führerschein besaß, begleitete mein Vater mich nicht mehr zum Klavierunterricht. Manchmal fragte Mrs. Sivan leicht wehmütig nach ihm, aber er schrieb an einem Roman über ein tierisches Thema und widmete sich damit neuen Obsessionen. Seine Abwesenheit bewirkte, dass unsere Beziehung sich veränderte. Wenn ich bei ihr ankam, lud sie mich in die Küche ein und servierte Kaffee nach Wiener Art, doppelt stark und mit ein wenig Zimt. »Ich glaube fest an eine Tasse Kaffee pro Tag, egal, was sagen andere. Und diese dunkle

Schokolade phantastisch. Bitte, nimmst du! Natürliche Drogen. Wir leisten gewaltige Arbeit, brauchen enorme Energie.«

Während ich mir Schokolade und Kaffee schmecken ließ, erging sie sich in Ausführungen über Musik, menschliches Miteinander oder Weltpolitik. »Es heißt, Russland einzige Land mit unberechenbare Vergangenheit«, sagte sie lachend und schloss nahtlos Gedanken zur Bühne an: »Wenn du spielst Konzert mit beste Orchester und beste Dirigent, ist größte Freude. Komplette Liebesaffäre. Gibt dir Flügel, völlige Freiheit! Glaub mir, du wirst fliegen!«

Das hoffte ich schwer. Ich war fast achtzehn und hatte noch nie ein Konzert mit einem professionellen Orchester gespielt. Ich befürchtete, mein erstes Mal zu lange aufgeschoben zu haben. Größere Gruppen von Menschen machten mir Angst, aber ein Orchester war noch schlimmer: eine größere Gruppe professioneller Musiker, von denen jeder Einzelne eine Meinung zu deiner Spielweise hat. Allein die Vorstellung, vor einem Orchester einen Aussetzer zu haben! Und dann der Dirigent, der abbricht: diese spannungsgeladene Stille, das laute Klopfen deines Herzens, während das Publikum angewidert zusieht.

»Unsere Verhältnis jetzt ändert«, sagte sie eines Tages zu mir. »Für immer du wirst fühlen gewaltige Respekt, natürlich, aber jetzt kommt mehr zu Ebene von Freundschaft. *Mrs. Sivan* viel zu formell, jetzt wo bist du erwachsen. Sagst du Eleonora.« Ich hatte Probleme damit, zwang mich aber, ihren Vornamen zu benutzen, auch wenn sie für mich immer die respektvolle Mrs. Sivan blieb.

Am Klavier war unser Lehrer-Schüler-Verhältnis aber unverändert, und wir durchpflügten die Literatur schneller als je zuvor, bis ich den Gipfel der Virtuosität erreichte: Liszts

Mephisto-Walzer, Brahms' *Variationen über ein Thema von Paganini*, Ravels *Gaspard de la Nuit*. Ich schwankte zwischen Momenten der Klarheit, in denen ich alles hörte, was sie von mir verlangte, und Momenten der Abwesenheit, in denen ich per Autopilot durch mein Repertoire schlingerte. »Das nicht«, sagte sie immer wieder und brachte mich in die Gegenwart zurück. »Du musst hören. Darfst du kein Detail auslassen.«

Als ich eines Dienstags zum Unterricht fuhr, übte ich in Vorbereitung auf ein Vorspiel am Wochenende im Kopf mein Chopin-Nocturne. Ich kam an die Kreuzung, an der mein Großvater vor all den Jahren gesagt hatte: *Wir erreichen jetzt die Ascot Avenue, anderswo auch Portrush Road genannt. Hier biegen wir rechts ab.* In dem Chopin-Nocturne gab es eine enharmonische Verwechslung, die ich zwar fast spüren konnte, aber eben nicht ganz: wie sie das Des nahm und in ein Cis umwandelte und dabei die Richtung der Basslinie änderte. Ich versuchte, mich da hineinzuversetzen, dann wurde die Ampel gelb, und ich bog rechts ab.

Mein Chopin wurde durch krachende Becken und laut knirschendes Metall gestört, und der Sicherheitsgurt drückte auf meine Knochen, während ich dabei zusah, wie die Welt sich rasant um mich drehte. Erst verstand ich nicht, dann wurde ich wütend: *Jemand hat mich gerammt! Wie unhöflich!* Als das Auto zum Stillstand kam, trat ich die Tür auf und stolperte auf die Kreuzung, auf der es so still war wie in einem Zuschauerraum. Mein Wagen rauchte und war komplett verbeult – ich wusste, hier war nichts mehr zu retten. Eine Frau stieg aus einem unversehrten Toyota. »Mein Mann ist im Krankenhaus«, schien sie zu sagen. »Normalerweise bleibe ich stehen, wenn es Gelb wird.«

Ich legte mich auf den Grünstreifen, dann kam auch schon ein Motorradpolizist mit Fliegerbrille und weißem Helm. Er sah sich alles mit knatterndem Motor an – »Dafür kriegen Sie drei Punkte« – und brauste weiter. Langsam dämmerte mir, dass ich schuld war, dass diese Katastrophe die Folge meiner Achtlosigkeit war, meiner Unfähigkeit, aufzupassen, meiner Unfähigkeit, zu *hören*. Eine Frau lud mich in ihr Haus ein, wo sie mir ein Glas Wasser einschenkte und das Telefon reichte. »Dad«, heulte ich, und dann war er auch schon da, und ich merkte, dass ich fast nicht atmen konnte, und wäre bitte jemand so freundlich, Mrs. Sivan anzurufen und zu sagen, dass ich etwas später käme.

Ich schaffte es an diesem Tag nicht mehr zum Unterricht. Stattdessen verbrachte ich den Großteil der Woche im Bett, um meine Wunden heilen und meine Scham vergehen zu lassen. Tief in meinem Bewusstsein lauerte das Wissen darüber, was hätte sein können: ein Wissen, dem ich mich auf Zehenspitzen näherte und vor dem ich dann wieder kehrtmachte. Ich war mittlerweile davon überzeugt, dass alles eine Lektion war, dass die Welt sich allein zum Zwecke meiner Bildung arrangierte, nur worin bestand hierbei die Lektion?

»Es heißt, man soll so schnell wie möglich wieder in den Sattel«, erinnerte mich meine Mutter, aber ich beschloss, dieses spezielle Pferd nicht mehr zu besteigen. Vier Tage später verließ ich das Bett und setzte mich ans Klavier. Ich hatte nicht nur ein Schleudertrauma, sondern auch überall Prellungen, die mich mit riesigen Farbklecksen überzogen, aber in zwei Tagen sollte ich ein Konzert geben und musste noch allerhand arbeiten.

»Natürlich Musik ist heilende Künste«, sagte Mrs. Sivan,

»aber bitte, mein Herzchen, spielst du nicht mit Schmerzen.«
Aber ich hatte keine Schmerzen, wenn ich spielte, nur wenn ich
aufhörte, außerdem musste ich Bach zu mir nach Hause holen,
damit er alles in Ordnung brachte.

Als ich am Sonntag mit kaschierten Wunden die Bühne betrat, kam mir das öffentliche Spielen sowohl ernsthafter als
auch weniger ernsthaft vor als bisher. Ein Klavier zu fahren
war sicherer, als im Auto zu sitzen – die Auswirkungen einer
Konzentrationsstörung waren bei Weitem nicht so schlimm.
Aber das Universum hatte sich nach unten ebenso wie nach
oben ausgedehnt: Einerseits gab es mehr Raum für Schmerzen,
als ich eigentlich zugeben wollte, doch gleichzeitig war auch
der Trost durch Bachs Musik viel größer. Ich hatte Zugang zu
einer dunkleren Parallelwelt erhalten, und in meinem Chopin-
Nocturne begab ich mich dorthin, brachte es an den ruhigsten
Ort, den ich in mir finden konnte, und spürte, wie mir das
Publikum dorthin folgte.

»Du hast sie total um den Finger gewickelt«, sagte mein Vater
im Anschluss und zog mich in eine schmerzhafte Umarmung.

»*Viel* musikalischer«, verkündete Mrs. Sivan. »Viele Dinge
anders, als ich würde machen, aber diese ist nur subjektiv. Und
ist gut so – nie sage ich, machst du nur so wie ich. Wird immer
künstlerischer.«

Solche Sätze waren rar bei ihr, aber ich litt immer noch unter
dem Unfall und beschloss, in Zukunft besser aufzupassen.

KAPITEL 12

Rachmaninow

Mrs. Sivans Worte über das Unterrichten verfolgten mich: »Wir haben gewaltige Verpflichtung gegenüber Zukunft! Verpflichtung zu reichen weiter diesen Geist an nächste Generationen. Immer denkst du: Nur was du gibst, gehört dir wirklich.« Etliche ihrer Schüler betrieben eigene Musikschulen und brachten ihre eigenen Schüler regelmäßig zu ihr in die »Sprechstunde«, was bedeutete, dass sie ein Auge auf eine ganze Garnison der jungen Pianisten Adelaides hatte.

»Nicht jede Schüler wird professionelle Pianist werden«, gab sie zu, »aber ist genauso wichtig, zu erziehen Publikum. In gewisse Hinsicht, Unterrichten ist höchste Berufung. Weil musst du zuerst selbst können *machen*, aber dann übersetzen in Sprache. Und manchmal das, was wir wollen erklären, ist so – wie heißt? – schwer fassbar. Wie kleine Fisch in deine Hand, du fängst und dann – schwupps! – *springt* wieder aus Hand heraus.«

Ich begann, in Debras Musikschule selbst ein paar Klavierschüler zu unterrichten. Zu Beginn fühlte ich mich auf dem Lehrerstuhl freier. Ein Stück von der Klavierbank entfernt, ohne die Ablenkungen des eigenen Spiels, war ich zum Zuhören gezwungen und konnte so die Klarsicht des Dirigenten erleben. Aber wenn ich versuchte, meinen Schülern diese Klarheit zu vermitteln, zappelte der Fisch in meiner Hand und war verschwunden.

»Sie haben doch gesagt, ich soll nicht sitzen bleiben«, beschwerte sich ein zehnjähriges Mädchen.

»Ja. Aber das heißt nicht, dass du die Interpunktion ignorieren sollst.«

Sie sah mich kritisch an. »Haben Sie nicht gesagt, dass Bach nie innehält?«

»Doch«, sagte ich schwankend, »aber wir müssen dennoch auf die Phrasierung achten.«

Wurde ich Mrs. Sivans Vermächtnis auf diese Art und Weise wirklich gerecht? Indem ich wie beim Stille-Post-Spielen von einer Aussage zur nächsten stolperte und dabei ihre Botschaft verhunzte?

»Wie hast du mich eigentlich unterrichtet?«, fragte ich sie eines Tages ganz verzweifelt. Ich war natürlich dabei gewesen, aber zum Teil schien der Prozess unerklärlich, wenn nicht gar mystisch. Es war *eine* Sache, über Stil und Bedeutung und Logik zu reden, das *Was* und das *Warum* zu diskutieren. Aber wie vermittelte man das *Wie?* Wie übertrug man ein körperliches Vermögen von den eigenen Händen auf die einer anderen Person?

»Manchmal weiß ich das selbst nicht«, sagte sie lächelnd. »Aber wichtig ist immer, zu berühren Hände, zu *emanzipieren* sie. Zu gleiche Zeit du musst aufpassen, nicht zu viel zu zeigen: Kinder können sehr gut imitieren. Viele Lehrer unterrichten mit *Machst du so wie ich*, unterrichten nur für heute. Ist sehr gut, aber dann Schüler ist behindert für morgen. Muss man Schüler auf Leben vorbereiten.«

Ich versuchte, ihrem Vorbild in allem zu folgen: Der einstündige

Unterricht wurde ins Endlose ausgedehnt, wobei ich ihn mit Vorträgen und Anekdoten vollstopfte und ihre Ausdrücke weitergab wie der eifrigste aller Jünger.

»Ist denn nichts gut genug für Sie?«, protestierte ein Teenager-Junge.

»Mein Kompliment ist, dass wir uns hinsetzen und arbeiten«, erwiderte ich und hoffte dabei inbrünstig, er würde die Anführungszeichen nicht hören. »Du brauchst mehr *garmonisches* Gefühl.«

»Wie bitte?«

Ich verbesserte mich, aber das Wort *harmonisch* schien im Vergleich dazu kraftlos.

»Unsere Gabe zu unterrichten braucht Großzügigkeit und *gewaltige* Zeitaufwand«, stellte sie fest. »Manche Pianisten spielen – ja, ich habe gehört! – ganz unglaublich! Aber fragst du, was sie machen, sie können nicht erklären, weil komplett unbewusst. Jemand hat mir gesagt, man kann das nicht unterrichten, aber *ist* möglich. Natürlich, nie kann garantieren Ergebnis: Nie weiß man, wer versteht und wer nicht.«

Stundenlang erzählte ich meinen Schülern von Komponisten, Klangproduktion und Händen, wobei ich variierte, was sie mir erzählt hatte, und einiges hinzuimprovisierte – in Metaphern, die mich oft selbst überraschten, bevor sie für immer verschwanden. Die Blicke meiner Schüler wanderten zur Uhr und wieder zurück. Sie fassten sich ins Gesicht, um enthusiastische Spritzer meines Speichels zu entfernen, und wenn ich sie zur Tür brachte, schnappten sie dankbar nach Luft, als seien sie neugeboren.

»Sehr wichtig zu kennen Maß«, erklärte sie mir. »Zu viel, und sofort sind eingeschüchtert. Zu wenig, und ist ganz sinnlos. Psychologie *sehr* wichtig. Immer denkst du: individuelle menschliche Wesen, und Respekt für Person, die sitzt neben dir. Du musst sein Licht in Leben von deine Schüler.«

Im Vergleich zum Unterrichten war das Auftreten viel weniger kompliziert. Ich musste nur einer Person sagen, was zu tun war, und zunehmend gehorchte sie auch. Ich nahm jede Einladung an, spielte für Probus-Vereinigungen und Musikclubs, bei Chorkonzerten und Wohltätigkeitsveranstaltungen, in historischen Gebäuden und Stadthallen. Manchmal kam mein Vater morgens mit der Zeitung und einer Tasse Tee in mein Zimmer, um mir die neuesten Kritiken vorzulesen. »Man sollte seine Besprechungen nicht lesen, sondern abzählen«, meinte er einmal, woraufhin ich ungeduldig lachte.

Damals waren die Kritiker in der Regel wohlwollend, und obwohl ich froh war, nicht heruntergemacht zu werden, zog ich insgesamt wenig Freude daraus. Ich hatte mir Mrs. Sivans Worte zu Herzen genommen, nach denen man auf eine Meinung nichts geben darf. Die einzige Person, der ich zu gefallen suchte, war sie. Aber das wurde mit der Zeit immer schwieriger. Kaum hatte ich an einem Stück eine Wahrheit herausgearbeitet, verlangte sie mehr. »Leben in Musik immer tiefer, immer mehr Türen gehen auf. Jetzt du kannst mehr vertragen, und sofort ich gebe mehr.«

Obwohl ich ständig auftrat, hatte ich noch immer kein Klavierkonzert gespielt. Ich wusste, dass ich ein bereitwilliges Orchester finden und mich meiner Angst stellen musste, nur war das nicht so einfach, denn Mrs. Sivan empfahl mir, nicht mit Amateuren zu arbeiten: »Mit gute Orchester spielen ist allergrößte Freude. Mit schlechte Orchester ist reine

Zeitverschwendung. Oder noch schlimmer, kann *töten* deine Vortrag.«

Ich beschloss, an den Young Performer Awards der Australian Broadcasting Corporation teilzunehmen, einem bundesweiten Wettbewerb, bei dem die Finalisten mit einem der großen ABC-Rundfunkorchester spielen durften. Die ersten beiden Runden musste man vor einer Auswahljury absolvieren, und ich verbrachte die ganzen Sommerferien damit, mein Programm vorzubereiten. Im Februar setzte mein Vater mich dann vor dem ABC-Gebäude im Stadtteil Collinswood ab. Nachdem ich mich an der Pforte gemeldet hatte, ging ich die beigefarbenen Gänge entlang bis zu einem kleinen Foyer vor dem Studio 520, wo ich wartete und mir die Lippen nachzog, bis sie wie Matsch schmeckten.

Ein Jurymitglied mit silbernem Haar kam an die Tür. »Die Jury ist dann bereit für Sie.« Er führte mich ins Studio und stellte mich seinen Jurykollegen vor. »Was möchten Sie als Erstes spielen?«

»Das Chopin-Nocturne.«

Ich registrierte eine hochgezogene Augenbraue und setzte mich an den Flügel, wo ich versuchte, ruhig zu werden und ein Gefühl für den Raum zu bekommen.

Ein Jurymitglied räusperte sich. »Wenn Sie dann so weit sind.«

Auf diesem speziellen Steinway hatte ich noch nie gespielt, aber schon nach den ersten Takten merkte ich, wie er mich begrüßte, als seien wir alte Freunde. Schlagartig war ich erleichtert. Als ich die Melodie der rechten Hand spielte, hörte ich auf das, was die Töne *mir hinterher erzählten*, sandte sie an die Wände und brachte sie wieder zurück, bis es sich anfühlte, als würde ich das Studio mit einem Sonargerät absuchen und wie eine Art Blindenschrift mit den Fingern ertasten können. *Das geht ja ganz gut. Weg mit diesem Gedanken! Aber es stimmt. Ist deswegen gleich ein Aussetzer fällig?* Ich ignorierte die Stimmen in meinem Kopf und konzentrierte mich auf Chopin, folgte den Tönen über die Unebenheiten in der Decke und die immer entspannteren, offenen Gesichter der Jurymitglieder bis hin zum letzten Akkord, der für einen Moment im Raum schwebte, sich dann auflöste und ein Glitzern hinterließ.

»Danke.«

»In der Tat, vielen Dank.«

»Was möchten Sie als Nächstes hören, Harold?«

»Eigentlich alles. Aber sagen wir doch Strawinsky.«

Ich begann die Jahrmarktszene aus *Petruschka* und machte die Überschwänglichkeit des Stücks zu meiner eigenen – ich feierte den Umstand, dass Momente wie dieser existierten, in denen meine Hände, meine Ohren, mein Kopf und mein Herz eine perfekte Einheit bildeten und das Universum um sie herum Räder schlug. Im Anschluss gab es eifriges Handeschütteln, aufmunterndes Zunicken und galantes Die-Türe-Öffnen, am Nachmittag dann einen sensationellen Anruf vom Sender: »Die Jury war sehr beeindruckt.«

Bei der zweiten Wettbewerbsrunde musste man ein komplettes Konzert spielen, dessen Orchesterpart ein zweites Klavier übernahm. Ich hatte Rachmaninows *Klavierkonzert Nr. 2* ausgewählt, das er schrieb, nachdem er mit Hypnose behandelt worden war: Sein Therapeut, Dr. Dahl, hatte vorhergesagt, er werde seine Depressionen überwinden und ein großes Werk schaffen. Es war mein Lieblingskonzert, und ich hatte es stolz auf die Liste meiner Anmeldung geschrieben, überglücklich, ein solches Musikstück mein eigen nennen zu dürfen. Aber es war mir vorgekommen, als würde ich das Schicksal herausfordern, wenn ich mit der Vorbereitung angefangen hätte, ohne auch wirklich zur zweiten Runde zugelassen zu sein. Jetzt, da ich das Erarbeiten seiner einundneunzig Seiten auf die verbleibenden vier Wochen verteilte, brach ich in Panik aus.

»Soll ich nicht besser aussteigen?«, fragte ich Mrs. Sivan in der nächsten Stunde.

»Unmöglich. Würden sie dich nie wieder lassen teilnehmen. Wir arbeiten hart, und Rachmaninow so große Pianist, dass er macht leicht. Wird dir sehr gefallen.«

Sie schlug im Notenheft den ersten Satz auf. »Rachmaninow so großzügig, so kultiviert und nachhaltig. Und immer Glocken. Glocken kann sein viele: Kirchenglocken, Schlittenglöckchen, aber diese sind Glocken von Leben. Insgesamt Rachmaninow extrem positive, extrem gesunde Komponist. Diese ist Musik von Gesundheit und Balance, sehr gebend und heilend. Also exakte Gegenteil von Skrjabin. Und natürlich, Einfluss von Chopin gewaltig.«

»Inwiefern?«

Sie dachte nach. »Seine Musik sehr ehrlich und sehr philosophisch, sehr emotional, aber mit große objektive Qualität.« Sie beugte sich über das Klavier und umfasste mit der Hand einen Akkord. »Und wie Chopin er umarmt Klavier. Was denkst du, ist Rachmaninow einer der größten Pianisten aller Zeiten?«

»Natürlich.«

»So groß, dass existiert seine Technik quasi nicht als Technik, nur als Improvisation. Du findest Intervall und dirigierst.«

Ich wollte beginnen.

»Das nicht!«, rief sie, noch bevor ich den ersten Akkord gespielt hatte. Unsere Blicke trafen sich, und wir mussten beide
lachen.

»Weißt du noch?«

Ich zitierte sie aus meiner ersten Stunde bei ihr, damals, vor
vielen Jahren: »*Musst du gar nichts spielen, deine Hände sind
falsch.*«

»Natürlich! Weil Musik hat schon begonnen innerlich. Siehst
du manchmal Menschen, siehst du, wie viel sie sagen unbewusst, mit Körpersprache. Nur ganz besondere Spion kann
verbergen: *geniale* Spion. Noch einmal den Anfang.«

Wir arbeiteten an den großen Gongs des Anfangs, lauschten
dem Wechsel der Obertöne bei jedem Akkord, ihrem zuneh-
menden Nachklang, bevor das erste Thema dann explosiv einsetzte. »Ganz genau! Das ist Schwimmen in Tönen! In Leben,
das geht weiter! Denkst du immer, Freiheit des Hörens hängt
ab von eine einzige Sache: *volle* Verständnis von was du tust.
Und nur dann du bist frei zu erschaffen alles, was du willst.«

Zu Hause verlor ich die Freiheit des Hörens. Ich konzentrierte mich einzig und allein aufs Memorieren, darauf, mir diese
einundneunzig Seiten Musik einzuprägen, und ignorierte im
Zuge dieser Obsession mit den Noten die Töne. Spätabends,
kurz vor dem Einschlafen, sah ich den Abdruck dieser Noten
auf der Innenseite meiner Augenlider. Morgens, wenn ich erwachte, spürte ich den dritten Satz dort in meinen Kiefermus-
keln, wo ich mit den Zähnen geknirscht hatte.

»Das nicht. Gefällt mir kein bisschen. Deine Töne in Käfig.
Muss sein frei, wie Vögel. Und Rhythmus? Du nimmst strenge
Rhythmus bei Stoßen, bei Diktieren, bei Metronom. Tempo
muss sein präzise, natürlich, weil spielst du mit Orchester, aber

zu gleiche Zeit sehr gedehnt, sehr entgegenkommend. Was ist Unterschied zwischen Solopart und Orchesterpart?«

»Das Individuum gegen die Masse?«

»Natürlich. Große Gruppe von Leute nie so flexibel.« Sie spielte das Eröffnungsthema des Orchesters. »Sogar bei Rachmaninow, mit ganze emotionale Erguss, große Gruppe von Leute hat viel objektivere Klang. Und hier gleiche Thema als Solist.«

Jetzt klangen die Töne wie von innen erleuchtet, wie das Glühen eines einzelnen menschlichen Geistes. Sie lachte, als ich den Unterschied bemerkte.

»Viel persönlicher, natürlich! Solist hat ganze individuelle Freiheit, enorme Flexibilität, enorme Subjektivität, ganze Emanzipation, aber immer *innerhalb von Klammern*. Und auch wenn Klammern existieren, niemand bemerkt. Immer denkst du: *Zeit ist emotional emanzipiert*.«

In den Unterrichtsstunden entkamen wir den Klammern der Zeit, aber zu Hause tickte die Uhr. Es waren nur noch drei Wochen bis zur Prüfung, und ich konnte erst einen Satz auswendig spielen. Ich strich alle Pausen, außer denen zum Essen, und auch das tat ich nur, wenn unbedingt nötig. Wenn ich nach stundenlangem Üben den Blick von den Notenblättern wandte, sah ich um mich herum nur schwarze Noten schweben, als seien es Sterne.

»Diese Abschnitt wie – wie sagt man? – kleine Stückchen, die glitzern ...«

»Wie Glitzerstaub?«

»Ganz genau!«

»Ich glaube, ich verstehe.«

»Aber verstehen allein nicht genug. Musst können *machen*

zuerst, und dann wiederholen und weiter wiederholen, bis zweihundert Prozent sicher.«

Ich übte diese glitzernde Passage zu Hause, hörte genau auf die Verbindung zwischen den einzelnen Tönen und wiederholte die beiden Zeilen so lange, bis ich auf einem endlosen Karussell aus Glitzerstaub saß und die Welt um mich herum immer komprimierter wurde und mein Blickwinkel sich völlig verengte. Nach einer Stunde – oder waren es zwei? – hörte ich eine unangenehme Stimme, die laut mit mir redete. Ich brach ab und sah mich im Zimmer um, wobei sich meine Augen erst wieder an das Licht gewöhnen mussten. Stille. Als ich mich erneut der Passage zuwandte, war auch die Stimme wieder da, nur noch aufgeregter: *Blablablablablablabla!* Sie hatte nichts mit dem Konzert zu tun, sondern kam von irgendwoher zwischen den Noten: jemand, der ungebeten in meinen Rachmaninow platzte. Ich konnte nicht verstehen, was er sagte, vernahm nur seine atemlose, wichtigtuerische Intonation. Entmutigt machte ich eine Teepause und sah zu, wie der Minutenzeiger der Uhr mich dem Tag der Abrechnung immer näher brachte.

Am nächsten Morgen ging ich zur ersten Probe mit meiner Begleiterin Inna. Sie war ebenfalls eine Schülerin von Mrs. Sivan und erst kürzlich aus Russland gekommen. Ich fühlte mich sicher bei ihr, und mein Störenfried ließ uns in Ruhe. Wir begannen mit dem ersten Satz, und ich bekam einen ersten Eindruck davon, wie aufregend das Spielen mit Orchester ist. Dann nahm ich in der Durchführung eine falsche Abzweigung und plumpste in einen Aussetzer.

»Noch einmal, ja?«, sagte sie und blinzelte ungeduldig.

Dieses Mal achtete ich nicht auf das Gedächtnis und gab mich der großartigen Hemmungslosigkeit der Musik hin. Ich schnappte mir eine riesige Handvoll Noten nach der anderen und warf sie Inna zu. Sie schleuderte sie zurück, wobei ihre Chromatik wie Münzgeld in der Luft funkelte. Nach dem abrupten Ende sahen wir uns an und grinsten. »Wird werden schön«, sagte sie. Nach dieser Probe zu schließen, bestand die fünfzigprozentige Chance, dass sie recht haben könnte.

»Denkst du immer, dass du musst haben *absolute innere Freiheit*!«, sagte Mrs. Sivan in der letzten Stunde vor der Prüfung. »Leider muss sagen, aber heutzutage viele junge Leute bereits tot von innen, bevor körperlich tot. Und wenn du bist tot innen, dann *sofort* deine Töne sind tot. Leben in Töne braucht ständige Quelle in dir, wie bei Wasser in Berge.«

Am nächsten Nachmittag fand ich mich mit Inna und ihrem Umblätterer im Studio 520 ein. »Und diese junge Dame ist Anna Goldsworthy«, stellte mich eines der Jurymitglieder dem Vertreter der Bundeskommission vor.

»Sehr erfreut.«

Hatte er das wirklich gesagt? Ich setzte mich an den Flügel und sah zu Inna, die mir zuzwinkerte. Seit mehreren Jahren hatte es keinen Finalrundenteilnehmer aus South Australia gegeben – jeder Bewohner unseres Bundesstaats setzte all seine Hoffnungen auf mich, auch wenn er sich dessen nicht bewusst war.

Als ich die eröffnenden Gongs anschlug, verlor ich keinen Gedanken mehr an das Leben in den Tönen, sondern versuchte auszurechnen, wie hoch meine Sicherheit in Prozent sei – als würde allein meine Gedächtnisleistung bewertet. War sie seit meiner ersten Probe angestiegen, auf eine sechzig- oder vielleicht sogar siebzigprozentige Wahrscheinlichkeit? *Du musst innerhalb von Klammern sein, natürlich, aber absolut emanzi-*

piert. Inna spielte jetzt das Orchesterthema, und ich ließ mich von seiner Zuversicht leiten, ohne weiter über Prozente nachzudenken, einzig und allein auf die Musik konzentriert. *Auch wenn Klammern existieren, niemand bemerkt.* Alles ging gut, bis ich zu der Stelle kam, die einst mit mir gesprochen hatte. Ein aufgeregtes Papiergeraschel, dann flüsterte jemand akzentuiert und deutlich hörbar: »Grotesk.« Ich ignorierte das und spielte mein ernsthaftes Stück weiter, doch dann begann auch ein anderes Jurymitglied zu flüstern, und dann noch eines. Sie flüsterten sich immer wieder ein und denselben Ausdruck zu – *grotesk, grotesk –*, bis er schließlich zu einem permanenten Begleitgemurmel wurde, sich von *accelerandos* und *ritardandos* erfassen ließ und ganz auf das explosiv wiederkehrende »t« konzentriert blieb, das genau gleich klang wie der Beginn der Töne, dieser Schlag des Hammers auf seine Saiten. Selbst als ich versuchte, mehr *cantabile* zu klingen, diese Härte mit den Vokalen des Gesangs zu verhüllen, fesselte mich das Gemurmel an die Noten, bis ich das Wort *grotesk* schließlich selbst zu spielen und so Anklage gegen mich selbst zu erheben schien.

Im Anschluss gab es kein aufmunterndes Kopfnicken oder irgendwelche Dankesbezeugungen, und ich musste die Tür selbst öffnen, als wir gingen.

»Die waren so gemein!«, schluchzte ich draußen im Warteraum.

»Was meinst du damit?«, fragte Inna.

»Hast du das nicht gehört? Sie haben ständig *grotesk* gesagt!«

»Ich verstehe nicht. Was heißt das?«

Innas Umblätterer sah mich an. »Ich habe alle im Blick gehabt, aber keiner hat auch nur ein einziges Wort gesagt.«

Völlig verwirrt fuhr ich nach Hause. War es möglich, dass ich

bei meinem Versuch, mich des Konzerts auf die Schnelle zu be-
mächtigen, seine heilenden Kräfte ins Gegenteil verkehrt hatte?
Dass dieses wunderbare Werk, das die Wiederherstellung von
Rachmaninows Gesundheit markierte, zum Werkzeug meiner
Zerstörung geworden war?

Als ich zu Hause ankam, begrüßten mich meine Eltern mit
erwartungsvollen Blicken.

»Es war eine Katastrophe.«

»Ist das ein Fall von histrionischer Persönlichkeitsstörung?«,
fragte meine Mutter, die auf dem Weg zu ihrer Bridge-Runde
war.

Mein Vater ließ etwas vom Thai-Lieferservice bringen, was
ich am liebsten mochte, und holte aus der Videothek *Alexis
Sorbas*. Ich wusste, dass er mich aufmuntern wollte, aber der
klebrige Reis schmeckte nach gar nichts, und auch in dem Film
konnte ich nicht das geringste Mitgefühl für die Witwe aufbringen.

»Hör mit dem Selbstmitleid auf, Pie«, sagte er.

Ich überlegte kurz, ob ich in mein Zimmer rennen und die
Tür hinter mir zuschlagen sollte – offiziell war ich schließlich noch ein Teenager. Aber ich war zu erschöpft für extreme
Handlungen. Stattdessen betrachtete ich in katatonischer Starre
die schwarz-weißen Figuren auf dem Bildschirm. Auch wenn
es immer wieder Lichtblicke des Erfolgs gab, schien doch das
Versagen meine Standardeinstellung zu sein, mein wahres
Zuhause. Ich wusste, dass ich niemals mit einem Orchester
spielen würde. Ich war nicht nur grotesk, sondern auch noch
wahnsinnig.

KAPITEL 13

Beethoven

»Was ist Unterschied zwischen gute und großartige Pianist?«, fragte mich Mrs. Sivan immer wieder.

»Ich weiß nicht – was denn?« Diese Antwort schien vom Rhythmus her notwendig, wie wenn einer klopft und der andere »Herein« sagt.

»Nur Kleinigkeiten.« Sie kicherte. »*Kleine bisschen* mehr Hören, *kleine bisschen* mehr Verstehen, *kleine bisschen* mehr Logik in Erfindung, *kleine bisschen* mehr Erfindung in Logik. Verstehst du, *wie* kleine bisschen? Aber für diese kleine Unterschiede man braucht ganze Leben.«

Als Kind hatte ich Mühe, diese kleinen Unterschiede zu erkennen, aber jetzt, nach knapp zehn Jahren Unterricht bei ihr, schienen sie manchmal greifbar nahe. In anderen Momenten verschwanden sie völlig, als hätten die prosaischeren Forderungen des Gedächtnisses sie verschreckt. Um ihrer habhaft zu werden, musste ich mich vielleicht noch mehr auf das Klavier konzentrieren.

»Du sehr so wie ich, und begabt in allem«, sagte Mrs. Sivan. »Aber diese Jahre sehr wichtig für Repertoire und für absolute technische Freiheit. Sehr leicht zu sagen, noch zu früh, zu früh, zu früh ... aber dann auf einmal zu spät.«

So weit wollte ich es auf keinen Fall kommen lassen. Ich war bereits achtzehn: Es war höchste Zeit, die Sache ernsthaft anzugehen. In meinem ersten Studienjahr hatte ich außer Musik auch noch humanistische Fächer belegt, aber jetzt beschloss ich, diese aufzugeben. »Damit hörst du ja nicht auf zu denken«, beruhigte mich mein Vater.

Neben dem Üben und Studieren arbeitete ich noch als Korrekturleserin für die unabhängige Zeitschrift *Adelaide Review*. Ihr Chefredakteur, Christopher Pearson, hatte mir die Stelle nach dem Gewinn der Tennyson-Medaille angeboten. Das schien mir eine glorreiche Aufgabe zu sein, und mit einem geradezu hygienischen Vergnügen durchkämmte ich Spalte um Spalte auf der Suche nach Druckfehlern. Jeden Monat war ich stolz darauf, meinen Namen auf der Innenseite des Schutzumschlags zu lesen, wo er in der würdevollen Goudy-Schrift – emblematisch für die Raffinesse der Erwachsenen – abgedruckt war, wenn auch nur sehr klein. Aber jetzt schienen meine literarischen Neigungen zu einer Belastung zu werden. Nach der Schmach, die ich bei den Young Performers Awards erlitten hatte, rief ich Christopher nervös an und kündigte.

»Aber Ihnen ist klar, was dieser drastische Schritt für Sie bedeutet?«

Der Meinung war ich durchaus: Es handelte sich nicht nur um die Kündigung meiner Korrekturtätigkeit, sondern um das Ablegen meines Gelübdes und damit den Verzicht auf alle anderweitigen Berufswege.

»Ja, ich weiß es.«

»In diesem Fall liegt es mir fern, Ihnen weiterhin im Weg zu stehen.«

Wie ein Alkoholiker nach dem Entzug führte ich ein paar neue, eiserne Regeln ein: kein Lesen vor 17 Uhr, dafür vier

Stunden üben vor dem Mittagessen und zwei Stunden üben am Nachmittag. Jeden Abend ging ich ins Fitnessstudio, wo ich ein besonderes Training ausgearbeitet hatte, um meine Kondition zu verbessern. Während ich die Bewegungen wiederholte, ging ich im Kopf mein Repertoire durch.

Ich nahm vom Konservatorium ein paar Wettbewerbs-Broschüren mit und brachte sie zu Mrs. Sivan. Sie sah sie mit kritischem Blick durch. »In Russland man muss machen Wettbewerbe, und das ausschließlich. Sehr traurig zu sagen, aber sehr viel Sport in Musik. Preise unbedingt wichtig: Konnte man sehen in unsere Augen, wenn verkünden Ergebnisse. Wenn kein Preis, sie töten dich.«

»Wirklich?«

»Natürlich nicht töten, aber enden deine Karriere. Insgesamt Wettbewerbe sehr gefährlich aus andere Gründe. Ist *Brutstätte* für Massenproduktion von Musiker. Ich für Leben, ich für Gesundheit – geistig, körperlich und emotional –, und ich werde immer dafür kämpfen. Ich entwickle Leute in Harmonie, in Balance!«

»Die Sydney Performing Arts Challenge ist mehr ein Festival als ein Wettbewerb«, gab ich zu bedenken. »Und sie findet im Sydney Opera House statt.«

»Und Politik überall. Zuerst Wettbewerbe waren nicht korrupt, aber jetzt werden zu Geschäft. Und selbst wenn gewinnst du erste Preis – na und? Leute gehen in Konzert in Erwartung zu hören Zirkustier, nicht dich als Künstlerin.« Sie nahm meine Hand. »Für dich ich will Gegenteil. Musst sein individuell. Musst du nicht gefallen Preisrichter – das nicht! Musst du nur gefallen Essenz. Wie geht Beethoven-Sonate?«

»Großartig.«

»Natürlich. Du wirst machen schön. Denkst du immer: Beethoven sehr idealistisch. Unmöglich zu sein zynische Person und Musiker – wirst du verlieren ganze Fähigkeit zu erschaffen Klänge. Und musst lernen dritte Klavierkonzert sofort. Sehr dramatisch, sehr orchestral, sehr Beethoven. Dir wird gefallen.«

»Soll ich damit beim Adelaide-Eisteddfod in der Kategorie Konzert antreten?«

Sie zuckte mit den Achseln. »Natürlich wir können machen Wettbewerb *nebenher*. Aber nicht mit Absicht, zu gefallen. Denkst du immer, Musik ist einzige Person – ja, genau, ich habe gesagt *Person* –, welche musst du gefallen.«

Zu Hause arbeitete ich hart an Beethovens *Klavierkonzert Nr. 3* und der *Waldstein-Sonate*. Nach ein paar in dieser Intensität verbrachten Stunden war ich ausgelaugt und emotional labil. »Beethoven hat sich innerlich aufgefressen, war Mann, der nie konnte finden Frieden – *niemals*«, hatte sie mir erklärt. »Das ist seine Charakter.« Ich saß am Küchentisch, flößte mir stärkenden Tee ein und las die Zeitung, da kam mein Vater mit seinem Autoschlüssel an. »Schätzchen, wir sind auf dem Weg zum Tennis und dachten, du könntest vielleicht Sacha vom Malkurs abholen.«

Es war nicht das erste Mal, dass er versuchte, mich wieder hinter das Lenkrad zu locken, aber diesmal warf ich den Schlüssel nach ihm und sagte: »Ich hab doch *gesagt*, ich fahre nicht mehr!«

Er sah mich mit überheblichem Lächeln an. »Ach, an dem Punkt des Monats sind wir angekommen ...«

»Wie bitte? Männer haben berechtigte Sorgen, Frauen hingegen nichts als Hormone?«

»Du musst zugeben, dass du ziemlich empfindlich bist.«

»Zu deiner Information: *Ich habe Beethoven geübt!*« Damit stürmte ich zurück ins Klavierzimmer und widmete mich erneut dem Anfang der *Waldstein-Sonate*.

»Das nicht«, sagte Mrs. Sivan in der nächsten Stunde. »Das hier ist Orchester. Hier wir haben *pianissimo* von hundert Menschen. Lauter, distanzierter, abstrakter. Klangfarbe ist entscheidend für Beethoven, weil seine Stimme ist Instrument, und Instrument ist Klangfarbe. Klangfarbe für ihn ist seine eigene Art von Theater.« Ich versuchte, mir ein beladenes *pianissimo* vorzustellen, mit dem Gewicht und dem Umfang eines Orchesters, das zehn Takte später in ein *forte sforzando* explodiert.

»Ganz genau! Und immer stählerne Finger hier, bis auf einmal wir kommen in Kirche!« Wir erreichten das Seitenthema des ersten Satzes. »Klarer Choral, und du kannst hören jede – wie sagt man? – jede *Strahl* von Klänge.«

Durch diese Analogie inspiriert, spielte ich das Thema ganz romantisch.

»Das nicht! Du machst wie Chopin. Unterschied zu Beethoven – hier kräftiger, männlicher. Diese kleine bisschen – du kannst hören?«

»Ja.«

»Lyrische Stil von Beethoven nie nur süß. Darfst du nicht verschönern, niemals. Genau wie Mozart braucht auch Beethoven nicht deine *Make-up*.«

Zu Hause versenkte ich mich in die Arbeit an Beethoven und versuchte, seine Persönlichkeit mit den Fingern zu ergründen, sein nacktes, ungeschminktes Gesicht abzutasten. Ich suchte nach jenem kleinen bisschen, nach der besonderen Geschmacksrichtung seines lyrischen Stils, eines *dolce*, das manchmal edel und manchmal galant war, aber niemals nur süß. Nur leider wollte sich Beethoven nicht so leicht vom Wissen erobern lassen, sondern offenbarte stattdessen immer noch mehr Widersprüche.

»Beethoven hatte ganz schlechte – wie sagt man? – *soziale Kompetenz*, und hat bevorzugt Instrumente gegenüber Menschen. Ständig spürt seine soziale Unsicherheit und dass nicht ist akzeptiert. Aber gleiche Zeit hat *gewaltige* Liebe zu Idee von Menschheit. Er ist Erste, der konnte unterstützen eine Revolution wegen Brüderlichkeit und Freundschaft, denn hat nicht verstanden, dass Revolution kommt in drei Teile. Erste, ist *idealistisch*, zweite, ist *pragmatisch*, und dritte, ist *kriminell*.« Sie lachte bitter. »Beethoven auch enorm ehrliche Mann. Das ganz genau in seine Töne.«

Im Monat darauf spielte ich die *Waldstein-Sonate* bei der Endrunde um ein Stipendium der Australian Society of Keyboard Music und gewann den ersten Preis. Wenig später gewann ich beim Adelaide-Eisteddfod die Konzert-Kategorie mit Beethovens drittem Klavierkonzert, bei dem mich ein zweites Klavier begleitete. Ich wusste, dass ich den Leuten nicht gefallen musste, aber es gefiel mir, *dass* ich ihnen gefiel.

»Wettbewerbe kann sein Mörder«, räumte Mrs. Sivan ein, »aber kann auch sein große Hilfe. Kann helfen deine Fähigkeit zu kommunizieren mit Publikum von Musik. Du willst gehen nach Sydney für diese Performing Arts Challenge? Natürlich – warum nicht? Aber musst lernen, nicht abzuhängen von Meinung, nur lernen davon.«

Als ich dann im Juli das Flugzeug nach Sydney bestieg, war ich restlos begeistert von dem Jetset-Charakter, den mein neues Leben angenommen hatte, und von der landesweiten Präsenz!

Aber als ich mit der S-Bahn zum Circular Quay gefahren war und von dort die untere Promenade entlang auf das Opera House zuging, wurde ich immer nervöser. Würde ich lieber gut spielen und verlieren oder schlecht spielen und gewinnen? Wäre es besser, der Essenz zu gefallen, wie Mrs. Sivan mir aufgetragen hatte, oder doch eher der Jury? Während ich hin und her überlegte, kam ich an eine dicke Säule, die auf mich den Eindruck einer Weggabelung machte. Sollte ich rechts oder links daran vorbeigehen? Ich blieb vor der Säule stehen und wartete auf eine Eingebung – darauf, dass mein *inneres Hören* mir sagte, was ich tun sollte. Meine Mitbewerber eilten an mir vorüber, und ein japanischer Tourist fotografierte mich, wie ich so dastand und offenbar in den Anblick dieses architektonischen Kunstwerks versunken war.

Trotz dieser Verzögerung kam ich noch früh genug in den Vortragssaal, um etliche meiner Konkurrenten beim offenen Bach-Wettbewerb hören zu können. Das Niveau war hier viel höher als in Adelaide, und als ich schließlich selbst spielte, war ich so eingeschüchtert, dass Bachs Friede sich nicht fassen ließ. Dafür versuchte ich etwas Billigeres: ein Scheinbild der Anmut, das durch die Fuge schwärmte und sie mit Make-up verschönerte.

Danach ekelte ich mich so vor mir selbst, dass ich aus dem Saal rannte, die Stufen bis ganz hinauf auf das Opera House stieg und dort eine tragische, windzerzauste Pose einnahm. Ich wusste, dass ich der Musik nicht gefallen hatte – und höchstwahrscheinlich auch nicht der Jury. Während der Nachmittag in den Abend überging, sah ich hinaus aufs Wasser. Die Gebäude zeichneten sich schwarz gegen einen Technicolor-Himmel ab, und die Fähren schwankten im Hafen umher. Alles sah so unschuldig und unwirklich wie ein Kinderbuch zum Ausmalen aus: Ach, hätte man doch nur das einfache, aufrichtige Leben einer Fähre! Langsam verwandelte sich die Brücke in eine Silhouette, die feenhaften Lichter erfassten die gegenüberliegende Seite des Hafens, und es war an der Zeit, wieder in den Vortragssaal zurückzukehren.

Während ich gemeinsam mit meinen Mitbewerbern zuhörte, was von der Jury an Bemerkungen verlesen wurde, musste ich erneut an mein Dilemma denken: Würde ich lieber gut spielen und verlieren oder schlecht spielen und gewinnen? Ich gab mir selbst die Antwort darauf: Im Nachhinein konnte ich die Musik immer noch um Verzeihung bitten.

Als ich am nächsten Tag zum offenen Beethoven-Wettbewerb antrat, war ich fest entschlossen, meine Ehre wiederherzustellen. Diesmal würde ich nicht versuchen, der Frau mit der Strickjacke zu gefallen, die da am Preisrichtertisch saß, sondern einzig und allein der Essenz. In meiner letzten Stunde bei Mrs. Sivan hatten wir am finalen *Rondo* der *Waldstein-Sonate* gearbeitet: »Es ist wie eine Dämmerung«, hatte sie gesagt.

Jetzt kippte die erste c-moll-Episode das Universum richtiggehend zur Seite und veränderte derart meinen Zugang zu den Dingen, dass bei der Wiederkehr des Themas der ganze Saal in ein weißes C-Dur-Licht getaucht wurde. Ich spürte förmlich die Erleichterung, nichts als die Wahrheit gesagt zu haben: In diesem strahlenden Licht war kein Platz für billige Tricks.

Als ich wieder zu Hause war, brachte der *Advertiser* einen kurzen Beitrag über meinen Erfolg: *Junge Pianistin aus Adelaide reist nach Sydney und gewinnt zwei Goldmedaillen!* »Goldsworthy sagt, sie sei nach Sydney geflogen, um sich einer stärkeren Konkurrenz zu stellen«, stand neben einem nach-

denklich-forschenden Foto von mir. Ich riss den Artikel aus
und heftete ihn in mein Sammelalbum, in dem ich den Roman
meines Lebens als Zeitschiene aus Triumphen bastelte, jeder
einzelne größer als der vorige. In dieser Geschichte war kein
Platz für künstlerische Kompromisse oder grotesken Wahn-
sinn. »Du bist immer nur so gut wie dein letztes Konzert«, rief
ich mir in Erinnerung, und schon hatte das strahlende Licht
meines Beethoven-Stücks alle bisherigen Fehlleistungen in
die Vergangenheit verbannt. Alles, was mir jetzt noch fehlte,
war ein williges Orchester, dann wäre der erste Band meiner
Geschichte vollendet.

KAPITEL 14

Schostakowitsch

Gegen Ende des Studienjahres stieß ich auf die Infobroschüre für eine von der Youth Music Australia ausgerichtete Sommerakademie, die in Melbourne stattfinden sollte und bei der ausgewählte junge Kammermusiker von Mitgliedern der Berliner Philharmoniker gecoacht werden würden. Auch wenn ich regelmäßig meinen Bruder an der Klarinette begleitet hatte, beschränkte sich meine Kammermusikerfahrung auf ein gelegentliches Flötentrio mit Helen und Monica, bei dem unser Hauptanliegen war, jede für sich so gut wie möglich zu klingen. In meinem Begleitungskurs hatte der Dozent immer wieder behauptet, die Kammermusik nehme innerhalb der Musik den höchsten Rang ein, aber ich hielt das für einen Vorwand. Kammermusik war doch sicherlich etwas, auf das man zurückgriff, wenn man nicht das Zeug zum Solisten hatte: ein halbwegs respektabler Zufluchtsort für die Zweitklassigen.

»Natürlich ihr müsst sofort bewerben«, sagte Mrs. Sivan, als ich ihr die Broschüre zeigte. »Kammermusik lebenswichtig, und insgesamt ihr müsst lernen voneinander.«

»Das würde aber heißen, dass ich den Familienurlaub verpasse.«

»Deine Familie, sie liebt dich. Werden alle verstehen. In Leningrad ich habe gearbeitet ganze Sommer *umsonst* für

Ballett, damit kann sehen Nurejew und Baryshnikow und so kann verstehen Choreografie von Klavier. Habe ich enorm dabei gelernt.«

»Wirklich?«

»Natürlich. Habe gebettelt zu bekommen Job. Habe ich ihnen gesagt, dass *ich träume von Musik, Musik ist mein Leben, ich werde alles machen – ich werde putzen!* Und schließlich sie haben mich richtig gebraucht. Das soll auch sein dein Motto: lernen von jedermann, ganze Zeit. Und diese Akademie sehr gute Gelegenheit. Von Streicher du kannst lernen Phrasierung, Saitenklänge, Tonerzeugung, Bogentechnik, Imagination und Phantasie.«

So kam es, dass meine Familie am zweiten Weihnachtsfeiertag das Auto belud, um nach Kangaroo Island zu fahren, und ich mit einer Handvoll Musiker aus Adelaide, darunter Helen und Leah, nach Melbourne flog. Als wir an der Universität ankamen, wurden wir in Gruppen mit einem bestimmten Repertoire eingeteilt, und ich fand mich in einem Klavierquartett wieder und spielte Mozart.

»Was ist die Bedeutung dieser Pause?«, fragte unser Coach. »Spannung. Erwartung. Ihr dürft nicht weiterspielen, bevor es nicht absolut erforderlich ist. Und wenn ihr Vertrauen in euch habt, werdet ihr alle gleichzeitig wissen, wann dieser Moment gekommen ist.«

Als wir die Passage wiederholten, massierte er mir die Schultern und streichelte mit einem Finger meinen Hals, was für mich hieß, dass er mein Spiel respektierte. Am letzten Abend des Kurses gingen die Tutoren auf die Bühne und spielten Schumanns Klavierquintett. Obwohl sie nicht geprobt hatten, war es ein Stück, dem sie mit einer intimen Kenntnis begegneten, und die Leichtigkeit und Freude, mit der sie spielten, wie sie sich gegenseitig in die Augen sahen und in den Tönen des jeweils anderen lebten, war eine richtiggehende Offenbarung. Der Pianist trat ins Rampenlicht und verließ es wieder: mal im Monolog, mal als griechischer Chor, mal mit einem Ständchen für die Geige, mal als Geliebter des Cellos. Zum ersten Mal verstand ich die Rolle des Klaviers in der Kammermusik – seinen flinken, überaus geschickten Tanz – und konnte es kaum erwarten, da mitzumachen.

Als wir wieder in Adelaide waren, beschlossen Helen, Leah und ich, ein eigenes Trio zu gründen. »Ist phantastische Idee«, meinte auch Mrs. Sivan. »Kammermusik lebenswichtig. Aber erst müsst verstehen, was das ist, Ensemble. Zwei Dinge: vertikal und horizontal. Jeder lebt sein eigenes Leben: horizontal, ja? Aber insgesamt enorm wichtig zu leben zusammen in Vertikale. Zum Beispiel, du, Mama, Papa, Daniel und Sacha – ganz Verschiedene, ja? Und trotzdem lebt ihr zusammen in Vertikale, eine glückliche Familie!«

»Mehr oder weniger.«

»Ganz genau! Das ist Geheimnis von Mehrstimmigkeit und Ensemble!«

Bei den ersten Proben, die in meinem Musikzimmer stattfanden, war unser neues Trio noch lange keine glückliche Familie. Wir spielten Mendelssohns *d-moll-Trio* wie drei Konzertsolistinnen, jede viel mehr auf das Horizontale als auf das Vertikale bedacht. Ich hatte meinen Part sorgfältig vorbereitet, und als wir das Ende des ersten Satzes erreichten, lehnte ich mich sittsam zurück und wartete auf die Glückwünsche. Doch stattdessen kam Helen zu mir ans Klavier und beugte sich mit ihrem Bogen über meine Schulter.

»Da war ein falscher Ton, lass mal sehen …« Sie tippte auf eine Stelle in meinen Noten. »Hier.«

Ich wurde wütend. »Das liegt daran, dass ich viel mehr Noten zu spielen habe als die Streichinstrumente.«

»Ist ja nicht böse gemeint. Ich möchte doch nur, dass jede von uns so gut wie möglich spielt.« Sie ging zurück zu ihrem Stuhl.

Wir begannen noch einmal von vorne, und ich las erbarmungslos ihre Violinstimme mit, bis ich sie bei einer fehlerhaften Rhythmisierung ertappte. Ich brach ab und wies sie darauf hin.

»Können wir bitte aufhören, ständig abzubrechen?«, fragte Leah. »Ich möchte einfach nur spielen.«

Nach der Probe saßen wir auf der Veranda, tranken Sauvignon Blanc und dachten über einen Namen nach.

»Wir haben noch nichts in Richtung Blumen überlegt«, gab ich zu bedenken.

»Calendula«, legte Helen los. »Narzissen, Mohnblumen, Oleander. Chrysanthemen?«

Leah rümpfte die Nase. »Viel zu mädchenhaft.«

»Wie wäre es mit Touristenattraktionen hier in Südaustralien?«

»Das Festival Centre«, meinte Helen. »Die Rotunde.«

»Tut mir leid, aber ich werde sicher nicht Teil eines Rotunden-Trios sein«, protestierte Leah.

Mein Vater brachte uns noch eine Flasche Wein. »Ihr Mädchen braucht etwas mit Konzept. So etwas wie Trio Stiletto. Das klingt auch noch sexy. Ihr könntet auf der Bühne alle hochhackige Schuhe tragen.«

Ich sah zu meinen Mitmusikerinnen und verdrehte die Augen. »Mit hochhackigen Schuhen passen meine Beine nicht unter das Instrument.«

»Noch besser: Du schleuderst sie weg und spielst barfuß! Stell einen auf den Flügel. Das könnte euer Markenzeichen werden!«

»Danke für deine Vorschläge, Dad, aber wir sind ernsthafte Musikerinnen.«

Neben dem *d-moll-Trio* von Mendelssohn arbeiteten wir auch noch am Schostakowitsch-Trio. Ich nahm den Klavierpart mit zu Mrs. Sivan.

»Wer ist Schostakowitsch?«, fragte sie.

»Der Inbegriff der Würde«, erinnerte ich mich.

»Ganz genau. Aber um zu überleben diese Katz-und-Maus-Spiel mit Stalin, denkst du, er konnte sein sehr offen?«

»Nein.«

»Natürlich nicht. Aber Schostakowitsch nie hat verloren Würde auch nur *winzige* bisschen. Vielleicht hat verloren Stück Vertrauen in Menschen, aber war immer noch Inbegriff von Kultur. War Inbegriff von allem.«

Sie schlug die erste Seite des Trios auf.

»Zum Beispiel, in diese Anfang wir haben drei Stimmen, aber *Gegenteil* von Polyphonie bei Bach. Bach bringt vollkommene Friede von Kontakte, von Umgebung, von Gespräche, und von Respekt. Das ist seine Erlebnis von Leben. Aber Erlebnis von Schostakowitsch ganz andere. Was bedeutet zu leben in Gemeinschaft von Hunderte, Tausende, und zu sein vollkommen allein? Was bedeutet niemals zu haben Möglichkeit für Konsonanz?«

Sie spielte mir das eröffnende Cello-Solo so auf dem Klavier vor, dass es wirklich wie die Flageolett-Töne eines Cellos klang, gespenstisch und gläsern, dann ließ sie die Violinstimme folgen, *con sordino.* Inspiriert durch die parallele Existenz dieser Klänge, schloss ich mich diesem Gewebe mit meinem Klaviereinsatz an, in grummelndem Bass, *pianissimo tenuto.*

»Ganz genau! Das ist volle Perspektive von Klänge! Natürlich, hängt ab von ganz kleine Wort: *wenn.* Wenn diese Mädchen können machen.« Sie lachte auf. »Ganze Leben hängt ab von diese kleine Wort.«

»Die beiden sind richtig gut.«

»Ja, aber manchmal Leute sind *richtig gut* bei zu machen sehr einfach, sehr oberflächlich. Zum Beispiel, sie nehmen Muschel, aber vergessen Auster darin. Wir müssen immer ernähren, wenn wir spielen, und nicht nur polieren Schale.« Sie nahm meine Hand und sah mich ernst an. »Ich sage dir, Musik ist Grunde genommen kein Beruf. Auf höchste Niveau ist Art zu leben, Art zu atmen, Art zu akzeptieren. Du siehst die Welt anders. Meiste Berufstätige *machen* ihre Arbeit. Sie kommen an Arbeitsplatz und hängen Mantel auf, dann später sie ziehen wieder an und gehen zurück in Leben. Für uns komplett anders. Wir müssen *leben* unsere Arbeit.« Sie sah aus dem Fenster und dachte nach. »Bringst du diese Mädchen zu mir.«

»Bist du sicher?«

»Natürlich, ich kann nicht zeigen, *wie* zu spielen Geige und Cello. Aber ich kann fordern, was ist Respekt von Intentionen von Komponist, und zu verstehen Fragen: *warum* und *was*. Ist enorm wichtig für sie zu verstehen, dass Künste immer kommt von Künste. Ziel ist immer Künste.«

Ich war mir nicht sicher, ob Helen und Leah verstehen würden, dass Künste immer von den Künsten kamen. Oder ob sie die Musik als eine Art zu atmen betrachteten. Ich hatte sie nie gefragt, warum sie Musikerinnen waren – das war eine Frage, die viel zu intim schien. Viel einfacher war da, über die Leute zu reden, die wir kannten, oder weiter nach einem Namen zu suchen.

»Wie wäre es mit Trio Zerberus?«, schlug ich vor.

Leah schnitt eine Grimasse. »Klingt, als seien wir böse. Aber wie findet ihr Seraphim?«

Ich schüttelte den Kopf. »Zu mädchenhaft.«

»Wenn wir uns für das Barossa Music Festival bewerben wollen, brauchen wir bis nächste Woche einen Namen«, gab Helen zu bedenken.

»Wollen wir wirklich das tun, was jemand anderer uns vorschreibt?«, fragte Leah.

»Es könnte aber gut werden«, sagte ich. »Wir müssen über das *Warum*, das *Was* und das *Wie* nachdenken. Könnte es vielleicht hilfreich sein, wenn ihr einmal mit in meine Klavierstunde kommt?«

Leah zuckte mit den Achseln. »Warum nicht? Aber können wir jetzt bitte mit dem Schostakowitsch weitermachen?«

Am Ende des ersten Satzes legte ich los, bevor eine der anderen etwas sagen konnte. »Unser Spiel klingt leer. Als ob wir uns mehr für die Muschel als für die Auster interessieren würden.«

»Wie bitte?«, fragte Leah.

»Manchmal bist du echt komisch«, sagte Helen.

»Zum Beispiel hier am Anfang. Wir haben drei Stimmen, aber es ist das Gegenteil der Polyphonie Bachs, denn Schostakowitsch betrachtet das Leben anders. Was bedeutet es, in der Gemeinschaft Tausender zu leben und vollkommen allein zu sein? Was bedeutet es, nie die Möglichkeit einer Konsonanz zu haben?«

228

Leah gähnte. »Müssen wir wirklich so analytisch sein? Können wir es nicht einfach *spüren?*«

In der nächsten Woche fuhren wir mit Helens Auto zu Mrs. Sivan, das Cello vorne auf den Beifahrersitz geschnallt. Ich saß hinten und war etwas besorgt.

»Um Musiker zu sein, du musst zuerst ganze Persönlichkeit sein und nicht in Stücke«, hatte Mrs. Sivan mir erklärt, aber wie konnte ich die weltliche, ironische Anna, als die ich mich meinen Freundinnen gegenüber gab, mit der strenggläubigen Anna vereinen, die ich im Unterricht war? Wie würde das Trio meine Ehrfurcht aufnehmen, meine schwärmerische Ernsthaftigkeit?

»Herzlich willkommen«, sagte Mrs. Sivan, als wir eintrafen. »Bitte kommt herein. Macht es euch bequem.«

Ich führte Helen und Leah ins Klavierzimmer, wo sie ihre Notenständer aufbauten und die Instrumente stimmten.

»Wir werden das Schostakowitsch-Trio spielen«, verkündete Helen.

»Natürlich.« Mrs. Sivan blinzelte mir zu. »Ich glaube, ich kenne das Stück.« Sie setzte sich auf ihren Drehstuhl und glitt nach hinten in eine Ecke des Zimmers. »Bitte.«

Als Leah die eröffnenden Flageolett-Töne spielte, wagte ich Mrs. Sivan nicht anzusehen, aber als wir am Ende des ersten Satzes angekommen waren, drehte ich mich erwartungsvoll zu ihr – und war schockiert über ihren teilnahmslosen Gesichtsausdruck.

»Alles phantastisch, großartig«, sagte sie achselzuckend. »Nur eine Person war nicht zu diese Party eingeladen: Schostakowitsch. Habt ihr weggelassen seinen Geist, seinen

Charakter, seine Intention, seine Logik, sein Gefühl von Isolation und seine Intellektualität.«

Mein Herz schlug wild, und ich wartete auf Protest, aber weder Helen noch Leah sagten etwas.

»Ihr verwendet Thema von Schostakowitsch, aber ist nicht Schostakowitsch. Stattdessen ihr spielt euch selbst.« Sie stieß sich am Teppich ab und rollte mit ihrem Stuhl bis ans Klavier. »Zum Beispiel, was ist diese Anfang?« Sie sah zu Leah. »Sie spielen wie schöne Melodie, aber Anfang in Wirklichkeit ist viel dunkler, viel einsamer. Schostakowitsch hat nur einzige Chance zu entkommen, und ist *in sein Inneres*. Lernt er, nichts um sich herum zu hören, sonst er wird verrückt. Das ist Anfang von diese Trio.«

Leah spielte noch einmal ihre Flageolett-Töne, wie sie einsam durch die Atmosphäre wanderten, und dann setzte Helen ein, viel menschlicher, viel zerbrechlicher als vorher.

»Ganz genau!«, rief Mrs. Sivan. »Wird schon viel besser! Dürft ihr nicht auslassen ein einziges Detail. Aber Detail nicht genug – was ist Nächste?«

»Übersetzung«, schlug ich vor, Musterschülerin, die ich war.

»Ganz genau. Und nach Übersetzung was?«

»Interpretation.«

»Natürlich. Aber Interpretation kommt *nach* Übersetzung, nicht vorher. *Ich will, ich fühle so* ist nicht genug. Jeder Wunsch muss berechtigt sein, mit ganze Unterstützung. Denkt ihr immer an eine Sache: Bibel Bibel Bibel. Wer hat Ohren? Sie hören. Wer hat Augen? Zu sehen. Genau das ist Musik.« Sie schlug den zweiten Satz auf. »Zum Beispiel, was ist diese *marcatissimo pesante?*«

»Sehr akzentuiert und schwer«, sagte Helen.

»Ja, aber was hat Schostakowitsch damit *gemeint?* Ist bei-
ßende Klang, ja? Insgesamt hartnäckig ...«

Helen begann den zweiten Satz mit einer Intensität, wie ich
sie bei ihr noch nie gehört hatte, und Leah tat in ihrer Antwort
das Gleiche. Während wir spielten, saß Mrs. Sivan neben mir,
sie sang und dirigierte, übermittelte den Auftrag der Musik
durch ihre Stimme, Körpersprache und Präsenz, alles bis zu
ihrem abrupten Ende, dann sprang sie vom Stuhl auf. »Was ist
das für Musik! Und Freiheit – diese Freiheit von eure Phantasie
–, die kommt nur mit große Wissenschaft und Analyse. Und nie
auf ihre Kosten. Versteht ihr?«

»Ja«, sagten Helen und Leah wie aus einem Mund.

»Glaubt ihr, man kann geboren werden – nur geboren, wie
neugeborene Baby – und haben Doktortitel?«

Beide wandten den Kopf zu mir.

»Nein«, antwortete ich.

»Natürlich nicht. Muss sein enorme Arbeit zuerst.«

Als sie uns verabschiedete und wir an der Tür standen, ergriff
sie je eine Hand von Helen und Leah. »Was müssen wir immer
sein in unsere Spiel? Überzeugend. Und *eine* Person, die muss
überzeugen, ist man selbst. Wenn man selbst fest glaubt, glauben alle anderen auch. Aber andere wichtige Person, die muss
außerdem überzeugen, ist Komponist. Weil muss man sicher
sein, dass er mit einem zufrieden ist!«

Zum Abschied küsste sie jede von uns auf die Wange, und
wir luden die Instrumente in Helens Auto. Als wir losfuhren,
wagte ich nicht, etwas zu sagen, sondern wartete auf das Urteil
des Trios. Aber es herrschte Schweigen. Helen hatte den Blick
geradeaus nach vorne auf die Straße gerichtet, Leah sah starr
aus ihrem Seitenfenster. Erst an der Ampel zur Portrush Road

machte Leah den Mund auf: »Diese Frau ist schon etwas ganz Besonderes.«

»Unglaublich«, pflichtete Helen bei, und ich jubelte innerlich vor lauter Liebe zu den beiden.

* * *

Als wir uns dann wieder zu Hause trafen, begann ich, wirkliche Freude an unserer Zusammenarbeit zu empfinden. Irgendetwas geschah mit uns bei den Proben: Über unser nichtmusikalisches Gespräch hinaus entstand auch noch etwas anderes. Während wir den Mendelssohn spielten, vernachlässigte ich die horizontale Stimme in meinem Kopf und hörte stattdessen zunehmend auf die vertikale. Es war dies eine Ausmerzung aller Beschränkungen, eine Rückkehr zu einem gemeinsamen, umfassenderen Bewusstsein. Bei der Reprise des ersten Satzes brachte Helen ihren Klang an einen derartigen Ort der Stille – woraufhin Leah ganz zerbrechlich und introvertiert einsetzte –, dass ich vor Staunen fast aufhörte und mich geradezu zwingen musste, weiterzuspielen. Mir wurde klar, dass hier Dinge gelernt werden konnten, die weit über reines Zählen und Ensemblespiel und Balance hinausgingen.

Bei der Frühjahrsakademie des Barossa Festivals spielten wir Mendelssohns *d-moll-Trio*. Die ersten drei Sätze liefen ganz gut, aber das Finale machte mir Angst. Helen hatte mir versprechen müssen, es nicht zu schnell anzugehen, denn die beidhändigen Sechzehntelläufe in der Klavierstimme waren gnadenlos, aber jetzt, als wir es tatsächlich spielten, strebte sie fortwährend zur Vorderseite des Taktschlags, und Leah ging voll mit ihr mit. Zuerst versuchte ich noch, sie zu bremsen, doch dann beschloss ich, mich ohne Rücksicht auf Verluste ihrer Begeisterung anzuschließen und dazu meine eigene zu erzeugen, bis wir alle an der Grenze unserer Leistungsfähigkeit angelangt waren und entweder auf Triumph oder Niederlage zurasten. Wir kamen zu der letzten Oktavenpassage, in der Helen und Leah wie von Sinnen neben mir wirbelten und meine Hände nichts als eine einzige Jagd über die Tastatur waren, aber wir blieben bis zum Schluss zusammen, sodass das Publikum bereits in stehende Ovationen ausbrach, während der letzte Akkord noch in der Luft hing. Es lag eine Wehmut in diesem Aufschrei, in dieser Kundgebung eines befriedigten Bedürfnisses. Wir standen da, als würde uns ein starker Wind entgegenblasen.

Wieder daheim in Adelaide, beschlossen wir, ein offizielles Debüt-Konzert zu organisieren. Wir buchten die Elder Hall und ließen Plakate mit unserem Bild drucken. Helen stand im Vordergrund und schickte ihren Komm-rüber-Blick über die Geige. Ich ragte hinter ihr auf, das Gesicht umrahmt von einem Wust an Haaren. Leah schwebte im Hintergrund über ihrem Cello und sah verträumt zum Betrachter, ihre Miene ganz weich und sehnsüchtig.

Ich nahm das Plakat mit zu Mrs. Sivan. »Ist wunderschön, absolut. Sieht aus wie Engel, und Seraphim Trio ist exzellente Name. Behaltet diese Trio – hat enorme Zukunft. Aber Qualität muss sein garantiert.«

Je näher das Konzert rückte, desto mehr mussten wir uns, statt zu proben, um die organisatorischen Dinge kümmern, und diesbezüglich Qualität zu garantieren, erwies sich zunehmend als schwierig.

»Ich bin nach wie vor nicht von dem Namen überzeugt«, sagte Helen, als wir Einladungsflyer in Briefumschläge steckten, um sie an unseren gemeinsamen Bekanntenkreis zu verschicken.

»Es ist ein exzellenter Name«, erwiderte ich.

Sie sah mich überrascht an. »Ich dachte, dir gefällt er auch nicht.«

Wir verbrachten einen ganzen Nachmittag in der Innenstadt und schwärmten von der Rundle Street aus, um die Plakate aufzuhängen. Helen beichtete, dass sie im Austral Hotel versehentlich eines an die Tür der Herrentoilette geklebt hatte. Das ganze Projekt hatte etwas Spielerisches an sich – als würden wir nur so tun, als seien wir Erwachsene. Aber als das Konzert dann vor der Tür stand, wurde das ganze Ausmaß der Unternehmung klar: Pressematerial musste abgefasst, Wechselgeld besorgt, die Gästeliste vorbereitet werden.

»Wie du bei diesem Einsatz Luft holst, ist für meine Begriffe etwas übertrieben«, sagte Leah zu Helen, als wir Mozarts *C-Dur-Trio* probten. Sie grunzte, um ihr zu zeigen, was sie meinte, und ich musste lachen. »Musst du wirklich so klingen wie ein Erdferkel?«

»Verzeih bitte, wenn ich nicht verführerisch genug bin«, verteidigte Helen sich, »aber das war echt ein anstrengender Tag. Ich habe den Wein für die Pause besorgt, einen Umblätterer organisiert ...«

Ich fiel ihr ins Wort, bevor sie weitere Punkte anbringen konnte: »Und ich habe den Text fürs Programm heute Nacht um zwei fertiggestellt und das ganze Pressematerial verschickt.«

»Was soll das hier werden – ein Wettbewerb?«, fragte Leah.

Am Abend unseres Konzerts trafen wir uns in eleganter Auftrittsgarderobe hinter der Bühne. Wir hatten wertvolle Probezeit mit Diskussionen darüber verbracht, welche Farben wir tragen sollten, und schließlich kamen wir zu einem Ergebnis: Leah in silbrigem Satin, Helen in türkisem Taft und ich in grünem Seidenchiffon.

»Also, rein theoretisch betrachtet passen wir irgendwie zusammen«, sagte ich, als wir vor dem Spiegel standen und recht dissonant aussahen.

Helen packte ihre Geige aus und rieb den Bogen mit Kolophonium ein.

»Kein Grund zur Nervosität«, sagte ich zu ihr.

»Ich bin nicht nervös. Beim Barossa Festival fand ich eher, du seist aufgeregt.«

»War ich aber nicht. Ich habe nur gehofft, dass du beim Mendelssohn nicht zu schnell wirst.«

Während sie sich aufwärmte, holte Leah das Cello aus dem Koffer und stimmte es routiniert, und sofort war der Raum von einer Kakophonie ihres Einspielens erfüllt. Das ärgerte mich noch mehr. Da ich hinter der Bühne kein Klavier hatte, war das Mindeste, was sie tun konnten, aus reiner Solidarität ebenfalls auf das Aufwärmen zu verzichten. Ich holte meinen Schminkbeutel heraus und trug ostentativ mehr Eyeliner auf.

»Wir sollten aufpassen, dass wir nicht wie angemalte Omas aussehen«, warnte Leah, da ertönte auch schon die Sprechanlage, und es war Zeit, auf die Bühne zu gehen.

Ich kannte die Elder Hall seit meiner Kindheit, aber jedes Mal, wenn ich dort auftrat, war es vor einem anderen Publikum gewesen – und deshalb auch in einem jeweils anderen Konzertsaal. Diesmal hatte ich zwei Begleiterinnen an meiner Seite, in nicht zusammenpassender Garderobe. Ich verbeugte mich leicht, Helen nickte streng, und Leah machte einen verführerischen

Knicks, dann nahmen wir unsere Plätze ein und stimmten die Instrumente. Wir sahen uns lächelnd an, Helen schniefte kurz als Auftakt, und schon ging es los mit dem Mozart. Sie war eine gute, klare Konzertmeisterin, und unser Ensemble war sehr präzise, aber noch bevor ich es richtig wahrhaben wollte, spielte sie auf spektakuläre Weise immer unsauberer. Irgendetwas stimmte nicht mit ihr, aber egal, ich würde das nicht zulassen. Die erste Regel war, dass die Show weitergehen musste. Vielleicht würden die Zuhörer es ja nicht einmal bemerken. An diesem Glauben hielt ich fest und spielte weiter, bis sie die Geige absetzte und auch Leah aufhörte und mich ansah.

»Es hat keinen Zweck, Anna«, flüsterte Helen. »Meine E-Saite ist gerissen.«

Fünfzehn Sekunden nach dem Beginn unseres Debüt-Konzerts steckten wir in der schrecklichen, spannungsgeladenen Stille einer Konzertkatastrophe, verstärkt durch vierhundert Zuhörer. Als Helen von der Bühne lief, klapperte der Rhythmus ihrer hohen Schuhe einsam im Saal, erst dann setzte leises Gemurmel ein. Ich wusste nicht, was jetzt zu tun war – sollte ich vielleicht eine Rede in der Art Churchills halten? Hilfesuchend sah ich zu Leah, aber die umarmte ihr Cello und schien geradewegs darin zu verschwinden. Ich drehte mich ein wenig nach links und starrte auf die Rückseite der Bühne, um die erwartungsvoll-verwirrten Gesichter der Zuschauer nicht sehen zu müssen. Wenn ich mich stark genug konzentrierte, konnte ich mich vielleicht zurück in die Sicherheit meines Musikzimmers wünschen, allein mit meinem Yamaha-Flügel.

Als Helen wieder auf die Bühne kam, gab es einen aufmunternden Applaus. Sie setzte sich und führte uns erneut in den Mozart.

Diesmal war unser Ensemble nicht mehr so sicher. Ein zarter, kollektiver Glaube war erschüttert worden. Es war ein Glaube, so zerbrechlich wie die Liebe. Er balancierte unseren Glauben an uns selbst gegen unseren Glauben an die anderen aus, und nichts davon war jetzt noch verlässlich. Leah verpasste einen Einsatz in der Wiederholung, weshalb ich einen Funken der Unzufriedenheit spürte und prompt eine Taste nicht genau traf. Nur einen Takt danach verhunzte Helen einen Lauf, und ich wusste, dass sie mir ebenfalls kritisch folgte. Während wir uns unbeholfen den Weg durch den Mozart bahnten, waren wir nichts als drei Teenagermädchen in Ballkleidern, die versuchten, mehr oder weniger gut zusammenzuspielen.

Der Beifall verebbte, noch bevor wir die Garderobe erreicht hatten.

»Es tut mir so leid«, sagte Helen, »ich habe versucht, einfach auf der A-Saite weiterzuspielen.«

»So was passiert nun mal«, erwiderte ich. »Allerdings hätten wir es hinter uns lassen können.«

»Reißt euch zusammen, Mädels«, sagte Leah. »Die ersten Personen, die wir überzeugen müssen, sind wir selbst.«

Wir folgten ihr hinaus auf die Bühne, wo sie den Mendelssohn so schön begann, wie ich sie überhaupt noch nie hatte spielen hören, und ich umkreiste ihr Thema dankbar mit meiner Begleitung. Dies war jetzt kein Wettbewerb mehr, und jede Inspiration, die sie erzeugen konnte, gehörte der Gruppe. In der Pause versammelten sich unsere Eltern ganz aufgeregt hinter der Bühne.

»Das Publikum im Foyer hat ordentlich was zu besprechen«, sagte mein Vater.

»Vor unseren Augen spielt sich ganz offenbar ein Herrenabend ab«, konstatierte meine Mutter ganz perplex. »Wo habt ihr denn bloß Werbung gemacht?«

Sie gingen an ihre Plätze zurück, dann erklang wieder die Sprechanlage, und wir betraten die Bühne, um unseren Schostakowitsch zu spielen. Leah erzeugte ihre Flageolett-Töne mit überirdischer Präzision, Helens Einsatz war menschlich und verletzlich, und ich empfand meinen Bass-Einsatz als nur einen weiteren Teil des Gesamtklangs, als etwas, das nicht mir persönlich angehörte, sondern der Gruppe. Als wir die *pizzicato*-Stelle von Geige und Cello im vierten Satz erreichten, ratterten Helen und Leah die Töne in einem gnadenlosen Maschinengewehrfeuer herunter und erzeugten dabei mehr und immer noch mehr Energie – bis plötzlich etwas explodierte. Wir brachen schockiert ab und hörten die zarten Geräusche eines hölzernen Stegs, der über die Bühne hüpfte. Helen saß für einen Moment ruhig da, dann stand sie mit einem tiefen Seufzer auf und ging von der Bühne. Leah und ich sahen zuerst uns an, dann das irritierte Publikum, und traten schließlich den Rückzug hinter die Bühne an, wo Helen bereits auf einem Stuhl saß und sich die Hände vors Gesicht hielt.

»Warum?«, fragte sie. »Warum, warum, warum?«

Ich wirbelte um sie herum und machte tröstende Geräusche. »Aber der Schostakowitsch war doch nicht so schlecht.«

Wir hörten energische Schritte auf der Bühne – ein erboster Zuhörer, der sein Geld zurück wollte? Aber es war Helens Schwester Nicki, die in die Tür der Garderobe trat und die Bühnenbeleuchtung im Rücken hatte. Sie war nach einer Probe zu spät zum Konzert gekommen und hielt uns jetzt in Form einer wunderbar umstrahlten Silhouette ihre eigene Geige entgegen.

Helen zögerte einen Moment, nahm sie ihr dann aber ab und führte uns wieder hinaus auf die Bühne.

Das Publikum spendete aufmunternden Beifall, während Helen wieder Platz nahm und uns anzeigte, dass wir noch einmal den vierten Satz spielen würden. Zu Beginn hielt ich meinen schützenden Blick auf sie gerichtet, um sie in mein Spiel einzubetten, aber als sie dann Nickis Violine bis an die Grenze des Möglichen trieb, merkte ich, dass sie das gar nicht brauchte – und dass Musik für sie in der Tat eine Art zu leben, eine Art zu atmen, eine Art zu akzeptieren war. Diesmal schafften wir es durch die *pizzicati* und hin zu den gewaltigen Höhepunkten danach, und ich war überglücklich, einem solchen Ensemble anzugehören, vertikal zu sein. Als Pianistin, allein in meinem Zimmer, war ich viel zu lange horizontal gewesen. Jetzt, beim Spielen dieser Musik der Einsamkeit und der Trennung fühlte ich mich plötzlich einem Stamm zugehörig.

KAPITEL 15

Khatschaturian

Als mein Studium sich dem Ende näherte, drängte mich Mrs. Sivan, ein Aufbaustudium im Ausland anzustreben. Im Vorjahr war Kate Stevens nach Fort Worth, Texas, übersiedelt, um dort ihren Master zu machen. In Fort Worth gab es die Van Clive International Piano Competition sowie das Cliburn Institute, eine dazugehörige Sommerakademie. Nach allem, was Kate erzählte, war das ein richtiggehendes Mekka für talentierte Nachwuchspianisten.

»Natürlich, sie schätzen Kate enorm«, meinte Mrs. Sivan. »Machst du sofort Demoband für Cliburn Institute. Sie werden dich ebenfalls enorm schätzen. Ich garantiere.«

Ich tat wie geheißen und bekam ein Einladungsschreiben des Rektors, der mir ein Stipendium für das Institut anbot und mich zu einer Aufnahmeprüfung für den Masterstudiengang einlud.

»Ist exzellente Neuigkeit!«, sagte Mrs. Sivan. »Ich sage nicht, dass hat Amerika keine Probleme. Manchmal Geschäft anstelle von Musik. Aber sie wissen, was ist unterschiedliche Niveau, ja.« Sie sah aus dem Fenster hinaus auf die leere Straße. »In gewisse Hinsicht Australien ist wie schlafende Dornröschen. Aber wirklich hat gewaltige Zukunft – gewaltige! Du weißt, dass ich bin *enorme* Patriot. Habe ich so viel Talent hier getroffen, aber so viele beraubt, es zu nutzen, weil sie erhalten nicht

Ausbildung. Denkst du, ich bin gekommen hierher mit Zufall? In gewisse Hinsicht ja, aber in Wahrheit nicht. Generell ich glaube nicht an Zufall. Hat etwas zu bedeuten.« Sie sah mich an und nahm meine Hand. »Mein Herzchen, du wirst lernen von allem und wirst lernen überall, aber musst du versprechen, dass du kommst zurück und unterrichtest.«

Bei Sätzen wie diesen fühlte ich mich unwohl. Ich war noch nirgendwo hingegangen, deshalb war es auch viel zu früh, meine Rückkehr zu versprechen. Stattdessen holte ich das orangefarbene Heft mit dem Khatschaturian-Konzert aus der Tasche und stellte es aufs Notenpult. Ich hatte es erneut in die zweite Runde der Young Performers Awards geschafft, und dieses Jahr war ich fest entschlossen, zweihundertprozentige Sicherheit zu haben und nicht grotesk zu sein.

»Wir können Komponisten arrangieren nach Zeit und Kategorie«, sagte sie, »um kleine bisschen mehr Disziplin in unsere Kopf zu bringen. Aber Komponisten sind Menschen, nicht Monumente – sind lebendig! Khatschaturian ist Grunde genommen Zeitgenosse von Schostakowitsch, ja, aber beide Männer *sehr* verschieden. Khatschaturian als Mann war sehr großzügig und freundlich. Viel wärmer und komplett offen, aber zu gleiche Zeit viel einfacher als Schostakowitsch. Insgesamt du kannst sagen, nicht viel Unterschied im Alter, aber für mich Khatschaturian *immer* wirkt jünger. Vielleicht weil hat uns gewöhnt an seine Alter.« Sie schlug das Konzert auf. »Und all das sofort in seine Musik. Diese Konzert komplett lebendig, komplett voll mit Begeisterung zu leben. Aber gleichzeitig auch enorm *exotische* Klänge. Keine russische, das nicht! Ist *Armenier*. Und sein Stil ist sehr perkussiv, ja, aber sehr *bunt innerhalb Perkussion*. Mehr als bunt: gut gewürzt. Khatschaturian ist wie Sternekoch, und kennt ganz genau Gewürze.« Sie spielte einen pikanten Akkord. »Leute glauben, dass gibt nur eine Position von Hände, aber gibt Millionen! Weil alle Zutaten hier, in Hände! Insgesamt, was ist Rhythmus?«

»Rhythmus ist Leben«, zitierte ich sie.

»Natürlich, Rhythmus selbst gibt dir alle Erzählstränge. Aber zu gleiche Zeit, alles integriert: Rhythmus ist die Melodie, und Harmonie ist der Rhythmus, und Melodie ist die Harmonie. Arbeiten sie absolut wie Herz, Leber und Gehirn. Eine davon kaputt, dann keine Leben! Welche Sinn macht zu sein stolz auf gesunde Leber, wenn bereits tot von Herzinfarkt?« Sie lachte. »Diese Musik Kombination von unglaubliche Visionen. Ich habe gesagt: Phantasie unbegrenzt am Klavier. Nur eine Wort wichtig: *wenn.*«

Diesmal tat ich alles, was ich konnte, um dieses unsichere *Wenn* zu stärken. Ich übte das Konzert im Kopf, während ich im Schwimmbad meine Bahnen zog. Ich wiederholte seine vielfältige Choreografie, bis meine Hände auch fernab des Klaviers jede einzelne Bewegung kannten. Ich analysierte jeden schmackhaften Akkord, jede würzige Harmonie. Ich studierte den Orchesterpart, bis ich ihn im Geiste durchblättern konnte, und brütete über den Einsätzen von Bassklarinette und Flexaton.

»Wird schon viel besser«, sagte Mrs. Sivan in der letzten Stunde vor der Prüfung. Diesmal gab es beim Spielen im ABC-Rundfunkgebäude niemanden, der »grotesk« sagte. Als ich am nächsten Tag mit dem Fahrrad vom Konservatorium heimkam, fing mich mein Vater an der Einfahrt ab.

»Du hast heute den wichtigsten Anruf deines Lebens erhalten, Pie. Eine Woche nach deiner Rückkehr aus Texas wirst du mit dem Adelaide Symphony Orchestra spielen!« Mein Fahrrad fiel zu Boden, und wir tanzten gemeinsam neben dem Rosenbeet.

Als ich zum Sommerseminar nach Fort Worth flog, holte mich eine Assistentin am Flughafen ab und fuhr mit mir über die verschiedenen Autobahnzubringer, wobei sie immer wieder auf Einkaufszentren von Interesse zeigte: »Habt ihr so Dinger auch in Australien?«

Sie setzte mich an der Universität ab, wo ich meine Koffer auspackte und dann eine kleine Runde drehte. Draußen war es heißer als erwartet, und aufgrund der Fremdartigkeit aller Dinge fühlte ich mich ziemlich desorientiert: Der Himmel war schmutzigblau, die Straßen menschenleer, die Eichhörnchen jagten die Bäume hinauf und hinunter. Eine endlose Reihe von SUVs schoss vorbei, und jeder Fahrer starrte mich ganz unverblümt an, so erstaunlich war offenbar der Anblick eines Fußgängers. Schon bald wusste ich nicht mehr, woher ich gekommen war, deshalb stieg ich auf einen Hügel, um zu sehen, wo ich mich befand, und da es kein separates Trottoir gab, ging ich dabei am Straßenrand. Oben angekommen, hielt ein Wagen neben mir. Ein Mann mit Cowboyhut kurbelte das Fenster herunter und grinste so breit wie eine Zeichentrickfigur.

»Hi-ya, Süße. Wie heißt'n du?«

»Anna.«

»Äy-eh-na. Dassja echt'n hübscher Name.« Wie er ihn so träge auf der Zunge zergehen ließ, kam er mir wirklich vor wie ein echt hübscher Name.

»Danke.«

»Warum kletterste nich hier rein, Kleines, und ich bring dich dahin, wo du's mir sag'n tust.«

Ich hätte nie geglaubt, dass Menschen wirklich so reden, und fühlte mich noch desorientierter. Vielleicht war das ja auch nicht die wirkliche Welt, sondern ein Filmset, wo die üblichen

Regeln der Vernunft nicht länger galten. »Ich suche den Weg zurück zur Texan Christian University, aber ich weiß nicht mehr, in welcher Richtung sie liegt.«

»Oh, die Texan Christian University is' meilenweit entfernt. Die liegt auf der anderen Seite von diesen Hügeln da. Spring rein, Kleines, und ich fahr dich rüber.«

Sein Auto sah geräumig und recht gemütlich aus, zudem hörte ich, dass die Klimaanlage auf Hochtouren lief. Aber sein Lächeln drehte die Wattleistung noch weiter nach oben – *was hast du für große texanische Zähne!* –, woraufhin die Welt sich umschaltete und wieder sie selbst wurde und ich mich daran erinnerte, dass die Universität in einer völlig anderen Richtung lag.

»Danke, aber ich glaube, ich gehe lieber zu Fuß.«

Ich drehte mich um und schritt zügig den Hügel hinunter.

»Äy-eh-na!«, rief er mir nach. »Komm schon, Äy-eh-na, es is' für dich nich' sicher da drauß'n, so allein auf den Straßen.«

Ich ging schneller, um nicht mit dem Lasso eingefangen zu werden, aber als ich mich am Fuß des Hügels umdrehte, war der Cowboy nicht mehr da. An der Universität angekommen, suchte ich mir einen Übungsraum und arbeitete an meinem Khatschaturian, und langsam fand ich wieder in die mir bekannte Welt zurück.

Am nächsten Morgen saß ich mit zwanzig anderen jungen Pianisten auf der Bühne und wartete darauf, dass ich an die Reihe kam, während der Dozent uns mit Anekdoten und Demonstrationen versorgte. Ein junger Brasilianer spielte ein sehr poetisches Stück von Schubert, eine junge Rumänin spielte Skrjabin. Schließlich war ich dran und spielte Liszts *La Campanella*.

»Was ist das Geheimnis dieser Oktaven hier am Schluss?«,

fragte er. »Wenn du Probleme mit den Sechzehnteln hast, spiel stattdessen Quintolen. Wenn das immer noch schwer ist, spiel Sextolen. Oder sogar – mein Favorit – Oktolen.« Er ratterte die Oktolen wie Maschinengewehrfeuer herunter. »Auf einmal sind die Sechzehntel kinderleicht! Gar kein Problem mehr!«

Bei dem anschließenden Empfang sprach mich ein Mann mit Notizbuch an: »Ich bin Demetrios aus Athen und besuche das Cliburn Institute als Gasthörer. Herzlichen Glückwunsch zu Ihrem Vorspiel. Jetzt muss ich aber fragen: Was ist Ihre genetische Abstammung?«

»Ziemlich langweilig«, entschuldigte ich mich. »Australierin in der fünften Generation.«

Er nahm den Bleistiftstummel, den er hinters Ohr geklemmt hatte, und notierte das in kyrillischer Schrift sorgfältig in seinem Programmheft. »Meiner Meinung nach sind Sie die echteste Keltin in diesem Kurs. Ich erkenne das anhand der Farbe Ihrer Augen und Haare sowie des besonderen Farbtons Ihrer Haut.«

Es gab einen Gastdirigenten aus England, der wie aufgezogen von einer jungen Frau zur nächsten eilte. Ich fragte mich, ob er vielleicht ein Toupet trug, und begegnete versehentlich seinem Blick. Sofort kam er auf mich zu, in der Hand das Glas Wein, das, wie ich gesehen hatte, das rumänische Mädchen soeben abgelehnt hatte. »Wahnsinnig schade, dass ich Ihr Vorspiel heute verpasst habe. An Ihrer Arbeit bin ich ganz *besonders* interessiert. Wie gefällt Ihnen die Meisterklasse?«

»Alles, was er gesagt hat, war wirklich brillant.«

»Aber?«

Ich war noch unentschieden, wie ich es finden sollte. Der Dozent war ein hervorragender Pianist, der über Technik und

Tempo und Vorbereitung redete. Aber er hatte nichts über Choreografie gesagt, nichts über das Umarmen des Klaviers, nichts über das, was die Töne einem hinterher erzählen. Es war nicht ganz die Erleuchtung gewesen, die ich erwartet hatte. »Aber es war alles so allgemein. Meine Lehrerin zu Hause redet oft über *kleine bisschen*.«

»Etwas Blöderes habe ich ja noch nie gehört«, entfuhr es ihm, und sein Hals war plötzlich ganz steif vor Erregung. »Das ist genau das provinzielle Denken, das Australien so in Verruf bringt.«

Seine Reaktion erstaunte mich, ohne dass ich gewusst hätte, wie ich mich hätte verteidigen sollen. Gerade hatte ich mich noch im Smalltalk mit einem überfreundlichen Dirigenten befunden, und von einer Sekunde auf die nächste warf man mir Provinzialität und mangelhafte Bildung vor. Schlagartig verstand ich, was ich für ihn war: irgendein Mädchen aus den Kolonien, dem seine Vorstadt-Klavierlehrerin gesagt hatte, es solle immer schön spielen, *musikalisch* sein. Er nahm hastig einen Schluck Wein und sammelte sich. »Sie haben einen sehr schönen Hals, fast wie ein Schwan. Ich mag es, wenn eine Frau einen schönen Hals hat.«

Ich entschuldigte mich und ging zu dem Brasilianer, um ihm zu seinem Schubert zu gratulieren.

»Und mir hat dein Liszt gut gefallen«, gab er zurück. »Und du erinnerst mich an jemand. An eine Studentin hier, ebenfalls aus Australien. Kate Stevens.«

»Wir haben die gleiche Lehrerin«, erklärte ich ihm stolz.

Spät am nächsten Abend, nach den Meisterklassen, versammelte sich die Klavierfakultät der Universität im Auditorium, um meine Aufnahmeprüfung anzuhören. *Was müssen wir immer sein in unserem Spiel? Überzeugend. Und eine Person,*

die man überzeugen muss, ist man selbst. Wenn man selbst fest
glaubt, glauben alle anderen auch.

Als ich in dem mitternächtlichen Auditorium spielte, verspürte ich die Freiheit des Fremdlings. Es war viel leichter, hier auf
dieser Seite des Planeten zu spielen, hier, wo scheinbar nichts
zählte. Danach ging ich wieder in mein Übungszimmer und
arbeitete am Khatschaturian, und in den frühen Morgenstun-
den kam der Rektor zu mir. Er sagte mir, dass ich in den Kurs
aufgenommen sei und man mir ein Stipendium anbot. Rund um
uns herum übten andere Studenten Liszt und Balakirew, selbst
zu dieser Uhrzeit. Ich wusste, dass es mir guttun würde, hier zu
studieren, aber der einzige Ausblick, der sich mir darbot, war
der auf eine endlose, mit Einkaufszentren gesäumte Autobahn.

Er schien zu wissen, was ich dachte.

»Texas ist nicht so schön wie Australien, aber wir arbeiten
hart und warten auf die Gelegenheit, anderswohin zu gehen.
Ich werde Sie an vielen Wettbewerben teilnehmen lassen, und
eine große Zukunft wird Ihnen offenstehen, aber Sie müssen
die Sache ernst nehmen. Und jetzt fliegen Sie nach Hause und
gewinnen diesen Young Performers Award.«

* * *

Daheim in Adelaide angekommen, hatte ich fünf Tage, um
mich bis zur Endrunde vom Jetlag zu erholen. Das war ein
anstrengender Zeitplan, aber wenn ich die Sache ernst nehmen
wollte, musste ich mich daran gewöhnen.

»In Russland wir haben gelernt zu spielen, ob Tag oder
Nacht«, erzählte mir Mrs. Sivan. »Hat man uns aufgeweckt
drei Uhr morgens, vier Uhr, und sofort wir mussten spielen. In

jede Situation, jede Temperatur, auf jede Klavier. Definitiv wir sind hart im Nehmen, sonst Überleben nicht möglich.«

Letzte Weihnachten war es meinen Eltern doch noch gelungen, mich wieder zum Autofahren zu bewegen, indem sie meinem Bruder und mir ein gemeinsames Geschenk machten: einen senffarbenen Toyota Corolla Baujahr 1972. Jetzt setzte ich damit rückwärts aus der Einfahrt, um zum Klavierunterricht zu fahren, und schon begann in meinem Kopf der erste Satz des Khatschaturian-Konzerts. Ich bog nach links in die Prospect Road ein und fuhr bis zur Kintore Avenue, wo ich auf eine Lücke im Gegenverkehr wartete, um rechts abbiegen zu können. Es kam eine Lücke, und dann noch eine, aber ich war durch die *strepitoso*-Oktaven abgelenkt, die zur *fortissimo*-Aussage des Orchesters führten, und verpasste beide Gelegenheiten. Plötzlich hörte ich ein gewaltiges Krachen, dann spürte ich einen vertrauten Druck auf meinen Oberkörper und fand mich fünfzig Meter weiter vorne und nach Luft schnappend wieder. Ich stieß die Tür auf und stolperte hinaus an den Straßenrand. Hinter mir stieg ein Mann aus dem Führerhaus eines Kleinlasters. »Sorry, Lady, hab Sie nich gesehn.« Er kam zu meinem Auto, betrachtete es mit seinen riesigen braunen Augen und kicherte los. »Ich denk mal, der is reif für'n Schrottplatz.«

Er hatte recht. Dies war das zweite Auto, das ich auf dem Weg zum Klavierunterricht ruiniert hatte, aber ich wusste, dass es diesmal nicht meine Schuld gewesen war, und empfand eine verspätete Empörung. »Das hätte mich mein Konzertdebüt kosten können!«

»Was für'n Ding?«

»Ich spiele morgen mit dem Adelaide Symphony Orchestra!«

Er zuckte mit den Achseln. »Ganz ruhig, Lady. Hab doch gesagt, es tut mir leid.«

Die Polizei traf ein und rief meine Mutter an, die in ihren Gartenklamotten den Hügel heraufgerannt kam. »Ach Gottchen, ach Gottchen«, wiederholte sie unablässig, während ein Polizist den zusammengequetschten Wagen um die Ecke und in die Einfahrt steuerte. Sie brachte mich ins Haus, holte ihre Erste-Hilfe-Tasche und untersuchte mich mit zittrigen Fingern.

»Ich muss zum Unterricht, Mum. Morgen spiele ich mit dem Orchester.«

Sie machte uns eine Tasse Tee und gab mir eine Schmerztablette. Dann holte sie einen Eisbeutel aus dem Gefrierfach und fuhr mich zu Mrs. Sivans Haus. Zuvor klebte sie noch einen gelben Post-it-Zettel an das demolierte Auto in der Einfahrt: *Anna ist okay. Sind bei Klavierstunde.*

Als ich am nächsten Morgen aufwachte, hatte ich Nackenschmerzen wegen des Schleudertraumas, aber zumindest ließ der Jetlag langsam nach. Meine Mutter brachte mich zum Sender, wo das stattfinden sollte, worauf ich seit Jahren hingefiebert hatte: meine erste Begegnung mit einem Orchester. Der Dirigent, Sir William Southgate, lud mich ein, ins Studio 520 zu kommen, und beim Eintreten sah ich einen Raum, in dem sich achtzig Musiker gegenseitig den Platz wegnahmen: eine marodierende Armee mit einem gleichermaßen erschreckenden wie vielfältigen Waffenarsenal. Sie spendeten mir eine Runde Beifall, und einigermaßen beruhigt setzte ich mich an den Flügel. Diesen Ort kannte ich zumindest: die schwarzen Hügel und weißen Täler, diese vertraute Topografie.

Sir William hob die Arme und sorgte für Ruhe, und schon erfüllte der Klang des Orchesters die Luft um mich herum. Ich wartete so aufmerksam auf meinen Einsatz, wie ein Surfer eine

Welle abpasst, und dann warf ich mich hinein und erwischte ihn. *Spielen mit gute Orchester gibt dir Flügel, ist größte Freiheit, größte Freude!* Der Orchesterklang erfasste mit seiner Vibration den Boden und sogar das Klavier. Ich begegnete ihm mit meinem eigenen Klang, und es ergab sich eine Konversation, wie ich sie spannender noch nie erlebt hatte.

»Gut«, sagte Sir William Southgate, als wir den Schluss erreichten. »So hatte ich mir das in etwa vorgestellt. Ladies and Gentlemen, wir machen jetzt fünfzehn Minuten Pause. Anna sehen wir dann in der Adelaide Town Hall wieder.«

Das war alles? Ich hätte den ganzen Vormittag weiterproben können. Von der ersten Sekunde an war das Spielen dieses Konzerts ein süchtig machendes Vergnügen gewesen – die Art von Vergnügen, an der sich alle anderen zu messen haben.

Bei der Generalprobe am nächsten Tag ließ ich meinen Vater im Parkett zurück, damit er auf die Balance des Klangs achtete, und ging selbst auf die Bühne. Der Flügel stand links, das Orchester saß dicht an dicht auf der anderen Seite. Meine Mitbewerber in der Finalrunde waren dunkle Gestalten im Zuschauerraum. Ein ABC-Tontechniker lief vor und zurück und richtete die Mikrofone ein. Ein Beleuchter experimentierte mit diversen Lichtkombinationen, was meine Hände Schatten auf die Tastatur werfen ließ, die mal rosa-, mal malven- und mal beigefarben waren. Ich betrachtete den zwei Meter fünfzig tiefen Abgrund rechts neben mir und sah schnell wieder weg. Überall lauerten Gefahren.

»Also«, sagte Sir William. »Das letzte Konzert vor der Mittagspause. Einmal ganz von vorne, ohne Unterbrechung.«

Das Orchester klang hier völlig anders: greller und weit weniger nachsichtig. Bei meinem ersten Einsatz fehlte den Tönen die Autorität, aber schnell schaffte ich es, mir wieder den Anschein einer Heldenhaftigkeit zu geben. Im zweiten Satz wurde mir unter der Bühnenbeleuchtung langsam zu warm. Die Klavierbank war zu niedrig, vielleicht aber auch zu hoch. Das Atmen fiel mir schwer, und ich erinnerte mich an den schraubstockartigen Druck des Sicherheitsgurts auf meiner Brust. Wessen Hände waren das, die da unter mir diese chromatischen Akkorde spielten? Woher nahmen sie die Sicherheit, zu wissen, was sie taten? Ich näherte mich einer ausgedehnten Folge von Cluster-Akkorden, einer chromatischen Progression über einem Cis-Orgelpunkt. Diese Sequenz hätte ich eigentlich sogar rückwärts spielen können, aber ich begann mich zu fragen, ob ich sie auch wirklich kannte oder ob ich bisher nicht einfach nur Glück gehabt hatte. Was, wenn das Glück mich jetzt im Stich ließ?

Ein Teil von mir mochte diese Frage. Er wollte wissen, wie das hier aussehen würde, so ganz kaputt. Ich stellte mir vor, wie es wäre, einen Takt auszulassen, und hatte sofort ein mulmiges Gefühl im Bauch, als würde ich gleich von der Klippe stürzen, diese Vorübung der Katastrophe, die man Schwindel nennt: Ich spürte ihn wie einen Tritt in den Magen. Und kaum hatte ich mir das vorgestellt, da folgten meine Hände auch schon meiner Imagination, und die Welt schob sich zur Seite und offenbarte das Chaos, das unter ihr tobte.

Bleib ruhig und du findest wieder zurück.

Mittlerweile spielte ich einen selbst erfundenen Akkord nach dem anderen, wie ein Kind, das besinnungslos auf eine Tastatur eindrischt, um die Zeit bis zum nächsten Orchesterhöhepunkt zu überbrücken. Das waren nicht die gewürzten Dissonanzen von Khatschaturians Konzert, sondern vollkommen andersartige.

Sir William warf mir einen besorgten Blick zu, und langsam, unerbittlich, wie ein Öltanker, der auf Grund läuft, registrierte das Orchester die darin enthaltene Panik. Hinter meinem trockenmündigen Horror war ich ganz fasziniert davon, wie etwas, das so klitzeklein beginnt, als winziges kognitives Element – ein Zweifel, der Funke einer Provokation –, sich derartig schnell in eine Katastrophe verwandeln konnte: achtzig Musiker in einem musikalischen Niemandsland aufs Trockene gesetzt, Instrumente inklusive. Sir William führte in einer nachdrücklichen Bewegung die Hände zusammen und brach ab. In der nachfolgenden und endlos wirkenden Stille schien ich in jeden der anwesenden Körper zu schlüpfen.

Ich spürte, wie mein Vater in sein Inneres verschwinden, sich am liebsten auflösen wollte und damit begann, indem er seine Ober- und Unterlippe einzog. Ich spürte die plötzliche Lebhaftigkeit meiner Mitbewerber, ihren berauschenden Cocktail aus Mitleid und Schadenfreude. Ich spürte eine klobige Verärgerung bei den Orchestermusikern, ein Knurren im Magen, so kurz vor der Mittagspause. Und ich spürte ein ganz neues Misstrauen bei Sir William, eine Sorge, wie man dieses gute Schiff mit einem derart unzuverlässigen Ersten Offizier über Wasser halten konnte. Der einzige Körper, in den ich im Moment nicht schlüpfen wollte, war der, der wie gelähmt im Rampenlicht saß – mein eigener.

»Das macht gar nichts«, sagte Sir William. Seine Stimme quiekte, als sei er im Stimmbruch. »Noch einmal, Ladies and Gentlemen, ab Buchstabe K.«

Diesmal war kein Spielraum für Fehler: ein Ausrutscher bei der Generalprobe war noch verzeihlich, aber zwei wären der reine Selbstmord. Ich klammerte mich an die Cluster-Akkorde, als hinge mein Leben davon ab, konzentrierte mich voll auf sie, blieb dabei auf dieser Seite der Sinnhaftigkeit, der Kohärenz, und schaffte es, die Sequenz gut hinter mich zu bringen. Aber damit war all mein Mut aufgebraucht und ich konnte dem Orchester im dritten Satz nur noch lammfromm folgen, mit dem einzigen Wunsch, dass der Tag bald zu Ende wäre oder ich zumindest aus ihm verschwinden könnte.

»Wie hat es geklungen?«, fragte ich meinen Vater, als wir später im Auto saßen und heimfuhren.

Ein Fußgänger überquerte direkt vor uns die Fahrbahn. »Aus dem Weg, du Volltrottel!«, schrie er. »Du dummes Arschloch! Du beschissener, oberarschiger Idiotenf…!«

Wir fuhren schweigend weiter. »Wie war die Balance?«, startete ich einen neuen Versuch, als wir die Ampel an der Portrush Road erreichten.

»Gut, ja, ganz okay.« Er nahm die Hand von der Gangschaltung und ergriff meinen Arm, als sei ich ein tapferes Kind mit einer unheilbaren Krankheit. »Vor dem Abend übst du aber noch ein bisschen, oder?«

Als wir zu Hause ankamen, rief ich Mrs. Sivan an. »Viel besser zu haben Problem in Probe als in Konzert«, beruhigte sie mich. »Du weißt, dass ich bin immer abergläubisch. Schlechte Probe heißt gute Konzert. Genießt du Leben! Und immer denkst du: Musik ist natürliche Kommunikation, mit Töne. Ist Sprache, kombiniert aus deine Weisheit, deine Großzügigkeit, deine Phantasie, deine Imagination, deine körperliche Präzision – ja? – und deine absolut klare Kommunikation. Mein Herzchen, bist du absolut vorbereitet. Konzert klang exzellent in Stunde. Einfach exzellent. Wie oft sage ich das?«

»Nie.«

»Ganz genau.«

Bestärkt durch ihre Worte, übte ich eine Stunde und machte dann ein Nickerchen. Als ich erwachte, waren die Fehler des Vormittags die Fehler eines anderen Ichs, für das ich nicht länger verantwortlich gemacht werden konnte. Nach einem frühen Abendessen fuhren mein Vater und meine Geschwister zum Sender, während meine Mutter mir bei meiner Vorbereitung half. Wir hatten Wochen damit verbracht, den richtigen Stoff für meine Garderobe auszusuchen, in einem ganz besonderen Rot, das nicht von der Bühnenbeleuchtung verschluckt werden würde. Jetzt half sie mir in das Kleid, befestigte es an den Trägern des BHs und schloss den schwarzen Samtkragen, den sie dazu geschneidert hatte, hinten im Nacken. Meine Tante frisierte mir die Haare zu einem Krönchen, und ich legte meine Perlenohrringe an: ein Geburtstagsgeschenk meiner Eltern, das Isaac, Mrs. Sivans Mann, angefertigt hatte. Als ich in diesem umwerfenden Kostüm vor dem Spiegel stand, merkte ich, dass ich mich in etwas Unzerstörbares verwandelt hatte. Dies war eine Rüstung, die Verkleidung eines Superhelden, in der alles, aber auch wirklich alles möglich war.

In der Town Hall begleitete mich meine Mutter in meine Garderobe. Ich setzte mich ans Klavier und ging die Akkordfolge im zweiten Satz noch einmal durch.

Miss Goldsworthy, noch zehn Minuten.

Ich schreckte auf, so überrascht war ich darüber, dass die Wände der Garderobe sprechen konnten.

In zehn Minuten bitte auf die Bühne.

Ich spielte die Akkordprogression noch einmal, wie eine Meditation, ein Mantra. In einer halben Stunde würde dieses Erlebnis vorüber sein, und vermutlich war ich dann noch am Leben, ebenso wie meine Familie und meine Freunde.

Miss Goldsworthy, in fünf Minuten bitte auf die Bühne. Ich wiederhole: Noch fünf Minuten.

Aber es reichte nicht aus, dieses Erlebnis einfach auszuhalten, es nur zu überleben. Eintausend Leute waren gekommen, um mich zu hören! Ein achtzigköpfiges Orchester war bereit, mich zu begleiten! Dies war die Erfüllung meines Kindheitstraums, nur wenige Minuten entfernt. Mir wurde klar, dass mein ganzes Leben sich auf diesen Punkt hin entwickelt hatte, auf dieses grandiose Hollywood-Ende, in dem ich über alle Hindernisse, alle Schwarzmaler, alle Zweifel triumphieren würde. Diese ungreifbaren lobenden Erwähnungen! Der Prüfer in der achten Klasse und sein krötenhaftes C! Mrs. Sivans frühe Aussage: *Anna wird nie Konzertpianistin werden!* Allesamt widerlegt! Pickel! Zwangsneurose! Akustische Halluzinationen! Ausnahmslos überwunden! Cowboy-Entführer! Libidinöse Dirigenten! Bekiffte LKW-Fahrer! Nicht einmal die konnten mich aufhalten, als ich mich auf diesen kulminierenden Triumph zubewegte.

An meiner Tür ein Klopfen. Es war Sir William im Smoking.

»Sie sehen umwerfend aus«, sagte er. »Ich glaube, das Publikum ist bereit für Sie.« Er bot mir den Arm an und führte mich durch den Bankettraum und die Treppe hinauf hinter die Bühne. Ich setzte ein Lächeln auf, das, kaum war ich auf der Bühne, in ein echtes überging.

Eine honigfarbene Wärme strömt aus dem Publikum herauf, und dieser riesige Zuschauerraum fühlt sich lebensgroß an, nicht größer als ein Zimmer in unserem Haus. Ich sitze am Flügel, der wie gewohnt breit grinst, nicke Sir William zu, und das Orchester beginnt. Von der Sekunde meines ersten Einsatzes an weiß ich, dass ich diesen gesamten Raum mit meinen Klängen einnehmen kann. Ich bin ein Riese, der die achtzig Leute links von sich kontrollieren und die eintausend Leute rechts verführen kann. Der erste Rang ist so nah wie ein Kaminsims, und die Kronleuchter hängen wie Weintrauben, nur eine Armlänge entfernt. Später am Abend werde ich wieder auf die Bühne kommen, um gemeinsam mit meinen Mitbewerbern das Ergebnis zu erfahren. Zwei davon sind Wunderkinder, der andere ist halb so groß wie ich. *Sehr peinlich, du hast ausgesehen wie Königin in Kindergarten*, wird Mrs. Sivan sagen. *Sobald ich wusste, dass Zehnjährige spielt Liszt-Konzert, war klar, wir haben keine Chance.* Vier Monate später, nach dem Sieg bei der Adelaide Chamber Orchestra Concerto Competition, werde ich wieder auf dieser Bühne sein und ein Beethoven-Konzert spielen, und der Dirigent wird einen Hitzschlag erleiden und hinter der Bühne von meinen Eltern verarztet werden. Weitere drei Monate später werde ich im Flugzeug nach Texas sitzen, und im Dröhnen der Motoren wird sich das elementare Aufheulen meiner Mutter fortsetzen, ihre animalische Trauer darüber, dass ich sie verlassen habe und durch das Boarding-Gate und damit gleichzeitig aus meiner Kindheit gegangen bin. Ich fühle mich hier oben so leicht wie Luft, als würde ich gar nicht existieren. Nur dass ich jetzt haargenau weiß, wo ich mich befinde. Hier drüben ist die X-Achse meines Lebens, quer durch die vorderste Reihe des ersten Rangs: meine Mutter, mein Vater, meine Großeltern, meine hübschen Geschwister. Und dort ist meine Y-Achse, Mrs. Sivan, die gemeinsam mit ihrem Mann weiter hinten im Parterre sitzt. Ich werde von ihrer Liebe gehalten, und ich werde von diesem Orchester gehalten, und ich fliege durch diese Halle inmitten von Musik und spiele dazu den Soundtrack meiner Freude, meines Triumphs.

CODA

KAPITEL 16

Mozart

Ein Anruf meines Vaters, als ich von der Probe mit dem Trio heimkomme.

»Ich habe mit ihrem Arzt gesprochen, Pie. Es sieht nicht gut aus. Komm am besten her. Wenn's geht, noch heute.«

»Was heißt: Es sieht nicht gut aus?«

»Die Chancen, dass sie die Nacht überlebt, sind etwa fünfundzwanzig Prozent.«

Als ich auflege, ist die Welt ganz verschwommen, und ich verstehe die Gesetze der Wahrscheinlichkeitsrechnung nicht mehr.

Was bedeutet es, eine fünfundzwanzigprozentige Chance zu haben? *Einhundert Prozent nicht genug: auf Bühne muss sein zweihundert Prozent mindestens.*

»Ich komme mit«, sagt Nicholas, ruft bei Qantas Airways an und bucht die Flüge, dann telefoniere ich mit Helen und Tim. In zehn Tagen wollen wir nach Italien fliegen, um dort an einem Wettbewerb teilzunehmen, wobei unser Mozart-Trio bei Weitem noch nicht gut genug ist. Ihm fehlt sowohl das gesangliche Hören als auch das perlende *legato*. Je mehr wir proben, desto verkrampfter klingt es. Aber das ist alles nicht wichtig.

Unter uns wird Melbourne immer kleiner. Ich lasse meine Hand in Nicholas' festem Griff und schließe die Augen. Mir fällt ein, wie ich schon einmal drauf und dran war, sie zu verlieren, nämlich in Amerika. Die verstörende Leere der Klaviertastatur, ohne dass sie da war und mir das *Warum*, *Was* und *Wie* erklärte. Und gleichzeitig ein niederträchtiger Gedanke: Vielleicht musste ich jetzt nicht mehr *nach innen hören*, sondern konnte verzieren und informieren und demonstrieren, ohne dass mich dafür jemand zur Rechenschaft zog.

»Huhn oder Lamm?«, fragt die Stewardess.

»Wir sind nicht hungrig«, sagt Nicholas.

An der Universität in Texas hatte ich immer bis spät in die Nacht in dieser Zelle von einem Übungszimmer gespielt. Um mich herum donnerten die Studenten durch diverse Brahms-Konzerte, bis mir irgendwann klar wurde, dass es immer Pianisten geben würde, die besser verzierten und demonstrierten als ich. In die erste Stunde bei meinem neuen Professor nahm ich nur Werke mit, an denen ich bereits mit ihr gearbeitet hatte, Werke, die sie mir erklärt hatte. »Ich weiß, was Sie da tun«, sagte er schließlich mit aufgebrauchter Geduld, und ich musste alleine weitermachen. Nur dass ich nicht alleine war.

»Könnten Sie uns bitte eine Decke bringen?«, fragt Nicholas die Stewardess. »Sie zittert.«

In Texas hatte mich meine begabte Mitbewohnerin in ihr Übungszimmer eingeladen und mir ein Mozart-Konzert vorgespielt. Während ihres Vortrags lief in meiner Vorstellung eine Parallel-Version mit, mit ein bisschen mehr Licht im Klang, ein bisschen mehr Komik, ein bisschen mehr Freude, Gespräch und Theater. *Mozart ist wie Midas. Jeder Ton, den er berührt, wird zu Gesang.* »Wie kannst du das hören?«, fragte mich die Mitbewohnerin. *Was ist Intuition? Wissen, das ist gekommen hinein.*

Als ich die Augen aufmache, ist die Welt erneut ganz verschwommen.

Vor zwei Monaten spielte ich ein Solo-Recital in der Elder Hall. Danach suchte ich die Schlange der Gratulanten ab, die vor der Tür meines Warmspielraums warteten, aber sie war nicht da. Ich brach in Panik aus: Hatte ich sie enttäuscht? Debra nahm mich beiseite. »Sie musste gestern Abend ins Krankenhaus, aber sie wollte nicht, dass du dir vor deinem Auftritt Sorgen machst.«

Meine Mutter brachte mich sofort in die Klinik. Ich hatte immer noch meine Auftrittsgarderobe an und den Blumenstrauß in der Hand. Sie saß aufrecht im Bett und war ganz bleich, aber ihre Augen funkelten. »Wäre Übertreibung zu sagen meine Gesundheit ist exzellent. Aber was erwartest du? Ich war Kind der Belagerung von Leningrad.« Sie nahm meine Hand. »Mein Herzchen, Debra schon hat angerufen. Hat gesagt, Recital war schön, absolut.«

»Sie wären stolz auf sie gewesen, Eleonora«, sagte meine Mutter.

»Natürlich. Bin ich sehr stolz auf meine Mädchen. Werden immer künstlerischer, immer reifer. Habe gesagt: Wirklich talentierte Leute immer lernen. Aufgeschlossenheit ist erste Zeichen von Talent, und dann ganze Leben wie magische Tür, die geht auf.« Sie beugte sich im Bett nach vorne und zog dabei bedenklich an ihrem Tropf. »Insgesamt, was ist Künste? Generell ist grenzenlose Fliegen von Imagination. Nicht Gehen. *Fliegen* von Imagination. Grenzenlose Phantasie, aber in Klammern von völlige Verständnis. Und was ist wichtig in alle Künste? Kann sagen, was man will, aber Künste muss sein ästhetisch und ethisch fundiert. Muss sein Fundament aus Schönheit. Ist *sehr* wichtig. Schönheit ist Gewinner, weil Schönheit ist Anker von Leben, Schönheit ist Fundament von Leben, Schönheit ist Erwartung von diese Leben, und Schönheit schenkt auch

Leben. Ich meine nicht Schönheit im Sinne von hübsche Gesicht, sondern Schönheit als Liebe und Geben. Und furchtbare Sache ist, dass viele Leute nicht verstehen das. Sie verstehen Liebe und Geben wie Pflicht-Wörter, wie etwas, das muss sagen in Kirche, und dafür jeden Tag vergessen.«

»Da haben Sie wirklich recht«, sagte meine Mutter.

»Bitte, mein Herzchen, erzählst du mir alles. Zuerst, wie war Liszt? Gut, ja? Insgesamt sieht wunderschön aus, diese Kleid dir steht sehr gut. Aber trotzdem ich mag lieber mit hellere Haare, speziell bei so große Mädchen. Ist *viel* jugendlicher.«

Voller Zuversicht, dass sie sich ganz erholen würde, war ich in mein normales Leben in Melbourne zurückgekehrt.

Jetzt holt mein Vater uns vom Flughafen ab und bringt uns ins Krankenhaus. »Die Besuchszeit ist schon vorbei, aber ich denke, du solltest sie kurz sehen.«

Nicholas wartet unten im Foyer, während mein Vater uns den Weg in die Intensivstation klingelt und mich in diese Unterwasserwelt führt. Schwärme von Krankenschwestern flitzen geschäftig vorbei. Mein eigener, selbstständiger Atem rauscht mir in den Ohren. Mein Vater legt den Arm um mich. »Wenn man das erste Mal jemand im Koma liegen sieht, kann das ein Schock sein.«

Als sie herausgeschoben wird, brauche ich einen Moment, um sie überhaupt zu erkennen. Sie ist vollkommen abwesend: Ihre geschlossenen Augen sind so blind wie die eines Neugeborenen, ihre Hände liegen taub neben ihr. Aber ich greife nach einer, spüre, dass sie warm ist, und sage ihr, dass ich sie lieb habe, und dann wird sie auch schon wieder durch eine doppelte Schwingtüre geschoben und ist verschwunden.

In dieser Nacht fange ich im Bett an zu weinen und kann gar

nicht aufhören, nicht einmal als Nicholas mich in seine Arme nimmt. Ich mache mich los und gehe ins Wohnzimmer, wo meine Mutter immer noch alleine vor dem Fernseher sitzt. Als Kind konnte ich immer zu ihr gehen und ihr sagen, was mich gerade bedrückte – *rigor mortis* –, dann legte sie ihre warmen, lebendigen Arme um mich und verjagte damit alle Sorgen. Aber nicht einmal ihre Arme helfen mir jetzt.

Als ich zurück ins Schlafzimmer komme, hat Nicholas das Licht angemacht.

»Sie kann nicht sterben«, erkläre ich ihm. »Sie hat zu viel zu geben.«

Er streicht mir die Haare aus der Stirn. »Nach dem, was du mir erzählt hast, wird dieses Wissen sein eigenes Leben haben.«

Ich muss an die Schüler denken, die sie überall auf der Welt durch Musik belebt hat, und merke, dass es stimmt, was er sagt. Aber als Trost reicht es mir nicht. Meine Trauer ist dafür viel zu egoistisch. Es geht nicht nur um ihr Vermächtnis. Es geht darum, dass sie meine wunderbare Freundin und Lehrerin ist, und ich bin nicht bereit, in meinem Leben auf sie verzichten zu müssen.

Später schläft er ein, aber ich bleibe wach, als würde ich dadurch tatsächlich über sie wachen, als würde jede umspringende Ziffer auf dem Digitalwecker eine Steigerung der fünfundzwanzig Prozent darstellen. Wie besessen übe ich im Kopf mein Mozart-Trio und suche dabei in der Vorstellung ihre Klänge: Vielleicht trägt auch das dazu bei, dass sie am Leben bleibt. Am Schluss von *Maestro* besucht Paul den sterbenden Keller im Krankenhaus und fragt ihn, ob er gern etwas Mozart hören möchte.

*Seine Augen hatten sich geschlossen – unerreichbar für
die Musik, schien es. Einst hatte er Mozart vor allen anderen
geschätzt: Mozart scheint wie die Sonne, hatte er oft leise gesagt und sein Gesicht leicht nach oben gewandt wie zu einer
vorgestellten Quelle des Lichts und der Wärme, seine Augen
glänzend.*

Ein Anflug von Panik schnürt mir die Luft ab: Lebe ich etwa
das Buch meines Vaters nach? Er hat die Klavierstunden meiner Kindheit kannibalisiert – konnte er damals auch das Dreh-
buch unserer Zukunft schreiben?

Am nächsten Morgen hat sie eine weitere Nacht überlebt, und
ihre Schwester und ihr Neffe aus Amerika treffen ein. »Wir
haben in der Familie schon öfter solche Notfälle gehabt«, sagt
ihr Neffe, »aber wir haben alle überlebt. Zweifellos werden wir
auch diesen überstehen.« Trotz Jetlags sieht er gut aus mit seinen
leuchtend blauen Augen, und ich beschließe, ihm zu glauben.

Ich gehe auf ihre Station, desinfiziere mir die Hände und nehme ihre angeschwollene, ruhig daliegende Hand. *Hände können alles machen. Hände können reden – natürlich! –, können
tanzen, können singen. Hände können fliegen – glaub mir, ich
habe selbst erlebt!* Ihr Unterricht transzendiert das Körperliche
so sehr, dass ich ihre Hände schon längst als spirituelle Wesen
betrachte, aber umso mehr schockiert es mich jetzt, das Gewicht dieser Hand in meiner zu spüren. Akzeptieren zu müssen,
dass sie trotz allem Fleisch ist: ein Objekt, eine Sache.

Ihre Schülerin Gabriella kommt energisch herein. »Hier gibt
es keine Trauer«, kommandiert sie, »nur positive Gedanken.
Ich habe schon Leute im Koma gesehen, und an ihrem Gesicht
erkenne ich, dass sie dagegen ankämpft.«

»Vielleicht sollten wir ihr ein bisschen Musik vorspielen?«, schlägt ihre Schwiegertochter vor. »Gibt es eine Aufnahme von deinem letzten Recital?«

Ich stelle mir vor, wie eine Aufnahme von mir in ihre Träume eindringt. »Ich denke, die beste Musik hat sie schon im Kopf.«

Isaac kommt, mit dunklen Ringen unter den Augen. »Große Pianistin, große Künstlerin, ja. Aber ist mir alles gleichgültig. Ich möchte nur meine Frau.«

Am nächsten Morgen ist eine Nachricht auf dem Anrufbeantworter meiner Mutter.

»Hallo Anna, ich bin's, Helen. Hoffentlich geht es Eleonora besser. Aber wir fragen uns, wann du wieder heimkommst, denn in einer Woche wollen wir doch zu diesem Wettbewerb. Sag bitte, was wir tun sollen.«

Ich drücke auf »Löschen« und gehe wieder ins Krankenhaus, wo ich an Eleonoras Bett sitze und auf sie warte, während Nicholas im Wartezimmer auf mich wartet und Helen und Tim in einem Probestudio im ABC-Gebäude in Melbourne warten und versuchen, sich ohne Pianistin auf einen internationalen Trio-Wettbewerb vorzubereiten.

Auf der Rückseite des Zimmers gibt es ein kleines, quadratisches Fenster, vor dem ich einen Baum sehen kann. Ein Vogel hüpft abwechselnd heraus und wieder hinein, und ich beobachte ihn nachdenklich.

Es gibt keine tröstende Botschaft, die daraus abzuleiten wäre, auch keine Ironie. Was es aber gibt, ist eine verstörende Dissonanz – und rings um mich herum den unaufhörlichen Luftstrom ihres Ventilators.

Nach der Scheidung verkaufte meine Mutter das große Haus in Prospect. Sie ließ meinen Flügel in das kleine Vorderzimmer ihres neuen Häuschens transportieren, wo er von vier Wänden umschlossen ist wie ein Tier in einem Käfig. Als ich an diesem Abend aus dem Krankenhaus komme, setze ich mich an den Flügel und spiele Chopins *Nocturne op. 27, Nr. 2*. Dieses Stück hat sie mir oft vorgespielt. *Ich kann ändern Interpretation ein-hundertmal, hängt davon ab, wie fühle ich mich heute. Kann sein zuversichtlich, wie diese, kann sein nostalgisch, kann sein weise, kann sein mehr getragen, wie diese. Kann haben mehr Platz hier, oder plötzlich mehr Licht, mehr Freiheit, kann sein sogar jünger.* Heute Abend ist es ein Gebet, und ich spüre eine Kommunion zwischen meinem inneren Hören und diesen Klängen in der Luft um mich herum. Ich höre jede Ebene, jede Linie, jede Intention in den einzelnen Klängen, und indem ich erkenne, dass dies der Ort ist, an dem sie definitiv lebt, spüre ich, wie dieses kleine Zimmer von Gnade überflutet wird.

Am nächsten Morgen finde ich eine Nachricht von Tim vor. »Anna, wir hoffen, dass alles okay ist. Aber sag bitte, was jetzt passieren soll.«

Ich weiß, dass ich unfair bin: die Monate des Probens, die Flugtickets, die organisiert und bereits bezahlt wurden. Sie würde sicherlich wollen, dass ich mit ihnen gehe. Aber wie könnte ich sie zurücklassen?

»Vielleicht ist sie noch wochenlang bewusstlos«, sagt mein Vater. »Aber mit jedem Tag werden die Aussichten besser.« Er schluckt verlegen. »Ich glaube, du solltest das wissen. Es gibt keine Garantie dafür, dass sie hierdurch nicht verändert wird. Also irgendwie beschädigt.«

Ich setze mich an ihr Bett und nehme erneut ihre Hand. Eine

Versorgungskanüle ist mit Pflaster festgeklebt, ein Namens-
bändchen umschließt ihr Handgelenk. Wo ist sie? Hoffentlich
gibt es dort Musik.

*Ich bin von absolut atheistische Herkunft. Mehr als atheis-
tisch: kommunistisch. Eine Art religiöse Atheismus! Aber kam
ich zu Gott durch Musik. Siehst du diese wunderschöne Welt
– alles umsonst? Wissen wir nicht, was. Aber definitiv, definitiv
etwas, weil sonst diese Musik nicht existiert.*

Ich rede mit ihr über Chopin und über unser Programm für
diesen Wettbewerb, über Mozart und Beethoven und Schostakowitsch und Schubert. Ich erzähle ihr von Tims Wärme und
Helens Elektrizität, von meinen begabten Schülern, von meiner
Doktorarbeit, von der Großzügigkeit meines Professors in Melbourne, und von Nicholas, den ich erstmals vor zehn Jahren bei
ihr zu Hause kennengelernt habe, als er seinen kleinen Neffen
zum Vorspielen brachte.

Ich spreche über all die Liebe, die in dieses Krankenhauszim-
mer gequetscht ist und auf sie wartet. Es ist egoistisch, sie um das
hier zu bitten, wo sie doch um ihr Leben kämpft, aber ich brauche
ein Zeichen: Ich muss wissen, ob sie zurückkommen wird.

*Grunde genommen, wenn du vergleichst Körper und Geist,
Geist ist grenzenlos. Körper hat einen Ort, ja, Körper muss
präzise sein. Musik hat auch Körper, aber Geist von Musik ist
grenzenlos.*

Plötzlich, und kaum spürbar, drückt sie meine Hand. Es dauert
nur den Bruchteil einer Sekunde, ein blitzschnelles Zwinkern –
bilde ich mir das ein, um mein Gewissen zu entlasten? Um die
Entscheidung leichter zu machen? Vielleicht, aber das glaube
ich nicht. Ich akzeptiere es als Geschenk, als eine Versicherung
und einen Segen.

Drei Wochen später, in Italien, höre ich am Telefon ihre Stimme. Sie klingt heiser und schwach, aber sie ist zweifelsfrei ganz die unbeschädigte Alte.

»Ich habe gehört Mozart. Und *solche* Mozart, du würdest nicht glauben. Es war Mozart von Engeln. Die Klavierkonzerte, so perfekt gespielt, dass war *jenseits*. In diese Klänge ich konnte sehen Antlitz Gottes.«

KAPITEL 17

Chopin

Ich habe rund um die Welt viele Warmspielräume kennengelernt, aber dieser ist mein erster, mein Ur-Warmspielraum. Ich
kenne ihn so gut wie ein Zimmer in meinem Haus, so gut
wie das Lampenfieber, und ich könnte genauso gut wieder das
neunjährige Mädchen sein, das auf dem dritten Stuhl neben der
Tür sitzt, dann dem zweiten und schließlich dem ersten.

Habe ich es geschafft, so wie ich mir das vorgenommen hatte?

Sechshundert Leute sind dort draußen und warten darauf,
mich zu hören. Aber das ist nicht die Carnegie Hall, sondern
die Elder Hall.

Ich habe ein paar Wettbewerbe gewonnen, andere nicht. Noch
bevor ich dreißig wurde, habe ich beschlossen, an keinem mehr
teilzunehmen. Genau wie Paul in *Maestro* gebe ich Klavierunterricht an der Universität von Melbourne, aber im Gegensatz
zu Paul bin ich vom Leben nicht enttäuscht. Ich gebe Konzerte
und mache Aufnahmen und spiele im Rundfunk. Ich verbringe
viel Zeit im Flugzeug. Aber ein Leben in der Musik bedeutet
für mich nicht mehr, »es zu schaffen«. Stattdessen geht es darum, Seite an Seite mit diesen Komponisten zu leben, sie Jahr
für Jahr besser kennenzulernen, ihre persönlichen Eigenarten
herauszuspüren, genau wie die der anderen Menschen in meinem Leben.

Wer von ihnen ist heute gekommen? Ich lehne mich gegen die Bühnentür und lausche, als könnte ich das Publikum anhand seines Gemurmels identifizieren. Meine Mutter und ihr Partner sind da, außerdem mein Vater und seine zweite Frau. Meine Schwester ist garantiert im ersten Rang, und Debra, Gabriella und ihre Schüler sitzen vermutlich genau wie meine beiden Großmütter ebenfalls recht weit vorne. Mein Bruder ist in London, Nicholas in Melbourne, und Mrs. Sivan ist zu Hause und wartet auf meinen Anruf. Mein Großvater ist in seinem Seniorenheim und erholt sich von einer Operation. Ich habe diese Woche vor seinem Schlafzimmer geübt, habe Chopin auf dem Klavier geübt, auf dem im Lauf der Jahre von uns beiden so viel Chopin gespielt wurde. Er lag im Bett und hatte die Tür auf, während meine Großmutter sich um ihn kümmerte und auch mir eine Malzmilch nach der anderen brachte: »Nicht übertreiben, Schätzchen. Du musst ja nicht mehr nur an dich alleine denken.«

Das heutige Konzert wird von Recitals Australia präsentiert, vormals die Australian Society of Keyboard Music. Auch wenn Captain Frizzel mittlerweile verstorben und Muriel Hopgood im Ruhestand ist, veranstaltet die Gesellschaft ihre Abonnementskonzerte nach wie vor in der Elder Hall. Ich gebe einen Chopin-Klavierabend, der um die große *b-moll-Sonate* gebaut ist.

Diese Sonate ist Grunde genommen Chopins Requiem für sich selbst. Erste Satz beginnt mit Grab, und dabei Geschichte fängt erst an. Zweite Satz geht um Tanz des Lebens, wusel, wusel, wusel, wie in enorme Aufregung und Sorge. Diese ist Scherzo *des Lebens: einzige große Spaß. Warum wir nie haben Zeit zu sitzen und zu hören, außer wenn plötzlich Krankheit oder irgendetwas.*

Mein Vater hatte recht gehabt: Die Krankheit *hatte* sie verändert. Sie war mit einer neuen Ernsthaftigkeit wiedergekehrt, mit einer größeren Klarheit. Ihr Klavierspiel kam zu ihr zurück, noch bevor sie wieder richtig gehen konnte. Ihr gesamter Mechanismus rekonstruierte sich rund um diese Hände.

Und dann kommt dritte Satz, Trauermarsch. Wenn du kommst durch diese Musik, du merkst plötzlich, diese ist Chopins eigene Begräbnis, und er betrachtet, um zu sehen, wie Leute ihn erinnern. Mittelteil ist schön, so voll mit Liebe und so exquisit in Sehnsucht nach Leben. Er stellt vor, wie traurig alle sind, vermissen große Chopin, und plötzlich tut sich selbst leid. Ist sehr real, und sehr tragisch, weil er lebt ganze Zeit unter Todesstrafe.

Ich habe hin und her überlegt, ob dies wirklich die Musik ist, die ich meinem ungeborenen Kind vorspielen will, aber all dies gehört zum *Scherzo* des Lebens, ist Teil dessen, worauf man sich einlässt. Ich lege die Hand auf meinen Bauch und spüre einen Tritt als Antwort, was mich mit Ruhe erfüllt: Ich betrete die Bühne nicht allein.

Und dann letzte Satz – huuui! Wind kommt geblasen, über Friedhof. Ist nicht Trauer. Ist jenseits von Trauer. Diese ist, wie leer Welt ist, wenn er sich vorstellt ohne Chopin.

Die Sprechanlage brummt, und ich nehme ab: »Die Saalbeleuchtung ist aus. Sie sind bereit für Sie.«

Ich hänge ein und lege noch einmal die Hand auf meinen Bauch.

»Ich möchte dir eine Geschichte erzählen«, sage ich, und wir treten hinaus in die Stille.